Arts précolombiens
de l'Amérique centrale

Arts précolombiens de l'Amérique centrale

*Dans les collections du musée
Barbier-Mueller de Barcelone*

Nicaragua, Costa Rica et Panamá

Michael J. Snarskis

Sílvia Salgado González

Luis Alberto Sánchez

SOMOGY
ÉDITIONS
D'ART

L'exposition « Arts précolombiens de l'Amérique centrale » a eu lieu,
à Barcelone, au Museo Barbier-Mueller de Arte precolombino,
du 29 novembre 2000 au 7 mai 2001.

Elle se déroulera, à Paris, à la Maison de l'Amérique latine,
du 14 juin au 9 septembre 2001.

Page 2 : voir cat. 23

Ajuntament de Barcelona
Institut de cultura

museu barbier-mueller
art precolombí

Avant-propos

*L'illustre poète nicaraguayen Rubén Darío a écrit : « De la brume du temps surgit la vie
étrange de peuples abolis. » Les cinquante pièces exposées à la Maison de l'Amérique latine,
extraites, par la grâce de Jean Paul Barbier, de la remarquable collection Barbier-Mueller,
sont chacune d'exceptionnelle facture et de singulière beauté. Elles font précisément surgir
la « vie étrange des peuples » précolombiens de l'Amérique centrale, ancêtres des peuples
actuels du Nicaragua, du Costa Rica et de Panamá. Les contributions des éminents
spécialistes sollicités par Jean Paul Barbier nous montrent, avec une rigueur toute
scientifique, la richesse des techniques et des cultures d'où proviennent les œuvres.*

*Après Barcelone, où ils ont été présentés avec un vif succès au musée Barbier-Mueller
d'Art précolombien, c'est au tour de Paris d'avoir le privilège d'admirer ces chefs-d'œuvre
de l'art centraméricain : la Maison de l'Amérique latine est aussi la Maison de l'Amérique
précolombienne. Puisque, comme l'a écrit Jean-Marie G. Le Clézio, « les Amérindiens
ne nous sont pas étrangers. Ils sont une part de nous-mêmes, de notre propre destinée ».*

Guy Georgy

*Ambassadeur de France
Président de la Maison de l'Amérique latine*

Cabinet d'antiquités de Josef Mueller
(détail de la section précolombienne ; vers 1970).

Préface

Jean Paul Barbier

Nous nous intéressons uniquement ici à la partie basse de l'Amérique centrale : Nicaragua, Costa Rica et Panamá, appelée parfois « aire intermédiaire ». Nous reproduisons de la sorte le geste du premier Européen qui foula le sol du Nouveau Monde. En effet, Christophe Colomb, lors de ses trois premiers voyages, jeta l'ancre près de certaines îles des Bahamas ou des Antilles, et brièvement à l'embouchure de l'Orénoque. Lors de son quatrième et dernier voyage, en 1502, il remonta du nord au sud, du Honduras à Panamá, la côte d'Amérique centrale.

Arrivant dans cette région qu'il nomma Veragua – que plus tard son petit-fils érigea en duché –, il remarqua que les indigènes portaient sur eux beaucoup de bijoux en or, raison pour laquelle il baptisa également la région du nom de Costa Rica (« côte riche »). Jusqu'alors, il avait cherché avec avidité ce métal précieux qui devait lui permettre de justifier les frais investis dans les voyages par ses amis et ses souverains. Or ce n'est que lorsqu'il tomba malade et en disgrâce que son rêve devint réalité. Dans la *lettera rarissima* écrite depuis la Jamaïque après que la mer déchaînée eut détruit son bateau, le Génois nota qu'il avait vu dans cette province de Veragua plus d'or en deux jours que sur Hispaniola (Saint-Domingue) en dix ans. Colomb croyait que cette terre généreuse faisait partie de l'Asie (il mourut quatre ans plus tard sans reconnaître son erreur) et ne pouvait savoir que ces « Indiens » si riches en bijoux étaient de proches parents des habitants de Colombie, la région la plus septentrionale de cette Amérique du Sud dont il avait pressenti l'étendue considérable quatre ans auparavant en voyant le débit de l'Orénoque à son embouchure.

Les groupes amérindiens colombiens avaient atteint un degré de perfection inégalé dans la métallurgie de l'or, inventée environ mille ans avant notre ère dans les Andes centrales. Depuis la Colombie, l'art de réaliser en métal un modèle en cire par moulage et chauffage ainsi que les techniques de martelage et de soudure étaient transmis vers le nord, à Panamá et, dans une moindre mesure, au Costa Rica.

De même, le goût si prononcé pour le jade propre aux grandes civilisations méso-américaines depuis l'époque olmèque avait transité vers le sud, depuis le Honduras et les frontières de la nation maya, pour parvenir jusqu'au territoire costaricien. Au Costa Rica, les deux influences se font ressentir, celle du nord et celle du sud. C'est pourquoi nous y trouvons autant de pendentifs en jade ou en serpentine que de bijoux en or.

Plus tard, le métal précieux sera utilisé au Guatemala et surtout au Mexique, où les Mixtèques créent de magnifiques ornements. Toutefois, le jade ne connut pas la même fortune à Panamá et en Colombie, dans la mesure où le mouvement inverse ne s'est pas produit.

Quelles que soient ces particularités, le lecteur est ici convié à un autre spectacle : cette collection, commencée vers 1920 par Josef Mueller, met l'accent d'une part sur les monuments monolithes, d'autre part sur la céramique, tel qu'en témoigne le catalogue de pièces situé à la fin du volume – un catalogue qui n'a toutefois pas la prétention d'être exhaustif de tous les styles, de toutes les périodes culturelles qui se sont succédé en « basse Amérique centrale ».

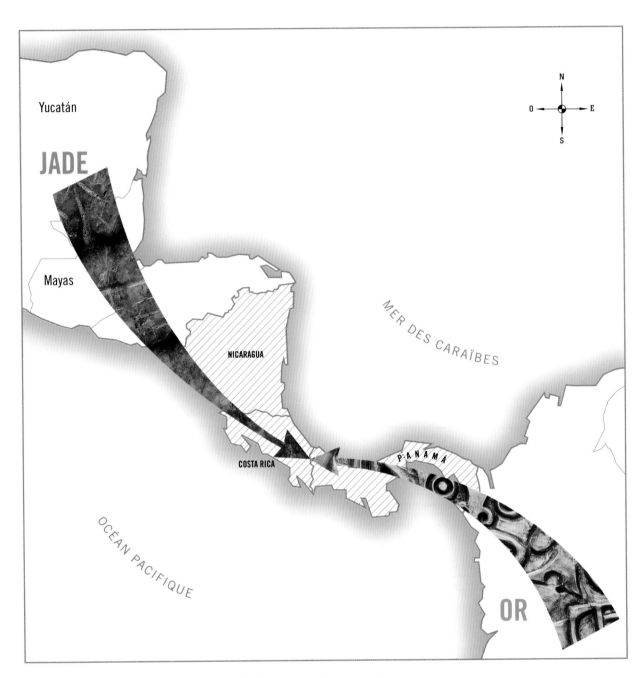

Yucatán

JADE

Mayas

NICARAGUA

MER DES CARAÏBES

COSTA RICA

PANAMÁ

OCÉAN PACIFIQUE

OR

N
O · E
S

La « *basse Amérique centrale* » *subissait au nord l'influence culturelle méso-américaine*
(parures de jade) et au sud l'influence sud-américaine (Chibcha), où abondait l'or.

Les auteurs, Michael J. Snarskis, Sílvia Salgado González et Luis Alberto Sánchez, sont, respectivement, ex-directeur des Recherches archéologiques du Musée national du Costa Rica, directrice de la Latin American Branch Campus de la University of Mobile de San Marcos (Carazo) et directeur d'un projet archéologique à Panamá pour le Smithsonian Tropical Research Institute.

Leur participation au projet du musée Barbier-Mueller d'Art précolombien est une garantie concernant l'actualité des informations fournies ici. Il convient de noter à quel point l'engagement personnel de ces trois chercheurs d'Amérique centrale (en particulier M.J. Snarskis, responsable de l'édition du présent ouvrage), dans la première exposition internationale organisée par notre musée de Barcelone et par l'Institut de la culture de cette ville, est un hommage rendu aux peuples de Panamá, du Costa Rica et du Nicaragua ainsi qu'à leurs ancêtres, dont la créativité prodigieuse est perceptible par l'œil le moins expérimenté grâce aux illustrations qui apparaissent dans les pages suivantes et que l'on doit au talent du photographe Pierre-Alain Ferrazzini.

À chacun d'entre eux nous manifestons notre reconnaissance, ainsi qu'aux responsables de l'Ajuntament de Barcelone, Ferran Mascarell, président de l'Institut de la culture, Jordi Martí, directeur général de l'Institut de la culture, et Núria Fradera, directrice du patrimoine ; et, enfin, à Anna Casas, directrice, et à Elisabeth Casellas, du musée Barbier-Mueller d'Art précolombien de Barcelone. Avec l'aide de Ricard Bonmatí, Richard Cooke, Ifigenia Quintanilla et Meritxell Tous, qui généreusement

nous ont offert leur contribution, les responsables du musée de Barcelone ont traduit et adapté de manière tout à fait indépendante les textes reçus, laissant au musée de Genève le soin de la maquette du catalogue, confiée à Jean-Louis Sosna. Nous sommes fiers de cette collaboration internationale, qui contribue davantage au rapprochement des différentes cultures et entre la société et le monde scientifique.
Personnellement, je suis satisfait de voir comment, de cette façon, Barcelone commence à s'émanciper de l'amicale « tutelle » du musée de Genève. L'occasion est offerte, également, à la Catalogne et à l'Espagne, de montrer les connaissances et l'intérêt de ses spécialistes pour l'histoire et l'art précolombiens.
Ainsi donc notre désir est que les lecteurs reconnaissent et profitent du résultat de l'ensemble de ces interventions.

Sphère de pierre géante dans le delta de Diquís (Costa Rica).
900-1300 apr. J.-C.

Une introduction à la collection Barbier-Mueller d'art d'Amérique centrale

Michael Kan

À l'avènement du nouveau millénaire, il semble intéressant d'observer les mémorables avancées réalisées dans les études sur la Méso-Amérique, dans des domaines tels que le déchiffrement de l'écriture maya, ou un certain nombre d'expositions concluantes sur l'art olmèque organisées par la National Gallery of Art et le Princeton Museum. Néanmoins, les régions périphériques de ces aires de « culture supérieure » de Méso-Amérique restent pratiquement inexplorées. Parmi les principaux exemples de cette tendance historique, on peut citer des régions comme le Mexique occidental et la « basse Amérique centrale », à l'exception des aires qui constituent des sections clés du monde maya, comme le Petén au Guatemala et des zones du Honduras sous la domination de la ville de Copán. La collection Barbier-Mueller d'art précolombien abrite, outre ses exceptionnelles pièces d'art méso-américain des périodes classique et préclassique, une cinquantaine d'objets de la « basse Amérique centrale » provenant du Nicaragua, du Costa Rica, de Panamá et de la périphérie plus méridionale du monde méso-américain. Au milieu des années soixante, Gordon R. Willey, dans ses ouvrages classiques *Compendio de arqueología mesoamericana* et *Introducción a la arqueología americana* (volumes 1 et 2), essaya de préfigurer les principales aires de culture archéologique du nord, du centre et du sud de l'Amérique. Tout au long de son œuvre, il reconnaît qu'« en général, le panorama archéologique à la frontière méridionale de la Méso-Amérique est en réalité complexe, parce que les influences provenant de cette zone dépourvue de brèche géographique étaient entremêlées avec d'autres courants culturels provenant de "basse Amérique centrale" ». Aujourd'hui il est clair que les régions culturelles considérées par Willey comme « intermédiaires » et caraïbes ne font qu'une, qui s'étend le long de quelque quatre mille kilomètres entre les Bahamas et le nord de l'Amérique du Sud et de l'Équateur. Probablement,

Jean Paul Barbier-Mueller resta fasciné par la « basse Amérique centrale » à cause de sa difficile identification culturelle, étant une aire de brassage d'individus et de cultures des deux continents. Ce serait à cet endroit, aux frontières de la civilisation méso-américaine, que l'on aurait pris pleinement conscience de la route descendante empruntée par les influences mayas pour s'introduire au Costa Rica, découvrant alors les cultures orfèvres typiques d'Amérique du Sud. Dans l'art de Coclé, à Panamá, dont il existe une abondante représentation de magnifiques céramiques peintes dans la collection Barbier-Mueller, de singulières traditions locales peuvent être observées. Les céramiques des cultures telles que la culture Coclé, bien qu'elles soient peintes avec les techniques communes à celles des Mayas ou des autres civilisations développées de Méso-Amérique, nous parlent d'une mythologie complètement différente, à la fois centrée sur le culte des ancêtres et dotée d'un profond animisme. Dans ce type de céramique il n'y a pratiquement aucune trace de l'iconographie maya, les leaders religieux de ces peuples étant sans doute des chamans qui utilisaient des drogues psychotropes pour entrer en contact avec le surnaturel.

Récemment est parvenue sur mon bureau une copie de *Messages de pierre : statues et sculptures de l'Indonésie primitive dans les collections du musée Barbier-Mueller*. Une fois de plus cet ouvrage me révéla le caractère entreprenant de Jean Paul Barbier-Mueller, collectionneur universel, qui explora personnellement les lointaines îles de l'archipel indonésien quand la sculpture en pierre de cette région était encore inconnue dans le monde. Le même esprit entreprenant se retrouve dans les extraordinaires objets en pierre et en céramique provenant du Nicaragua, du Costa Rica et de Panamá qui, lorsqu'ils furent achetés pour la première fois par Josef Mueller dans les années vingt, étaient tout aussi inconnus et aussi peu appréciés que les précédents.

objet de ce catalogue, publié par le musée Barbier-Mueller de Barcelone, est de présenter et d'interpréter de façon descriptive une sélection d'objets archéologiques provenant du Nicaragua, du Costa Rica et de Panamá. Les chapitres respectifs sur chacun de ces pays nous fourniront les contextes chronologiques et culturels de ces objets issus de fouilles contrôlées scientifiquement, des classifications des ustensiles et des datations fixées par radiocarbone, ainsi que les dynamiques des échanges culturels précolombiens. L'archéologie cherche à explorer et à expliquer l'évolution culturelle préhistorique à travers le temps et l'espace, et la précision de cet effort consiste à savoir à quel point les unités géographiques et chronologiques signifiantes postulées par les archéologues reflètent la réalité. Généralement, cela dépend de l'ampleur et du contenu des recherches réalisées et de la nature, de la quantité et du degré de préservation des témoignages matériels.

En termes de pure science archéologique, les divisions géopolitiques actuelles connues sous les noms de Nicaragua, Costa Rica et Panamá ne correspondent à aucune des unités culturelles précolombiennes proposées pour les « Amériques ». Les trois pays ont été inclus dans des ensembles culturels beaucoup plus vastes qui reçoivent les noms d'« aire circumcaraïbe [1] », d'« Amérique nucléaire [2] » (depuis la vallée de Mexico jusqu'aux Andes), d'« aire intermédiaire [3] » (depuis l'est du Honduras jusqu'à la moitié nord de la Colombie) et de « basse Amérique centrale [4] ». Dans un espace si réduit, le degré d'hétérogénéité attesté entre les cultures préhistoriques de ces trois pays apparaît extraordinaire. De fait, c'est cette variété qui retient l'attention des chercheurs, bien plus que des similitudes de traits culturels qu'une cohésion régionale aurait pu apporter.

Toutefois, ces trois pays forment le noyau d'une zone unique d'interaction d'une grande signification dans l'Amérique précolombienne, puisqu'elle est située entre les deux sphères culturelles d'influence connue : la Méso-Amérique et l'Amérique du Sud septentrionale. Les pays cités ne livrent pas seulement des témoignages évidents de croisement et de déplacement de frontières culturelles dans le passé préhistorique, ils révèlent aussi d'importantes zones de transition en termes géologiques, climatiques et écologiques. En sa qualité d'animal en processus d'adaptation au milieu naturel, nous ne devrions pas être surpris de découvrir que l'*Homo sapiens* a créé un amalgame de cultures autochtones d'une extraordinaire vivacité. Cependant, les peuples d'Amérique centrale assimilèrent également à leur culture certains vernis et traits caractéristiques des cultures du nord et du sud, dans la mesure où ils en subirent l'influence prédominante au cours des siècles.

En matière d'archéologie internationale, il existe un principe pragmatique selon lequel plus on remonte dans le temps, plus les cultures humaines se ressemblent. La technique de la pierre percutée, propre à la période paléo-indienne, se reconnaît d'emblée, que l'on

Nicaragua, Costa Rica et Panamá :
une interaction culturelle

Michael J. Snarskis

Figure 1. Pendentif en jade. Hache votive avec représentation du « dieu hache ». Guacanaste, région de Nicoya (Costa Rica) 500 av. J.-C.-500 apr. J.-C. Hauteur : 18,1 cm, musée Barbier-Mueller d'Art précolombien, Barcelone (inv. 521-70).

Figure 2. Côte caraïbe, Puerto Limón. Les contrastes climatiques de la « basse Amérique centrale » ont donné lieu à des développements culturels très divers.

ait retrouvé les ustensiles au nord, au centre ou au sud de l'Amérique. Cela montre clairement combien les nécessités des bandes de chasseurs-cueilleurs étaient similaires et communes ; ce mode de vie perdura pendant des centaines d'années. Jusqu'à des époques aussi anciennes que la transition du formatif (ou préclassique ancien) au moyen – aux alentours de 1000 av. J.-C. –, peu après l'émergence de fortes différences régionales et du rôle de frontière culturelle du Nicaragua, du Costa Rica et de Panamá, les styles de poterie, du Mexique au Pérou, étaient sensiblement identiques. Dans un premier temps, intéressons-nous aux données naturelles de cette zone, afin de mieux en saisir la variété et l'importance.

Le milieu naturel

[Sauf mention contraire, les paragraphes suivants, jusqu'à la fin de la section « Résumé », ont été extraits tels quels ou résumés de l'introduction et du chapitre de F.W.

Figure 3. Parc national de Sarigua, Panamá. La grande variété géographique est une caractéristique significative pour une aire à la superficie si réduite, dans laquelle les climats sec et humide donnent lieu à de spectaculaires contrastes.

Lange intitulé « Cultural geography of Pre-Columbian Lower Central America [5] ». Les commentaires ajoutés par l'auteur de ce chapitre apparaissent entre parenthèses.]

Une telle variété culturelle et géographique pour un territoire si réduit est une caractéristique significative de la « basse Amérique centrale ». Par exemple, le littoral généralement sec du Pacifique (fig. 3) contraste

Figure 4. Nicaragua, Costa Rica et Panamá. Les lignes pointillées délimitent l'« aire intermédiaire » (Lange et Stone, 1984, p. 4).

avec celui plus humide de l'Atlantique (fig. 2), sur le territoire duquel se trouvent la plupart des grands systèmes fluviaux (fig. 5).

Cependant, en dépit des différences écologiques, en certains endroits les sphères d'interaction économique et sociale précolombiennes unirent les deux littoraux ; il est vrai qu'en d'autres parties de l'aire ces liens paraissent avoir été beaucoup plus lâches.

Durant des années, des études archéologiques nombreuses et systématiques ont été réalisées sur les usages d'installation au Costa Rica et à Panamá et, plus récemment, au Nicaragua [6]. Ces études ont démontré les différences de pratiques de part et d'autre de la côte, et ont confirmé que le choix des sites était subordonné à la qualité du sol, à la facilité d'accès aux routes commerciales et enfin à la proximité des matières premières et des marchandises. Actuellement, nous pouvons aisément admettre l'importance que revêt l'établissement sur les côtes à différentes époques et en différents lieux.

Figure 5. Parc national Tortuguero, Costa Rica. Malgré les grandes différences écologiques, en « basse Amérique centrale » des mouvements d'interaction économique et sociale unirent les deux littoraux. Les grands systèmes fluviaux, situés pour la plupart sur le versant atlantique, offraient de multiples voies de transport.

Des témoignages recueillis en divers endroits de la région montrent l'impact d'événements naturels comme l'activité sismique et volcanique (fig. 6 et 7), et tout porte à croire qu'ils seront à l'avenir l'objet de recherches importantes. La géomorphologie des systèmes fluviaux tropicaux et leur impact sur la préservation des restes archéologiques ont également pu être détaillés dans certaines aires grâce à des études systématiques de modèles d'installation. C'est pour cette raison que l'hypothèse rendant compte de l'absence, dans une zone donnée, d'un site de taille, de fonction ou de filiation déterminées ne dépend plus exclusivement des explications culturelles ou des théories.

Figure 6. Volcan Poás en éruption, Costa Rica. De nombreux témoignages recueillis en « basse Amérique centrale » montrent l'impact des événements naturels. Tout semble indiquer que, dans un futur proche, les recherches sur l'activité sismique et volcanique seront une source d'information importante pour l'étude du passé.

Les données relatives à la subsistance sont disponibles partout en « basse Amérique centrale » et montrent une variabilité significative, y compris entre des zones contiguës de faible superficie. La préservation des matériaux d'origine végétale est aléatoire, bien que nous puissions observer différents modèles à partir d'une combinaison de vestiges périssables et non périssables. L'importance des ressources marines est clairement définie : là où il y avait des estuaires ou des écosystèmes proches de la côte riches en ce type de ressources, les installations étaient fréquentes et une exploitation intensive des ressources était entreprise ; là où elles étaient rares ou inexistantes, on ne trouve pas de grandes installations (cependant, cet axiome ne semble pas fonctionner pour les peuplades qui se développèrent au pied des montagnes du nord et du centre de la zone atlantique et dans les plaines du Costa Rica, où la densité de population fut très élevée durant plus de 1 500 ans, à tel point que les sites découverts sur la côte sont rares).

Une opinion générale s'est formée concernant la distribution de biens précieux tels que l'or, le jade ou l'obsidienne. Un grand nombre de chercheurs – mais pas tous – ont abouti à un consensus à propos des mécanismes et des routes d'échange.

Cette avancée est due en partie à la récupération de ces matériaux « exotiques » dans les contextes fiables des fouilles, mais aussi à l'amélioration croissante à la fois des méthodes d'analyse des propriétés physiques des matériaux d'origine et des comparaisons inter-régionales.

L'augmentation des fouilles archéologiques a apporté une plus grande variété de données provenant de contextes contrôlés et a amélioré l'information sur le fonctionnement interne et la survie des sites.

L'autre domaine essentiel qui a bénéficié d'interprétations a été celui de la situation individuelle, de l'organisation sociale, de sa stratification et du comportement des élites.

Les céramiques fines, mais aussi l'or, le jade (fig. 1) et le travail de la pierre, que jusqu'à présent on ne pouvait pratiquement voir qu'au musée ou dans des collections privées, commencent à être récupérés dans leur contexte d'origine (par exemple, les archéologues ont récemment exhumé scientifiquement au Costa Rica plus de trois cents pendentifs de jade et des colliers)[7].

(La récupération *in situ* de cette information nous donne non seulement une description plus précise des caractéristiques sociales de ces peuplades, mais elle nous éclaire aussi sur les aspects formels des relations entre les élites des différentes localités.)

Figure 7. Volcan Poás, Costa Rica. L'impressionnant profil des volcans caractérise l'Amérique centrale méridionale. L'activité sismique est, sans aucun doute, un élément déterminant dans la vie de la région.

*Figure 8. Parc national Monteverde, Costa Rica.
Une compréhension de la « basse Amérique centrale »
fondée sur l'écologie est essentielle pour saisir son
développement culturel. L'aire est divisée entre les hautes
terres centrales et les hautes plaines, comme celle que
l'on voit sur cette photographie, et les basses terres
des côtes de l'Atlantique et du Pacifique.*

Les fouilles les plus anciennes et probablement les plus étudiées ont été réalisées sur la côte du Pacifique plutôt que sur celle de l'Atlantique, et cela pour deux raisons : tout d'abord les paradigmes d'investigation ont démontré les relations entre la côte pacifique de l'Amérique centrale et la Méso-Amérique, et l'on se consacra au début à démontrer des affinités formatives et d'autres liens culturels. La seconde raison de l'intérêt pour le Pacifique est simplement liée au caractère logistique : les systèmes de transport et surtout les conditions topographiques générales ont toujours rendu plus faciles les recherches dans cette zone.

La ligne côtière très étendue est une caractéristique géographique prédominante sur les deux littoraux. Cependant, nous connaissons encore mal la complexité des systèmes côtiers, et la manière dont les gens qui vivaient en ces lieux étaient en relation avec ceux de l'intérieur ; nous ignorons également, en grande partie, les dimensions qu'ont pu prendre les voies d'échanges commerciaux et sociaux entre les deux côtes durant l'ère préhistorique.

Une base de données aussi hétérogène rend difficiles les efforts comparatifs à grande échelle, étant donné qu'il existe encore de grandes zones d'Amérique centrale (en particulier l'est du Nicaragua) à propos desquelles, honnêtement, nous savons très peu de chose. Ces lacunes sont particulièrement frustrantes lorsque nous tentons d'unifier le processus d'évolution culturelle et essayons de comprendre pourquoi la majorité de la

« basse Amérique centrale » n'a jamais dépassé le stade du caciquat primaire ou intermédiaire.

Une compréhension de la « basse Amérique centrale » par le biais de la géographie et de l'écologie est essentielle si l'on veut appréhender le développement culturel de la région. Des aspects concrets du paysage physique ont affecté les paramètres d'installation, de subsistance et d'acquisition de ressources naturelles, et favorisé ou empêché les mouvements démographiques, établissant par là même les limites du développement culturel des populations de la région. Les éléments physiques les plus importants pourraient bien être ceux-ci : le long et étroit isthme de la « basse Amérique centrale », qui s'élargit seulement au nord-est du Nicaragua et à l'est du Honduras ; la chaîne de volcans quasi discontinue qui parcourt l'axe central de l'isthme ; le contraste entre le climat sec et le climat humide des basses terres de la côte pacifique et le climat plus humide de la côte atlantique.

La topographie

En général, la « basse Amérique centrale » est divisée entre les hautes terres centrales, les hautes plaines (fig. 8) et les basses terres des côtes de l'Atlantique et du Pacifique, même s'il existe un certain nombre de caractéristiques convergentes : dépressions structurelles, par exemple, des anciens systèmes des failles tectoniques, ou vallées nichées entre les pics des volcans, que les migrations humaines ont probablement utilisées comme des passages naturels. Les dépressions qui relient le golfe de Fonseca, à travers les lacs du Nicaragua, aux basses terres de la côte atlantique du Costa Rica (fig. 9) sont particulièrement intéressantes.

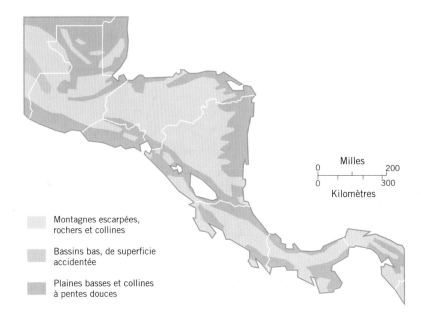

Figure 9. Topographie basique de la « basse Amérique centrale » (West et Augelli, 1976, p. 22).

Montagnes escarpées, rochers et collines

Bassins bas, de superficie accidentée

Plaines basses et collines à pentes douces

Systèmes côtiers et contacts entre les deux côtes

Les villages préhistoriques étaient rarement à plus de quelques jours de voyage de la côte la plus proche, ce qui renforce la très intéressante observation de Voorhies[8] selon laquelle les systèmes côtiers ne sont jamais isolés et maintiennent toujours des relations systématiques plus développées avec les zones non côtières. Les distances relativement courtes entre les côtes de l'isthme suggèrent la possibilité de liens par les voies commerciales et sociales précolombiennes, bien que l'on se soit contenté de les reconstruire seulement à l'ouest de Panamá[9] et au nord du Costa Rica[10], et ce afin d'évaluer les différences et les similitudes culturelles le long des couloirs qui allaient de côte à côte. Drolet[11] signale

Figure 10. Photographie contemporaine d'une embarcation traditionnelle du peuple mosquito. Il existe des preuves ethnohistoriques attestant que certains groupes de la région atlantique furent profondément liés au commerce côtier. Aujourd'hui encore, les lits les plus bas des fleuves sont larges, assez profonds et d'un débit abondant, et par conséquent navigables au moyen de petites embarcations.

peu de preuves de contacts culturels avec la côte du Pacifique dans son travail sur le littoral atlantique de l'est de Panamá (fig. 10). D'après Cooke[12] il y a des évidences ethnohistoriques, et l'avis général est que certains groupes de la côte atlantique panaméenne furent profondément engagés dans le commerce côtier, malgré le fait que les collections d'objets régionaux sont différentes les unes des autres. Les données suggèrent que les variations écologiques entre les deux côtes formèrent une frontière entre les groupes précolombiens ; en dépit de ces différences évidentes, nous ne savons pratiquement rien des mécanismes qui maintenaient ces limites, même si Drolet a le sentiment qu'il existait des divergences dans les relations cosmologiques dont le milieu peut avoir été partiellement responsable (un récent travail de Quilter et Blanco [13] évoque également un contact régulier entre les deux côtes à travers les passages de la cordillère de Talamanque, au sud du Costa Rica).

La côte atlantique caraïbe

Bien qu'elles soient moins connues archéologiquement, les basses terres de la côte atlantique constituent l'aire la plus étendue de la « basse Amérique centrale ». West [14] divise la côte caraïbe, du Guatemala à Panamá, en quatre sous-aires :

a) la côte guatémaltéco-hondurienne ;
b) la côte des Mosquitos (ou Misquitos) au nord-est du Honduras et du Nicaragua ;
c) les basses terres orientales de la dépression nicaraguayenne et son appendice costaricien ;
d) la côte sud orientale du Costa Rica et de Panamá.

Les basses terres de la côte nicaraguayenne des Mosquitos s'étendent sur près de 1 000 km et atteignent 150 km de largeur en certains endroits, constituant l'une des plaines côtières les plus étendues (et parmi les moins connues) de la « basse Amérique centrale ». En leur partie septentrionale, les fleuves Patuca et Coco ont produit de grands deltas qui ont des conséquences géomorphologiques pour l'investigation archéologique. Les aires de maremmes littoraux s'inondent rapidement, et cela entraîne l'expansion de la côte et la dérive, l'enterrement des sites préhistoriques ou leur déplacement vers l'intérieur des terres, qui en certaines occasions peut atteindre 20 km. À faible distance de la côte se trouve le banc Mosquito, où les îlots et les récifs stimulent la production d'une riche vie marine ; ce facteur n'a pu qu'encourager l'installation par l'abondance des modes de subsistance. L'investigation archéologique dans cette zone s'est limitée aux études de

Magnus [15], qui a suggéré que les peuples précolombiens exploitaient autant les ressources maritimes que les ressources agricoles de l'intérieur des terres, théorie que l'on retrouve dans les travaux contemporains de Nietschmann [16].

Tamayo (1964, p. 98) a noté que les « cours les plus bas des [...] fleuves nicaraguayens [...] sont larges, assez profonds et abondants et, par conséquent, navigables au moyen de petites embarcations ».

À l'est du Honduras, le Patuca constitue le système fluvial le plus grand, et son affluent, le Guayape, est bien connu pour ses dépôts d'or. Au sud du Patuca, on trouve le fleuve Coco : bien qu'il naisse sur les hautes terres du nord-ouest du Nicaragua, à quelque 75 km de la côte du Pacifique, il coule avec ses 750 km de méandres vers la mer des Caraïbes et est navigable aux deux tiers. En général, la totalité de la côte caraïbe du Nicaragua est irriguée par des fleuves semblables au Coco, mais moins longs.

Les basses terres orientales de la dépression nicaraguayenne s'étendent des deux côtés de la frontière atlantique du Nicaragua et du Costa Rica. Le fleuve San Juan a formé un énorme delta qui s'élargit à grande vitesse, sert de déversoir aux lacs intérieurs du Nicaragua et possède de nombreux affluents provenant du nord et du centre du Costa Rica.

Le San Carlos est le plus grand de ceux qu'il compte, parmi lesquels un grand nombre prennent leur source aux alentours des vallées intérieures du versant atlantique de la cordillère volcanique centrale du Costa Rica. Ces vallées constituent les passages de communication naturels entre Guanacaste et la plaine de San Carlos [17].

L'archéologie restreinte existant dans la plaine de San Carlos suggère l'existence d'une population importante depuis au moins 1500 av. J.-C. Les investigations tendent vers une différenciation régionale de la zone. Les recherches actuelles sont influencées par les informations des « chercheurs de trésors », et même si les apparences indiquent la présence d'une assez grande quantité d'or, de jade, de miroirs en pyrite et d'autres biens d'échange, il est probable que cette abondance n'est que le reflet des multiples voies de transport qu'offraient les grands systèmes fluviaux. L'étude de la relation entre les installations tropicales des basses terres et la variabilité des conditions du sol a été peu approfondie. Les grands fleuves tropicaux de cette aire de Méso-Amérique, provenant de zones sédimentaires aux sols lixiviés, ne favorisent pas les installations de population ; leurs bords contiennent trop peu de nitrogène et sont inaptes à la culture du maïs. En revanche, ceux dont l'eau provient des hautes terres volcaniques renouvellent de leurs crues la fertilité des sols (fig. 12). C'est sur ces terres que surgirent les civilisations comme celle des Olmèques ou des zones très productives comme celle de la basse vallée méso-américaine de Montagua.

Sur l'île Solentiname, à l'extrême sud-est du lac de Nicaragua, ont été découverts des objets de style

Guanacaste de différentes périodes. Aux alentours du lac, le San Juan (fig. 11) récupère les eaux de la plupart de ses affluents et commence son voyage vers la mer des Caraïbes. Les conquistadores espagnols utilisèrent fréquemment le fleuve comme moyen de transport [18] ; ainsi empruntèrent-ils, probablement, les voies commerciales indigènes déjà existantes.

Le modèle du système riverain de la côte sud-est du Costa Rica diffère quelque peu de celui de Panamá. D'après Tamayo (1964, p. 98), « au sud du fleuve San Juan les cours d'eau du versant caraïbe du Costa Rica et de Panamá sont composés de fleuves courts et abondants qui reçoivent leurs eaux de l'abrupte façade balayée par les vents des hautes terres centrales. Le fleuve Reventazón, long de 155 km, est le plus important de toute la côte caraïbe du Costa Rica ».

Kennedy [19] a examiné un certain nombre de sites le long de la partie haute et moyenne du cours du Reventazón, lequel, comme l'avait remarqué Tamayo, a longtemps été utilisé comme moyen de communication entre le plateau central et la côte caraïbe. Tout comme Kennedy, mais postérieurement, Snarskis [20] centra son activité sur les versants et les élévations moyennes plutôt que sur la côte (trouvant ainsi de grands sites de différentes périodes, y compris le premier de l'époque paléo-indienne et des restes de poterie plus anciens que ceux connus jusqu'alors). En réalité, nous ne savons presque rien de la côte atlantique du Costa Rica. Les données nouvelles de concentrations de sites dans la vallée de Sixaola, où le

Figure 12. Sol de la « basse Amérique centrale » (Stevens, 1964, p. 308).

Sols alluviaux

Sols hydromorphes

Sols à moitié lixiviés formés sur une roche calcaire

Sols intensément lixiviés formés sur une roche calcaire

Sols (jeunes) de matières volcaniques (récentes) soumis à une lixiviation intermittente

Sols intensément érodés et soumis à une lixiviation continue

Sols intensément érodés et soumis à une lixiviation intermittente

fleuve a formé une grande zone de maremmes à proximité de la frontière avec Panamá, n'ont pas été vérifiées par des investigations scientifiques ; nous en savons tout de même quelque chose grâce à des prospections par forage. Par exemple, certains éléments nous sont parvenus concernant un poste de commerce aztèque dans la zone de contact avec les Espagnols [21]. West (1964, p. 82) décrit la côte panaméenne des Caraïbes comme étant « montagneuse, à l'exception de l'union des deltas des fleuves Sixaola et Changuinola, du très accidenté lac Chiriquí et du petit delta du Chagres dans la zone du canal ». Dans cette zone se déversent 153 petits cours d'eau, avec le Chagres comme système fluvial le plus important [22].

La partie qui entoure le lac Chiriquí, ou Bocas del Toro, a été étudiée par Linares [23]. À l'est de l'ancienne zone du canal, là où la côte rocheuse s'étend parallèlement aux récifs de corail et aux innombrables cayes ou îlots, Drolet [24] a montré l'existence d'installations préhistoriques et de modèles de subsistance. À l'est de

Panamá, aucune différence n'est à faire entre la côte atlantique et celle du Pacifique, puisqu'on peut constater une unité écologique de base.

À suivre la classification de Vivo Escoto [25], les basses terres tropicales atlantiques de la « basse Amérique centrale » sont réparties en deux catégories selon le système de Koeppen : le *Afw'* et le *Amw'* (fig. 13). « Dans chacune il pleut tous les mois de l'année. Le climat *Amw'* connaît des précipitations moins abondantes (1 500-2 000 mm) et se caractérise par une courte période sèche de quelques semaines en février ou mars et une concentration de pluie de septembre à novembre. Le climat *Afw'*, quant à lui, a une pluviosité d'environ 2 000 mm annuels et est dépourvu de périodes sèches » (Vivo Escoto, 1964, p. 213).

Figure 13. Précipitations moyennes annuelles en « basse Amérique centrale » (Vivo Escoto, 1964, p. 200).

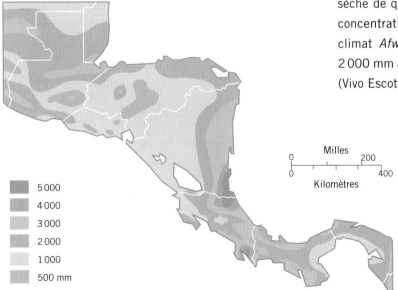

5 000

4 000

3 000

2 000

1 000

500 mm

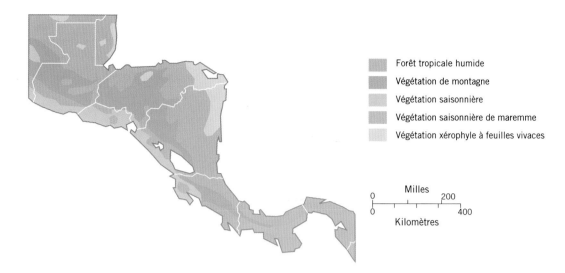

Figure 14. Répartition de la végétation naturelle en « basse Amérique centrale » (Wagner, 1964 , p. 223).

Le littoral caraïbe de la « basse Amérique centrale » est recouvert d'une forêt tropicale humide (fig. 14), « qui s'étend sans interruption depuis le golfe du Honduras jusqu'au nord de l'Amérique du Sud [...] atteignant les 800-1 000 m d'altitude, où la température moyenne mensuelle avoisine les 20 °C et les précipitations atteignent les 4 500 mm annuels » (Wagner, 1964, p. 229).

Les conditions du sol (fig. 12) étant intimement liées aux modèles pluviométriques et topographiques (fig. 13), les variations locales concernant ces conditions ont dès lors un degré d'importance plus ou moins élevé pour les pratiques de subsistance et les règles d'installation. L'occupation ou l'inoccupation sélective de zones concrètes à cause des conditions du sol affecta, selon toute probabilité, les modèles du développement régional. Comme le remarque Stevens (1964, p. 310) à propos de la distribution générale du sol le long de la côte atlantique, « de nombreux sols des hautes plaines intérieures et des côtes ne sont pas propices à la culture du maïs à cause de leur faible fertilité [...]. Une grande partie du sol sableux de silice des plaines d'alluvions, qui sont recouvertes par les savanes de pins de Mosquitia, à l'est du Honduras et au nord du Nicaragua, est absolument impropre à la culture du maïs ».

Cette distribution du sol est liée à la répartition naturelle de la végétation (fig. 14) ; elle indique que les données obtenues lors de son étude peuvent être utiles pour localiser les zones à potentiel archéologique. Ce n'est peut-être pas par hasard que les restes archéologiques les plus abondants se trouvent souvent sur les cultures contemporaines des basses terres atlantiques, en général dans les zones où les terrains sont les plus fertiles (comme Linea Vieja au Costa Rica, par exemple) [26]. Sur la côte du Pacifique, en revanche, il y eut une nette influence des dépôts d'origine volcanique, et une destruction ou une rénovation des sols, et d'après Stevens (1964, p. 310) « sur la côte des Caraïbes il ne s'est produit qu'une petite rénovation de la fertilité des sols [...] : cela tient au fait que les volcans actifs sont très proches de la côte du Pacifique, qui reçoit ainsi les nuages de cendres et de poussière traînés par les alizés ». Tamayo (1964, p. 97) remarqua que, plus au sud, « en leurs cours moyens et bas, les fleuves de la côte des Mosquitos ont été d'une importance décisive pour les installations humaines. La plupart des Indiens qui vivaient dans les bois du nord-est du Honduras et de l'est du Nicaragua [...] étaient installés le long des principaux cours d'eau ou de leurs affluents. Ces peuples cultivèrent les dépôts fertiles alluviaux des rives naturelles et exploitèrent les abondantes ressources piscicoles. Doués dans le maniement des canoës, ils utilisaient les fleuves comme voies pour le commerce et la migration ».

Tout cela ressemble beaucoup aux règles décrites par Lathrap [27] concernant le haut Amazone, à ce qu'a indiqué M. Coe [28] pour la zone olmèque et au microcosme décrit par Drolet [29] pour la zone caraïbe de Panamá. En outre, la forêt tropicale humide fournissait en quantité le gibier sauvage, les réserves naturelles de bois ainsi que d'autres produits végétaux. Elle fournissait également une large variété de plantes narcotiques et hallucinogènes qui, d'après leur grande importance pour les cérémonies rituelles, si nous prenons en compte le caractère

ostentatoire que prenaient ces drogues trouvées dans des sites de l'est du Costa Rica, constituèrent les bases du commerce, tant local que plus lointain.

La grande variété de palmiers dans cette aire eut de multiples et importantes applications, à tel point que l'on peut les considérer comme étant le dénominateur végétal commun de la côte atlantico-caraïbe depuis l'Amérique du Sud jusqu'aux basses terres mayas, pour lesquelles Puleston [30] étudia en détail l'importance culturelle du *Brosilium alicastrum*. Même si l'actuelle distribution de certains palmiers n'est que le reflet d'anciens modèles de cultures forestières, il y a peu d'autres indicateurs des coutumes de subsistance sur la côte atlantique. Le fruit de la *pejibaye*, ou arbre à ivoire, constitua un régime de base élevé en protéines et en calories, tandis que les feuilles purent être utilisées pour construire les toits des habitations. Les exceptions les plus remarquables sont répertoriées dans les minutieux travaux de Magnus sur les facteurs d'adaptation dans la zone de Bluefields au Nicaragua, et dans ceux de Healy le long de la côte nord du Honduras. Snarskis [31] (qui lors de ses travaux au Musée national du Costa Rica retrouva une grande quantité de restes carbonisés de noix de palmier, de maïs, de haricots ainsi que d'autres aliments) et Drolet ont décrit de manière détaillée les pratiques agricoles et piscicoles en s'appuyant sur des preuves archéologiques et sur des analogies ethnographiques provenant de Panamá.

La côte du Pacifique

Les basses terres de la côte pacifique, moins larges, présentent des différences notables avec celles de l'Atlantique. West [32] les a divisées en deux zones : l'une, septentrionale et plate, va de l'isthme de Tehuantepec jusqu'au sud du Nicaragua ; l'autre, méridionale et plus montagneuse, s'étend le long du Costa Rica et de Panamá. Les deux régions présentent également un profil côtier différent : tandis que la côte du nord est longue et droite (avec pour seule exception le golfe de Fonseca), celle du sud est accidentée. Ce type de littoral possède de nombreuses baies et péninsules, et, en général, dispose de conditions beaucoup plus favorables pour l'exploitation des ressources de la mer. La corrélation entre la morphologie de la côte et la disponibilité des ressources s'observe facilement à travers les données obtenues dans les zones costariciennes des baies de Salinas et de Culebra, de la péninsule de Santa Elena et d'El Tamarindo. Partout il y eut une importante concentration de population et les grandes décharges de coquillages attestent l'exploitation des ressources maritimes. En revanche, sur les côtes comparativement moins irrégulières de San Juan del Sur au Nicaragua et de Nosara au Costa Rica, les preuves d'occupation humaine sont plus limitées et, en tout cas, les signes d'exploitation des ressources maritimes sont plus rares.

À l'ouest et à l'est de Panamá, une grande plaine de basses terres s'étend de David jusqu'au golfe de Panamá. À l'est de David, le terrain est ondulé et il y a une dépression entre la cordillère centrale et la péninsule montagneuse d'Azuero [33]. Le golfe de Chiriquí est presque le seul golfe de la côte du Pacifique. Il se caractérise par de nombreuses îles de petite taille, parmi lesquelles certaines ont été explorées archéologiquement [34]. Tandis que la côte atlantique a été recouverte, s'est élargie et affaissée, l'action de la plaque lithosphérique du Pacifique a probablement contribué à une élévation significative du littoral durant l'époque de l'occupation humaine, de telle sorte que les sites les plus anciens du Pacifique peuvent être quelque peu éloignés de l'actuelle ligne côtière. Une zone qui pourrait receler un site tropical sec de l'époque archaïque a été localisée près de La Cruz, à la frontière entre le Nicaragua et le Costa Rica[35].

La côte du Pacifique est beaucoup plus sèche que celle de l'Atlantique et, parce qu'elle est plus étroite, ses eaux superficielles possèdent un débit relativement faible. Au Nicaragua, par exemple, presque aucun des grands fleuves ne débouche sur le Pacifique, le principal étant l'Estero Real, qui se jette dans le golfe de Fonseca[36]. Cette absence est attestée par la concentration de peuplades préhistoriques sur les bords du lac de Nicaragua. Le fleuve Tempisque, largement étudié par Baudez[37], le fleuve Grande de Turrubares, avec le golfe que le fleuve de Nicoya forme dans son embouchure, le fleuve Parrita, plus au sud, et la région de Diquís, autour du fleuve Grande de Térraba, brièvement analysé par Lothrop[38], Drolet et Markens[39], constituent les principaux systèmes fluviaux du Pacifique au Costa Rica.

La côte pacifique de la « basse Amérique centrale » fut divisée par Vivo Escoto[40] en quatre catégories du système de Koeppen : *Amw*, *Aw'*, *Amw'* et *Afw'*. Vivo Escoto a commis une erreur, semble-t-il, en classant certaines parties de la zone comme étant *Amw* et *Afw'*, puisque dans ces zones il pleut tous les mois, ce qui contredit clairement ses données pluviométriques. La catégorie *Aw'*, indicatrice d'un hiver sec de novembre à mai, conviendrait au climat de toute la zone, *Am* impliquant également, pour le moins, de la pluie toute l'année.

Durant la préhistoire, sur la côte du Pacifique, ces grandes fluctuations des précipitations saisonnières influencèrent à la fois les règles d'installation – l'homme ne disposant pas d'eau toute l'année – et les règles de subsistance, avec des périodes d'ensemencement de faible potentiel. L'augmentation et la diminution de l'eau douce dans son trajet vers la côte avait également des répercussions sur la salinité et sur la température, ainsi que sur d'autres variables importantes de la vie marine.

De même, les altérations des conditions de vie humaine et maritime dans la zone pacifique sont liées aux changements dans le régime local des vents et des courants

océaniques. Comme Hubbs et Roden (1964, p. 161) l'ont noté, « les vents de l'Atlantique se font remarquer spécialement durant la saison sèche (de novembre à avril), [...] soufflant violemment depuis la mer vers les golfes de Papagayo et de Panamá ». Ces vents énergiques, appelés « perroquets », rendent la navigation côtière dangereuse, voire impossible, et contribuent à l'aridité naturelle de la zone par l'énorme accélération qu'ils donnent à la vitesse d'évaporation et de transpiration ; ils sont aussi la cause des mouvements de la surface océanique et de l'ascension de l'eau froide provenant des fonds marins. Mais dans le même temps ils contribuent à l'enrichissement des derniers maillons de la chaîne alimentaire et à l'augmentation des ressources.

Contrairement à la côte atlantique, les sols des régions de la côte du Pacifique (fig. 12) sont de dérivation volcanique récente et, selon les zones, certains ont reçu des dépôts additionnels d'origine magmatique au cours des dix mille dernières années. Ainsi que l'a signalé Stevens[41], il y a une théorie erronée selon laquelle les sols volcaniques sont fertiles : en réalité leur qualité varie énormément. La fertilité dépend autant de la composition du matériel volcanique primitif que de son comportement durant le processus de formation du sol en rapport avec le climat (température, humidité, régime des vents), la flore, la faune, le relief, le drainage, le temps et l'intervention de l'homme.

Certains sols profonds composés de cendre, au Nicaragua, perdent leur eau très rapidement et s'assèchent, tandis que ceux qui entourent les rives des lacs de Nicaragua et de Managua, contenant plus d'argile, retiennent beaucoup mieux l'humidité ; c'est sans nul doute pour cette raison qu'ils ont toujours favorisé l'occupation humaine. Cette interprétation culturelle des données du sol est celle utilisée par Willey, Norweb et Healy dans leurs travaux sur l'isthme de Rivas[42]. L'évaluation des données ethnohistoriques de la même zone par Abel-Vidor[43] indique également l'existence de grands peuplements à la fin de l'époque préhistorique. Le bassin du fleuve Tempisque entre la péninsule de Nicoya et l'intérieur du Costa Rica est l'unique grande zone de sols fertiles de ce pays dans le Pacifique, ce dont témoigne l'importante quantité de restes précolombiens qui semblent subsister dans cette région [44].

Cette distribution fragmentaire des sols fertiles sur la côte du Pacifique joua un rôle définitif sur les pratiques de subsistance, en particulier sur le potentiel agricole, non pas en imposant des limites aux pratiques elles-mêmes, mais en conditionnant le développement des bases agricoles qui favorisaient une installation permanente. Sheets [45] a confirmé qu'il existait des pratiques agricoles sur des sols d'origine volcanique du Salvador en découvrant des champs cultivés sous des dépôts magmatiques. Les données géologiques et l'information ethnographique sur l'isthme de Rivas indiquent la possibilité de pratiques agricoles étendues.

Les haches percutées « cerclées », grossièrement travaillées, que Snarskis a décrites comme étant des ustensiles communs témoignant d'une agriculture sur le versant atlantique (elles étaient apparemment destinées à couper, émonder et sarcler) et qui pouvaient, le cas échéant, servir d'instruments de guerre, sont pratiquement absentes sur les sites de la côte du Pacifique [46]. On pense que dans de nombreux endroits du Nouveau Monde les peuplades les plus anciennes se sont dispersées le long de la côte et se sont installées aux embouchures des fleuves. Avec le temps, et selon le milieu, les plantes commencèrent à pousser sur les dépôts alluviaux suite à une agriculture de « parcelles de détritus », et de là on suppose que l'agriculture s'est étendue sur les aires limitrophes. À partir de ce qui a été observé sur le littoral du Costa Rica, il semble évident que l'exploitation des ressources maritimes fut un moyen de subsistance postérieur au moins à 400-500 apr. J.-C., dans la mesure où ce sont elles, et non l'agriculture, qui constituent l'alimentation des premières peuplades [47]. Dans les endroits du littoral où il était difficile de disposer de ressources maritimes, des concentrations de population côtière ne se sont pas développées.

Willey [48] a observé que les archéologues qui travaillent en Amérique centrale (dans la région du Pacifique) semblent s'être concentrés sur les dépôts de coquillages parce qu'ils sont faciles à localiser, mais aussi parce que les sites d'importance comparable à l'intérieur

des terres sont moins explorés du fait de leur localisation plus complexe. Il est clair que les stratégies d'investigation sur la côte du Pacifique ont souvent exagéré l'importance de la zone côtière, ce qui confirme l'observation de Willey. (Dans d'autres zones, en revanche, des efforts ont été réalisés pour la recherche de sites éloignés du littoral proprement dit ; Guerrero et Solís (1997) ont trouvé des modèles évidents de sites primitifs [500 av. J.-C.-700 apr. J.-C.] assez loin à l'intérieur des terres et, postérieurement, d'autres plus proches, voire sur la côte.)

Les hautes terres de la « basse Amérique centrale »

Les bassins des hautes terres de la « basse Amérique centrale » ne sont pas aussi étendus que ceux de Méso-Amérique, tels que les bassins de Mexico, d'Oaxaca et du Guatemala qui ont fini par devenir d'importants points de concentration démographique et de développement culturel. Dans l'aire andine de tels foyers se sont également développés, dans des régions où abondent les grands territoires cultivés.

La figure 15 offre un tableau comparatif de territoires de Méso-Amérique, de la « basse Amérique centrale » et de la côte péruvienne (tous les calculs de superficie sont

Figure 15. Aires du même type, aux territoires continus cultivés dans les régions de Méso-Amérique, de la « basse Amérique centrale » et de la côte andine.

Localisation	Superficie approximative (km²)
Bassin de Mexico (Mexique)	4 400
Teotihuacán (Mexique)	505
Oaxaca (Mexique)	730
Guatemala	1 200
Chalchuapa (Salvador)	400
San Andrés (vallée de Zapotián, Salvador)	250
Vallée de Comayagua (Honduras)	240
Plateau central (Costa Rica)	250
Fleuve Chiriquí Viejo (Panamá occidental)	31
Vallée du Virú (Pérou)	900
Vallée du Moche (Pérou)	1 500

approximatifs). L'occupation intensive et le développement culturel complexe semblent avoir été moins importants dans les bassins plus petits de la « basse Amérique centrale » que dans d'autres parties de l'« Amérique nucléaire ». West affirme (1964a, p. 70) : « Les bassins lisses et nivelés recouverts de prairies des hautes terres du centre du Honduras et du nord du Nicaragua [...] n'ont probablement jamais attiré les Indiens, si ce n'est pour chasser » ; et il poursuit : « Les bassins et les vallées nichés dans la ceinture des volcans, que ce soient ceux du Salvador ou du Nicaragua, sont très peu élevés [...] et situés à l'intérieur d'une dépression qui traverse l'isthme [...]. Ce long et étroit accident géologique se déplace en direction N.-O./S.-E. depuis la mer des Caraïbes jusqu'à l'océan Pacifique, formant ainsi les basses terres du Nicaragua, dont la partie centrale est occupée par les lacs d'eau douce les plus grands d'"Amérique médiane" ».

Ces lacs sont entourés de terres relativement fertiles et semblent avoir été des centres d'occupation durant des centaines d'années.
West (1964a, p. 79) a décrit le plateau central du Costa Rica comme étant « le plus grand des bassins des hautes terres situé sur les collines volcaniques d'Amérique centrale, qui forment une ligne d'écoulement des eaux de source. Le bassin de Cartago, plus petit bien qu'il soit plus haut, débouche [...] sur la mer des Caraïbes avec le fleuve Reventazón, celui de San José à l'ouest, plus grand mais plus bas [...] débouchant dans le Pacifique avec le rio Grande ».
Longtemps le Reventazón a servi de voie de communication entre les hautes terres centrales et le versant atlantique, tandis que l'on accédait facilement au golfe de Nicoya et à la côte basse du Pacifique à travers le rio Grande. Le plateau central, le grand bassin des hautes terres du Costa Rica, n'offrait pas seulement un espace assez grand pour les installations, il fournissait aussi des voies de communication qui reliaient les littoraux de l'Atlantique et du Pacifique. (Cette communication entre les littoraux a été démontrée par la variété des matériaux culturels récupérés dans les hautes terres du Costa Rica, bien que l'on ait longtemps pensé qu'elles étaient dépourvues de vestiges culturels.

Figure 16. Le volcan Arenal et le lac Arenal. Province d'Alajuela, Costa Rica. L'activité volcanique a conditionné celle de l'homme par son influence sur les conditions du sol et, par conséquent, sur les emplacements des établissements humains. À titre indicatif, le volcan Arenal est resté en activité de façon quasi ininterrompue depuis 1968.

Des travaux archéologiques dans la zone [49] ont confirmé l'existence de grands sites témoignant de la présence d'importantes populations, ainsi que de longues périodes d'occupation ; cependant, il n'y a pas de preuves de l'existence de ce qui pourrait ressembler aux concentrations démographiques des bassins des hautes terres de Méso-Amérique).

Schuchert (1935) a comparé le Costa Rica et Panamá à un « pont volcanique » qui reliait l'Amérique centrale à l'Amérique du Sud, et West (1964a, p. 79) l'a décrit de cette façon : « Au sud du plateau central, l'axe volcanique d'Amérique centrale est interrompu par un énorme batolithe ou irruption granitique qui forme la cordillère de Talamanca et qui s'étend vers le sud-est jusqu'à la frontière panaméenne. À l'ouest de Panamá, la chaîne éruptive se rattache au complexe volcanique de Chiriquí. [...] La zone du canal [...] occupe une faille tectonique transisthmique [et] [...] la structure du pays à l'est de la zone du canal correspond à la prolongation nord-occidentale des Andes. [...] Entre ces chaînes côtières, il y a une dépression structurelle occupée par les fleuves Bayano et Chucunaque. »
Cet effet « pont » se retrouve dans la distribution de certains éléments de la flore et de la faune de la région. Ainsi West (1964b, pp. 374-376) remarque : « Bien que

Figure 17. La zone de répartition du puma (Felis concolor) englobe tout le continent américain. Il régna sur les flancs des montagnes ; ainsi est-il surnommé le lion des montagnes et admiré pour son adaptation et son agilité.

Figure 18. « Jaguar » est un mot qui vient de jaguara, terme indigène signifiant « celui qui tue d'un bond ». Le jaguar (Pantera onca) est le roi de la faune néo-tropicale. La tête puissante, à la mâchoire proéminente, la peau aux taches en forme de roses et les membres solides sont ses signes caractéristiques. Il est respecté et vénéré comme symbole de l'astuce et de la force.

ce soit un fait répandu dans l'aire de la faune néo-tropicale, certains animaux néo-arctiques pénétrèrent sur les hautes terres tropicales d'Amérique centrale. » Tel est le cas du cerf à queue blanche et de quelques espèces de lapins et d'écureuils qui, en termes cinégétiques, sont les plus significatifs ; à côté d'eux, dans le registre des prédateurs, il y a le puma, ou *Felis concolor* (fig. 17), qui parvint jusqu'en Amérique du Sud. Les mammifères autochtones des forêts humides des basses terres d'Amérique du Sud, comme le tapir, le singe araignée, les divers félins tropicaux tels que le jaguar, le maracaya, l'ocelot, etc. (fig. 18 et 19), ainsi que le tamanoir, le tatou et beaucoup d'autres, pénétrèrent dans les forêts des hautes terres, parvenant même jusqu'au Guatemala et au Chiapas. Parmi les oiseaux (fig. 20 et 21) endémiques des hautes terres d'Amérique centrale, certains sont grimpeurs, comme le beau quetzal, si important dans le commerce et dans les cérémonies de l'ancienne Méso-Amérique. Miranda[50] a signalé que la flore de cette zone contient un grand nombre d'espèces sud-américaines, dont la plupart trouvent leur limite septentrionale sur les flancs orientaux et méridionaux de la Sierra Maya, au Belize.

Tous les bassins des hautes terres de la « basse Amérique centrale » sont inclus dans deux catégories du système de Koeppen : *Cfa* et *Cwa*. Vivo Escoto (1964, p. 210) observe : « Les climats *C* sont déterminés sur la base des températures moyennes des mois les plus froids (autour des 0 °C) et des plus chauds (autour des 18 °C) ; [*Cw*] possède des saisons très variables, comme peuvent l'être un hiver sec et un été pluvieux ; [*Cf*] se définit par l'absence de saison sèche, car il pleut tous les mois de l'année, même si généralement il y a plus de précipitations au début de l'été et de l'automne [...]. [La température moyenne du mois le plus chaud, au-dessus de 22 °C] est indiquée en ajoutant la lettre *a* à la désignation du climat. [...] Ainsi, les climats *Cwa* et *Cfa* font référence à la température des climats des hautes terres, que l'on trouve dans les montagnes les moins élevées et sur les hauts plateaux. »

Changements environnementaux

Même si la plupart des études sur la préhistoire de la « basse Amérique centrale » acceptent implicitement que durant les derniers cinq mille ans il y a eu un degré significatif de continuité concernant les conditions environnementales, nous disposons en réalité de peu d'éléments permettant de soutenir ou de réfuter cette thèse. Toutefois, si l'on ignore effectivement à quel point l'environnement a changé, il est à peu près sûr qu'il n'est pas resté statique durant l'occupation humaine. Le changement, qui fut significatif, s'est peut-être produit

*Figure 19. L'ocelot (*Felis pardalis*), à petite tête et aux grands yeux, a des pattes courtes et un corps compact, la queue longue et poilue. Chasseur nocturne et arboricole, comme le jaguar, il nage et grimpe très bien. Il se nourrit de petits mammifères, d'oiseaux, d'iguanes, de grenouilles, de poissons, de crabes et de tortues.*

de manière plus prononcée sur le littoral et dans les zones d'activité volcanique.

Sur la côte du Pacifique, où s'élève une grande chaîne éruptive, l'activité volcanique a conditionné l'activité humaine par son impact sur les propriétés du sol et, par conséquent, sur les choix d'occupation.

Les géologues nous ont donné une idée du niveau de l'activité volcanique. West[51] affirme qu'il y a plus de quarante grands cônes symétriques dans l'axe d'Amérique centrale et rappelle que Sapper[52] y a recensé cent un volcans de première magnitude. Le volcan Arenal (fig. 16) au Costa Rica est resté en activité, de manière presque ininterrompue, depuis 1968.

L'impact des éruptions volcaniques sur les individus ou les populations avoisinantes est immédiat, même si les effets à long terme peuvent se manifester de manière plus subtile. Par exemple, les terres cultivables peuvent devenir inutilisables jusqu'à récupération de leur fertilité, laquelle ne se fera que par étapes. Sheets[53] a minutieusement décrit les effets de l'éruption du volcan Llopango, au Salvador, et les mouvements de population qu'il engendra. Plus tard, il fit de même avec le volcan Arenal.

En raison de la proximité entre l'axe volcanique et la côte du Pacifique et à cause du régime des vents dominants de la zone, la plus grande partie de la cendre et de la poussière s'est déposée le long du littoral.

Néanmoins, on n'avait jamais tenu compte auparavant du grand pourcentage de cendre déposée sur l'eau ; ce qui, dans le cas d'une mer ouverte, peut ne pas porter à conséquence. Mais si nous le considérons du point de vue de la formation des systèmes des estuaires et des baies, que le dépôt soit direct ou consécutif à une accumulation secondaire des matériaux due à la pluie et aux eaux superficielles, nous devons alors admettre que l'effet produit sur la vie marine fut probablement important. Moreau[54] a le premier suggéré cette possibilité, après l'étude qu'il réalisa dans la région de la baie de Culebra, au Costa Rica, bien que jusqu'à présent nous ne puissions vraiment confirmer les probables dynamiques d'introduction des matériaux volcaniques dans le milieu littoral.

Il semble évident que nous avons besoin d'une meilleure compréhension des rapports entre les dépôts volcaniques et notre capacité à localiser les sites archéologiques. Au nord-est du Costa Rica, la présence de matériaux superficiels datés de 300 av. J.-C. environ, en des endroits très disséminés, semble suggérer que, depuis lors, dans certaines zones, il n'y a pas eu de dépôts volcaniques. Cependant, les données obtenues dans les environs du volcan Miravalles par l'Institut costaricien d'électricité (ICE) ont démontré une grande activité volcanique en quelques endroits de la région vers 10000 av. J.-C. (dans le site Vidor, sur la baie de Culebra, on trouve des couches de cendres de plus de 10 cm qui remontent à 800-1200 apr. J.-C.). Nous ne pouvons mettre en relation directe les grands événements culturels ou les changements survenus au Guanacaste avec les épisodes volcaniques, mais il nous faut tenir compte du possible impact immédiat des éruptions sur les règles d'installation et sur les pratiques de subsistance dans une zone donnée, ainsi que des effets secondaires sur les aires environnantes.

*Figure 20. Colibri. Parc national Juan Castro Blanco,
Costa Rica. Le minuscule colibri fascina l'homme américain
par son plumage coloré et brillant. Les personnages
de haut rang et les guerriers se paraient de ses plumes.
Le colibri apparaît dans la mythologie précolombienne
comme l'oiseau talisman de l'abondance, croyance
traditionnelle qui perdure aujourd'hui.*

Sur le littoral pacifique de la « basse Amérique centrale », les tremblements de terre sont fréquents, dans la mesure où ils sont intimement liés aux grands systèmes de failles. Leur lien avec l'activité volcanique est tel que certains grands épisodes éruptifs sont considérés comme étant une conséquence des changements structurels souterrains occasionnés par les tremblements de terre. Les effets que ceux-ci eurent sur la population furent sans doute d'une portée plus faible : sans architecture monumentale environnante, il y avait peu de danger de voir s'écrouler les constructions (la plupart étaient des structures faites de pieux et de branchages). Il est probable que les tremblements de terre ne firent que détourner le cours des fleuves, créant des obturations, des altérations des cours d'eau ou des glissements de terrain.

Emplacement des installations et échange de marchandises naturelles

En Méso-Amérique, comme dans d'autres parties du monde préhistorique, l'une des principales considérations pour l'analyse géographico-culturelle est l'identification des « centres principaux », c'est-à-dire des emplacements qui, pour des raisons particulières, furent des foyers ponctuels d'installation et de développement culturel.
En général, ils se caractérisent par des facteurs environnementaux concrets, un lac par exemple, des terres cultivables fertiles, des ressources maritimes, ou bien un accès aux routes commerciales, ou encore parce que ces foyers disposaient de ressources particulières qui facilitaient la création de monopoles locaux ainsi que des contacts profitables avec le monde extérieur.

Le Nicaragua, le Costa Rica et Panamá n'ont pas eu de concentrations de peuplements préhistoriques similaires à celles que l'on trouve à Teotihuacán, à Oaxaca ou dans la vallée du Guatemala. Des concentrations régionales moins importantes ont été découvertes en bordure des lacs intérieurs d'eau douce où les sols étaient aptes à l'agriculture, mais également sur les rives fertiles ou les sols en formation près des fleuves du versant atlantique, enfin autour des systèmes d'estuaires et de baies, riches en moyens de subsistance, du littoral pacifique. Les produits maritimes étaient destinés à la consommation locale et au commerce avec l'intérieur (comme en témoigne la découverte de poteries aux estampages de coquilles dans des lieux distants d'environ 75 km de la côte). De même, les petites zones de sol fertile existant le long du littoral pacifique semblent avoir favorisé les installations.

Les centres d'échange n'ont pas encore été clairement identifiés, et seuls quelques objets exotiques ont été mis au jour lors de fouilles archéologiques, comme un fragment de céramique plombifère importée de Méso-Amérique aux environs de 800 apr. J.-C. récupéré dans le site côtier de Nacascolo [55]. On ne connaît aucun gisement d'obsidienne au Costa Rica ou à Panamá, et le plus proche sur lequel nous avons des informations est un affleurement singulier de ce minerai volcanique

*Figure 21. Le toucan (*Ramphatos surulitus*) vit uniquement dans les arbres et se déplace sans difficulté entre les branches par de petits sauts comiques. Son bec volumineux et léger lui sert à la fois d'arme de défense ou d'attaque mais également de repère dans la pénombre de la forêt.*

dans le nord du Nicaragua, près de la frontière avec le Honduras. L'apparition rare d'obsidienne dans les fouilles réalisées au Rivas et au Guanacaste-Nicoya indique bien qu'elle n'était pas très abondante ou que se la procurer était difficile.

L'or et le cuivre apparaissent en petites quantités dans la cordillère de Guanacaste, au Costa Rica, et dans la péninsule de Santa Elena, mais les plus grands gisements d'or de la zone semblent être ceux de la péninsule d'Osa, également située au Costa Rica, et ceux de la région de Nueva Segovia, au Nicaragua. Il faut faire là-dessus une remarque importante : bien que la période de contact ou d'identification géologique moderne des gisements puisse démontrer leur présence, cette identification en elle-même n'implique pas automatiquement leur utilisation durant la préhistoire. En ce qui concerne l'or, il est clair que les gisements d'Osa et peut-être même ceux de Guanacaste furent exploités, mais l'utilisation des gisements de Nueva Segovia est plus incertaine (dans la plupart des cas, il s'agissait de laveries d'un or provenant de dépôts fluviaux).

Beaucoup de produits naturels sont périssables et ont peu de chance de survie archéologique. Notre information relative à la structure du système commercial est quasi inexistante [56], mais nous pouvons affirmer, en nous fondant sur des considérations d'ordre climatique, que l'immense majorité des bois, peaux, plumes et autres marchandises similaires provenaient des basses terres du littoral atlantique. Selon toute probabilité, un commerce alimentaire a existé et, parallèlement à ce qui se passait sur d'autres sites, il nous faut concéder que le commerce de plantes hallucinogènes fut lui aussi très dense.
Les autres marchandises originaires du Pacifique qui connurent un marché important furent l'encre pourpre, les perles, certains pigments minéraux et le sel.

(On a récemment découvert sous la vase d'un marécage, en parfait état de conservation, des momies enterrées, nouées avec des cordes et grossièrement vêtues, ainsi qu'un collier de grains en bois et un pendentif en jade [57].)

Sanders (1956) et Willey (1962) ont signalé que « la diversité de petits milieux dans de petites zones, et leur échange régional de biens et d'idées, peuvent avoir constitué la clé principale du développement des grandes cultures [58] ».

En « basse Amérique centrale », on retrouve des conditions semblables de variabilité environnementale dans une même zone restreinte ; cela nous permet d'entreprendre un bref examen des raisons pour lesquelles, sans doute, la situation durant la préhistoire n'était pas la même.

Nous devrions attirer l'attention sur le fait qu'en Amérique centrale il n'y avait qu'un nombre réduit de biens susceptibles d'être commercialisés entre les régions, et que, de plus, les distances étaient si courtes que les différents groupes pouvaient les obtenir directement, sans avoir recours à un réseau d'échanges régionaux. Cette capacité d'accès direct dut empêcher le développement local de systèmes de distribution étroitement contrôlés ou très centralisés, établissant par là même une limite au développement d'organisations économiques et sociales complexes.

Le contraste entre le Pacifique et l'Atlantique en « basse Amérique centrale », résumé par le schéma humide-sec, n'offre pas le potentiel suffisant pour débattre de la primauté ou de la suprématie du développement culturel de la Méso-Amérique ou de l'Amérique du Sud, en grande partie parce que aucune zone d'Amérique centrale n'a jamais atteint le stade d'État.
À cause des distances relativement courtes, et étant donné la carence de frontières clairement établies, il nous faut en outre admettre qu'entre les deux zones il a existé une communication permanente depuis les temps les plus anciens.
Linares et Ranere [59] sont convaincus que c'est ce qui se passa à Panamá, et qu'il n'y avait pas de ligne frontalière clairement établie au Costa Rica. Tout cela est démontré par les parallélismes entre les céramiques complexes des deux versants durant les périodes les plus anciennes de l'histoire culturelle, y compris lorsque, plus tard, les céramiques du nord se sont basées en

référence à l'idée d'une Amérique centrale jouant le rôle de « pont » culturel, West (1964b, p. 336) écrit : « L'avancée méridionale de la haute culture méso-américaine en Amérique centrale semble s'être limitée, principalement, à sa diffusion à travers les forêts tropicales à feuilles semi-caduques et les savanes du littoral pacifique, tandis que l'expansion vers le nord des cultures primitives de la forêt tropicale, d'affinité sud-américaine, se faisait par les forêts humides du littoral caraïbe d'Amérique centrale. »

D'une certaine manière, la « basse Amérique centrale » est une unité capricieuse qui surgit comme un bloc isolé de la topographie de l'isthme, dans lequel les littoraux du Pacifique et de l'Atlantique constituent des segments de continuité écologique qui s'étendent du nord au sud de la région étudiée (la collection présentée ici, appartenant au musée Barbier-Mueller d'Art précolombien de Barcelone, illustre clairement le caractère capricieux de cette unité).

grande partie sur le traitement de la surface avec incisions et décoration appliquée, et celles du Pacifique sur la peinture polychrome.

Par la richesse de sa flore et de sa faune, le versant atlantique offre beaucoup plus d'opportunités aux peuples disposant d'une technologie limitée que le versant pacifique où, pour vaincre les conditions environnementales, il est nécessaire d'organiser des œuvres hydrauliques et de réguler l'utilisation des terres. Apparemment, de telles opérations n'ont jamais été réalisées durant l'ère précolombienne, bien que le chroniqueur Fernández de Oviedo y Valdés ait fait allusion à des systèmes d'irrigation (dont nous ignorons l'étendue) réalisés par les Nicaraos durant l'époque des conquistadores.

Les principales raisons qui peuvent expliquer l'absence de développement de sociétés plus complexes sont la faible démographie, l'éloignement des principales sources potentielles d'influence extérieure, l'absence de modèles à imiter et la facilité d'accès aux ressources nécessaires.

Résumé

Le contraste entre le littoral du Pacifique, étroit et sec, celui de l'Atlantique, plus vaste et humide, et les hautes terres de la zone est manifeste. Faisant une fois de plus

Ces deux franges de basse terre tropicale plus ou moins parallèles et écologiquement opposées ont notamment ceci de particulier que leurs barrières naturelles étaient assez limitées. La topographie de l'isthme procure en maints endroits des voies de communication commodes entre les deux littoraux, ce qui aurait facilité les échanges d'idées et de marchandises ; un niveau de contact qui, malgré tout, n'a pas encore été suffisamment étudié [60]. Si les preuves des relations systémiques et structurelles sont très limitées ou inexistantes, il nous faudra alors suivre celles qui pourraient nous conduire à une explication du maintien des limites entre deux zones écologiques d'une aire plutôt réduite. Par ailleurs, nous devrons déterminer si nous avons affaire à des influences des basses terres ou des hautes terres de la Méso-Amérique – peut-être des deux. Les modèles écologiques et les traits culturels typiques du littoral atlantique de la « basse Amérique centrale » et de l'Amérique du Sud se sont étendus jusqu'aux basses terres et au littoral de Veracruz. De son côté, l'étroit littoral du Pacifique présente des affinités écologiques avec la côte la plus aride de Méso-Amérique et ses

hautes terres. Les influences des deux zones différentes de Méso-Amérique se distinguent facilement en « basse Amérique centrale », d'où la nécessité de les considérer séparément en ce qui concerne les voies de contact, les bases économiques et sociales ainsi que le support écologique. D'autre part, une sérieuse réévaluation de toute la zone de culture maya des basses terres en rapport avec la « basse Amérique centrale » devient nécessaire ; à cette fin nous utiliserons comme référence un schéma écologico-géographique.

Les conditions de navigation côtière sont relativement difficiles le long des deux littoraux durant une bonne partie de l'année, et même si nous savons qu'il y eut de brèves périodes de contact grâce à des embarcations assez grandes, nous ne sommes pas en mesure d'appréhender l'importance qu'eut la navigation en pleine mer dans la zone de « basse Amérique centrale ». La continuité écologique implique cependant que les peuples précolombiens ont pu parcourir de longues distances autour de cette région, sans changer de zone écologique, et sans rencontrer de gens dont les règles d'installation, les modes de subsistance, l'organisation sociale et les modes de vie pouvaient sensiblement différer des leurs.

La « basse Amérique centrale », si elle est d'extension limitée, est toutefois très variée dans sa topographie, à cause surtout du contraste entre le littoral sec et large du Pacifique et celui, large mais humide, de l'Atlantique, ces deux littoraux n'étant séparés que par des hautes terres de moyenne altitude. Cette région possède une grande variété de niches écologiques qui offrent d'énormes possibilités pour l'habitation et l'exploitation humaine. Or la configuration du terrain et les régimes des pluies ne furent pas les seules variables importantes dans l'existence des peuples préhistoriques. Il y eut aussi les régimes annuels des vents, les phénomènes naturels comme l'activité volcanique et sismique, et les courants marins.

Population indigène, religion et organisation sociopolitique à l'époque de la Conquête

[Les thèses développées dans cette partie sont fondées sur les récentes recherches du docteur Eugenia Ibarra et résument le contenu de son livre *Intercambio, política y sociedad en el siglo XVI. Historia indígena de Panamá, Costa Rica y Nicaragua*, Washington, DC, Dumbarton Oaks (à paraître).]

Les niches écologiques, nombreuses et variées, du Nicaragua, du Costa Rica et de Panamá ne conditionnèrent pas seulement, à différents degrés, l'évolution de l'organisation religieuse et sociopolitique des peuplades indigènes. Elles influencèrent également la nature de l'exploitation des ressources naturelles, les coutumes de commerce et d'échange entre ces peuplades et avec d'autres plus lointaines. Denevan [61] estime qu'à l'arrivée des Espagnols la population de l'Amérique centrale précolombienne (y compris le Guatemala, le Salvador, et le Honduras) avoisinait les 5 650 000 habitants ; le même Denevan pense que la population du Costa Rica n'atteignait pas les 500 000 âmes, bien que le chroniqueur espagnol Diego de Herrera (1875) l'ait évaluée, vers 1545, à un peu plus de 600 000. La plupart des archéologues actifs au Costa Rica ont estimé qu'au cours du xve siècle, avant l'arrivée des Espagnols, il y eut une diminution notable de sites et de population. La vertigineuse baisse de la population indigène au cours des cinquante années de la présence castillane est bien attestée : suite aux nouvelles maladies, aux guerres, à l'esclavage et aux migrations forcées, la population a pu diminuer de 10 % ou davantage [62]. Lorsque arrivèrent les Espagnols, à l'aube du xvie siècle, la « basse Amérique centrale » n'était unifiée ni politiquement ni socialement, mais les liens commerciaux perduraient. Nous avons quelques indices montrant que la partie septentrionale de l'aire avait connaissance des routes commerciales vers la Méso-Amérique, sur lesquelles elle exerçait un contrôle absolu.

Dans la région centrale du Costa Rica, le rituel mésoaméricain et les coutumes domestiques – la vénération du jade taillé, certaines divinités et conceptions de l'univers, les céramiques bichromes à bandes, les maisons à quatre angles ainsi que le maïs comme culture de base – commencèrent à prévaloir dès 500 av. J.-C. ; ce ne fut que dans une période comprise entre 500 et 700 apr. J.-C. que le vernis méso-américain disparut. Il fut alors remplacé par une poterie où abondait la décoration appliquée, modelée et peinte par le procédé en négatif (peinture résistante), et par un style différent de sculpture en pierre. Enfin, surtout, le jade fut remplacé par l'or (fig. 23) [et par la métallurgie en général] comme matière précieuse et d'une importance symbolique pour l'élite.

Il n'est pas superflu de rappeler que l'orfèvrerie du Nouveau Monde a ses origines en Amérique du Sud. Associé à l'élément clé de la forme des habitations (de carrées elles deviennent circulaires), cet ensemble d'objets donne des indications importantes sur le changement de sphères d'influence culturelle ; changement en vertu duquel la région finit par davantage ressembler à l'Amérique du Sud septentrionale. Même si le nord-est du Costa Rica et le littoral pacifique du Nicaragua continuèrent à s'identifier aux systèmes de croyances et à l'iconographie méso-américains – on le constate clairement en observant leur poterie polychrome élaborée – après la période 800-1000 apr. J.-C., la forme de leurs maisons, qui devint circulaire, et leurs croyances religieuses, plus en rapport avec celles du nord de l'Amérique du Sud, changèrent de façon substantielle. Nous ne pouvons pourtant oublier la pléthore de langues parlées en « basse Amérique centrale » : on peut se demander si elle ne fut pas à l'origine de conflits et de mésententes réciproques, ainsi que le notèrent les chroniqueurs castillans après leur arrivée.

Pour étayer la similitude culturelle entre les différentes sous-régions de la partie centrale du Costa Rica (le Pacifique central, les hautes terres centrales et le versant atlantique) – très étendue et écologiquement riche –, Snarskis [63], Corrales et Quintanilla [64], Ibarra [65] observent une certaine ressemblance entre les objets ; toutefois, Ibarra attire l'attention sur les différences sous-régionales de caractère ethnique liées aux systèmes de croyances.

En outre, les témoignages des chroniques castillanes à partir de Torquemada semblent confirmer la présence de la langue nahuatl (aztèque) aux environs de l'embouchure du fleuve San Juan, l'actuelle frontière naturelle entre le Nicaragua et le Costa Rica ; Lothrop [66] l'attribue à la présence de marchands aztèques. Cette hypothèse est fondée sur l'accent des indigènes. Plus intéressante encore serait la présence de « Mexicains » qui, apparemment attirés par l'or, établirent des installations ou campements miniers, bien qu'ils ignorassent l'emplacement précis des gisements, dont le secret était jalousement gardé par les élites des peuplades indigènes.

L'accès restreint à certains biens spécifiques et à la connaissance ésotérique se reflétait dans les différentes hiérarchies sociales, politiques et religieuses. Ibarra et d'autres chercheurs ont observé que l'organisation hiérarchique de beaucoup de caciquats du Nicaragua, du Costa Rica et de Panamá fut mal comprise par nombre d'explorateurs castillans.

Par exemple, au début du XVIe siècle, dans l'ensemble du territoire du Costa Rica, il existait, par ordre croissant, des chefs de rang inférieur, des chefs (caciques) principaux, un grand chef et un chef de rang suprême (cacique principalissime) [fig. 22 et 24]. On pouvait distinguer ces rangs sociopolitiques respectifs à l'intérieur de chaque caciquat. Pourtant, la plupart des premiers conquistadores s'adressaient à eux en les appelant tous « caciques », sans identifier ni comprendre cette chaîne de commandements assez complexe dans l'ordre « civil ». Ibarra (commentaire personnel, février 1999) raconte comment, au XVIIe siècle, un chef militaire castillan demanda à un cacique principal de convoquer tous les « caciques » qu'il connaissait dans les territoires environnants, et au lieu d'une poignée d'individus de l'élite que les Castillans s'attendaient à voir, des centaines de personnes se présentèrent.

Toutefois, la personne qui avait le plus de pouvoir en général au sein des caciquats de « basse Amérique centrale » était celle qui contrôlait et s'occupait de tous les sujets liés à la sphère du religieux-surnaturel : le chaman ou *usékar*, tel qu'on le connaissait dans la zone de Talamanque, au sud du Costa Rica. Ce maître

Figure 23. Disque circulaire réalisé en or.
Tradition Gran Coclé, Panamá, 900-1100 apr. J.-C.,
Diamètre : 13,5 cm, musée Barbier-Mueller
d'Art précolombien, Barcelone (inv. 521-38).
L'image est une simplification du « saurien
anthropomorphe ». Ce pectoral (?) montre bien
l'assise idéologique qui caractérisa les communautés
de tradition Gran Coclé du Pacifique central panaméen.

de l'au-delà inspirait un grand respect, une crainte révérencieuse et la peur. On attendait de lui qu'il fût capable de prédire l'avenir, de réaliser des maléfices et de contrôler les esprits et les divers émissaires du monde animal. Certains étaient considérés «protéiformes», c'est-à-dire capables de changer leur apparence physique en celle d'un animal. Cela peut nous fournir une piste sur la véritable signification d'un style élaboré de pendentifs en or provenant du Costa Rica et de Panamá, sur lesquels les hommes, déguisés en félins ou en oiseaux, munis de masques et de coiffures complexes, apparaissent cachés derrière un rideau de plaques en or travaillé, faisant mine de dissimuler leur authentique apparence ou la rendant plus mystérieuse.

Personne n'était autorisé à parler, à négocier ou à entrer en contact avec le chaman, et même les chefs «civils» de haut rang devaient faire appel à des intermédiaires, que l'on nommait *burús* dans la région de Talamanque et qui étaient désignés par le chaman lui-même. Dans la hiérarchie, sous le chaman et ses intermédiaires, il y avait les chanteurs principaux (chargés des rites funéraires), les guerriers principaux (responsables des opérations militaires) et les spécialistes principaux en médecine (qui avaient pour charge de soigner les blessures et les maladies). Chacune de ces charges avait elle aussi sa propre hiérarchie interne, de même qu'il en existait une à caractère matrilinéaire entre les clans dont les membres étaient destinés à devenir chamans, intermédiaires, chanteurs principaux, guerriers principaux et spécialistes principaux en médecine ; cette hiérarchie avait son équivalent dans l'organisation des clans au sein de la sphère civile. En principe, le chaman principal, à travers ses intermédiaires, s'efforçait de convaincre les membres de l'élite dirigeante «civile» et de peser sur leurs décisions. Cette connaissance de la structure sociale provient de l'étude de la documentation du XVIIe siècle et de quelques autres postérieures, jusqu'au XXe siècle[67] ; nous pourrions sûrement imaginer une organisation sociale identique pour le XVe siècle et aussi pour les temps préhistoriques. Les nombreux rôles religieux et sociopolitiques décrits plus haut furent observés dans des sociétés indigènes postérieures à la Conquête,

depuis les *paya*, à l'est du Honduras, jusqu'aux *cuna*, à Panamá, dans la même région caractérisée par un environnement de forêt tropicale humide et par le mode d'adaptation que cet environnement génère chez les hommes (fig. 25).

Les dynamiques commerciales
Les échanges et leur importance

En dépit des différences linguistiques et religieuses, il est probable que l'on pourra mieux comprendre les cultures précolombiennes du Nicaragua, du Costa Rica

Figure 24. La communauté Parara Para, du groupe emberá,
peuple les terres proches du fleuve Chagres à Panamá.
Sur l'image, plusieurs générations accompagnent la cacique
ou reine de la communauté. Les marques de son rang, dont
témoignent la coiffe en forme de couronne et le pectoral de
perles de verroteries et de monnaies, la distinguent des autres
membres. Les sources historiques attestent la profusion de
colliers en chapelets qui distinguaient les chefs d'un endroit.

et de Panamá en se référant au modèle de commerce et d'échange – ou d'interaction en général – mis en place par Robert M. Carmack [68] et utilisé par Ibarra, tous deux historiens anthropologues spécialisés dans la protohistoire et les premiers temps historiques de la « basse Amérique centrale ». Le modèle, baptisé par Carmack « théorie des systèmes mondiaux », renforce l'étude des sociétés indigènes grâce à une perspective centrée sur l'interaction des idées, l'étude des considérations matérielles et environnementales internes et externes. Ce point de vue permet aux chercheurs de mieux comprendre la nature des relations interethniques et de commencer à appréhender le symbolisme des articles somptuaires échangés ou offerts comme présents, ainsi que les différents niveaux sociopolitiques de l'élite des trois pays en question [69].

T.K. Earle [70] définit l'échange comme la distribution spatiale des biens matériels (et des idées), que ce soit d'individu à individu ou de groupe social à groupe social. Fondamentalement, les individus constituent le moyen à travers lequel a lieu l'échange, dans leur tentative de faire tout ce qui est en leur pouvoir pour survivre et prospérer dans le contexte des capacités et des limites de leurs groupes sociaux ou idéologiques et de leurs milieux naturels.

Ce qui s'échange est essentiel pour la survie de l'individu : aliments, technologies de subsistance ou articles somptuaires. D'autre part, le contexte dans lequel se produit le troc est toujours important puisqu'il définit les nécessités sociales au-delà de ce qui est purement matériel et biologique (« la vision du monde », le symbolisme et la connaissance jalousement gardée du religieux ou des sphères du « surnaturel »). Habituellement, les aspects symboliques et les systèmes de croyances surnaturelles ou religieuses sont en accord, dans le contexte du troc, avec les activités de production essentielles qui les complètent et probablement les stimulent [71].

Mary W. Helms [72] a suggéré qu'il pouvait y avoir une profonde relation entre la conception symbolique ou l'agencement de l'espace des peuples indigènes et les distances géographiques ; et que cette relation se serait développée à travers les années par le biais de voyages

sur de longues distances effectués par des explorateurs et des commerçants spécialement désignés, lesquels demeuraient éloignés de leur « foyer base » ou « centre » durant des mois, voire des années. En général, ces voyageurs revenaient riches d'articles exotiques et de connaissances ésotériques exclusivement destinés à l'élite. Ils renforçaient ainsi de leurs apports la position et le pouvoir politiques.

Par ce biais, les produits, matériels ou non, fournis par le commerce et l'échange à longue distance devinrent inextricablement liés aux politiques locales et à la hiérarchie sociale. Parmi les pièces concrètes figuraient des choses aussi durables, aussi petites et aussi légères que des pierres précieuses, des bijoux en or, des tissus délicats, des plumes de couleur et des coquillages, des médicaments spéciaux et des drogues psychotropes. Parmi les choses abstraites, on trouve des contes et des histoires étranges et merveilleuses, des savoirs ésotériques, singuliers et mystérieux, exclusivement réservés aux chamans. En général, on considérait que les choses réellement valables, mythiques, surnaturelles et puissantes n'existaient qu'à certains endroits ou sphères éloignés du « centre », et que leur usage et leur appartenance correspondaient exclusivement à l'élite du caciquat : ce qui est rapporté d'ailleurs, les objets les plus exotiques, les connaissances ésotériques et différentes, le plus dangereux à obtenir, etc.

En termes de cosmologie, plus nous nous éloignons du centre, plus grandes sont les probabilités de se trouver face à des croyances mythiques plus fortes, à de dangereux pouvoirs issus de l'inconnu, face au domaine des dieux et des esprits ancestraux qui peuvent se révéler bénéfiques ou maléfiques [73].

Au Nicaragua comme au Costa Rica et à Panamá, la topographie variée et les nombreuses écozones permirent l'exploitation cyclique d'un vaste éventail de ressources et le commerce actif d'une grande quantité

de produits qu'on allait chercher dans une zone assez restreinte, anciennement calculée « d'après le vol d'un corbeau » ou à une certaine distance en ligne droite. Par exemple, un groupe social pouvait occuper les basses terres chaudes et humides et procéder à de sporadiques excursions sur la côte afin d'obtenir des produits de la mer durant une partie de l'année ; durant l'autre partie il pouvait se rendre sur les versants boisés des montagnes où le climat est moins chaud. Osborn[74], lorsqu'il décrivit parmi les peuples de la forêt tropicale le modèle *u'wa* de Colombie, remarqua que ceux-ci changeaient leur résidence en fonction des solstices de juin et de décembre, et qu'un tel changement d'installation avait une énorme signification cosmologique : l'occupation des basses terres était associée au monde d'en bas, et le séjour sur les hautes terres était lié au monde d'en haut, chaque monde ayant ses divinités complémentaires zoomorphes. Nous avons observé qu'un environnement de

forêt tropicale humide semblable à celui de l'Orénoque s'étendait du nord de l'Amérique du Sud à travers l'est du Honduras ; il semble donc intéressant d'ajouter qu'une peuplade des temps historiques du sud du Costa Rica, celle des *bribri*, comptait également parmi ses concepts religieux basiques celui de l'appartenance des choses aux mondes d'en bas et d'en haut. De plus, certains clans *bribri* étaient considérés comme ayant des « droits » sur les semences, ainsi que sur la collecte, le stockage ou la préparation de ressources naturelles déterminées, et, de fait, ils étaient perçus comme les « maîtres » de telles ressources[75].

Ce concept de « verticalité » ou, ce qui revient au même, les voyages horizontaux de relativement courtes distances, depuis la côte jusqu'à différentes altitudes d'une chaîne montagneuse afin d'obtenir diverses sortes de ressources[76], ajouté à l'idée du droit traditionnel des clans à exploiter certaines de ces ressources (un produit

particulier obtenu dans un lieu spécifique, avec souvent de fortes implications symboliques), tout cela eut pour effet de stimuler les échanges à courtes et moyennes distances, et de donner aux propres « sources » (sites écogéographiques déterminés) un symbolisme singulier dans une vision du monde culturel.

Du nord de la Colombie jusqu'aux régions du sud et du centre du Costa Rica en passant par Panamá, la coutume était de convoquer les élites des caciquats, en incluant les « étrangers », sur une place ouverte, afin de parler de thèmes ayant un rapport avec la guerre et la politique, mais surtout dans le but de procéder à des trocs dont l'importance était symbolique, et/ou à la remise de présents. Ceux qui y étaient conviés étaient prévenus au moins un mois à l'avance par des messagers. Ces réunions duraient souvent trois ou quatre jours. Elles étaient inaugurées par diverses cérémonies et des jeux (parfois un jeu de ballon appelé *balsería*, qui se jouait sur la place et qui différait peu de son équivalent méso-américain) ; les réunions se poursuivaient avec une intense activité d'échange d'une infinité de produits et se clôturaient par une fête alcoolique.

Ces événements furent baptisés du nom de *ferias* par les Castillans du XVIe siècle [77].
Il convient de souligner que dans les régions déjà citées du Costa Rica, du nord de Panamá et du nord de la

Colombie (la région de Tairona), tous les sites archéologiques principaux connus de la dernière période avaient une ou plusieurs grandes places ouvertes et entourées de clôtures quadrangulaires couvertes de pierres (fig. 26) aux accès restreints et contigus (en général) aux monticules des habitations principales : le plus haut destiné à l'élite des caciques, et le secondaire destiné aux responsables de la maintenance de ces habitations [78].
Ces sites rappellent quelque peu les « villes-États » du Moyen Âge européen, et on peut affirmer avec une certitude absolue qu'elles constituaient le noyau des puissants caciquats. De ces centres partaient des chemins de plusieurs kilomètres, caillouteux, qui souvent servaient de communication entre le site principal et d'autres plus petits avec lesquels ils étaient en relation [79].

Ces places ouvertes étaient également utilisées comme centres cérémoniels pour procéder à des échanges matrimoniaux entre les groupes et célébrer des sacrifices rituels en l'honneur de certains dieux, sacrifices que nous pourrions interpréter comme des échanges avec le monde surnaturel. Il n'est pas surprenant, par conséquent, que les prisonniers de guerre aient été considérés comme des articles d'une grande valeur commerciale, comme l'étaient certains animaux (gibier à plumes, cerfs, chiens, et particulièrement le tapir) et certains produits venant des forêts ou de la mer (poissons séchés, sel, coquillages et mollusques permettant l'obtention de la teinte pourpre). En certaines occasions, les pendentifs en or étaient échangés contre des amandes de cacao, notamment dans les échanges avec les « autres », des gens qui venaient de lieux lointains, y compris les marchands de Méso-Amérique ; la valeur du cacao tient au fait que la boisson amère du chocolat était réservée aux « invités honorifiques ».

Chez les *guaymí* du nord de Panamá, le juste contrôle des comptes durant les *ferias* ainsi que le décompte des jours restants pour que commence l'événement étaient menés à bien grâce à des torons de cordes noués, une coutume semblable au système de *quipus* des Incas des Andes[80].

Dans la région de Gran Nicoya, les marchés organisés, dans lesquels pouvaient se concentrer jusqu'à deux mille personnes, avaient presque toujours lieu sur la place de quelque village, loin des habitations des caciques[81] ; l'on y menait à bien les « contrats » et les « trocs ». Ces marchés devaient être ouverts en permanence, contrairement aux *ferias* sporadiques d'échange qui se déroulaient dans le sud.

La partie occidentale du lac de Nicaragua était densément peuplée et attirait de nombreux commerçants et marchands des terres lointaines qui proposaient une multitude d'articles, depuis les produits de la mer jusqu'aux esclaves.

La monnaie d'échange préférée était l'amande de cacao – tradition venue du nord –, et les produits les plus courants étaient le maïs, les haricots, le coton, les couvertures, le sel, la cire d'abeille, le miel, les nattes tissées, la céramique, les sandales, les dindes et les lapins[82]. Sans nul doute, les marchés étaient une tradition qui se développait depuis plusieurs siècles, comme l'ont prouvé les témoignages archéologiques (au nord-est du Costa Rica ont été mis au jour des jarres d'albâtre originaires de la vallée de l'Ulua au Honduras, des jades mayas, des céramiques de Teotihuacán, de la poterie plombifère ainsi que d'autres articles provenant du commerce de longue distance).

La suprématie de l'or dans le commerce interrégional

S'il est vrai que l'on doit à l'influence des peuplades chibchas (Colombie) le fait que l'or est devenu un bien d'échange fondamental, il n'en est pas moins sûr qu'à l'époque de la Conquête certains groupes d'origine méso-américaine ont formé les axes dominants de l'organisation politique, religieuse et sociale à l'est du Nicaragua et au Nicoya ; il est également vrai que certains de ces éléments méso-américains s'étendirent jusqu'au sud à travers le Costa Rica, Panamá et même le nord de la Colombie.

Bien que quelques groupes mexicains aient commencé à rejeter les sacrifices humains au moment de la Conquête – certains avant, d'autres après –, cette pratique continua d'exister en « basse Amérique centrale », où elle était en usage au moins deux mille ans auparavant. Il est à noter que les motivations des conquistadores castillans étaient fort semblables à celles de ces méso-américains précolombiens qui les précédèrent au Nicaragua, au Costa Rica et à Panamá : la conquête et la guerre, l'accès et le contrôle des principales routes commerciales, les articles précieux et rares, avec une prédilection pour l'or, etc.

D'autre part, les trois pays servirent de pourvoyeurs de mercenaires ou levées de troupes et de source d'alimentation[83]. Une fois l'hégémonie relative obtenue sur ces territoires, les Espagnols se consacrèrent essentiellement à l'exploration de la voie commerciale préexistante, augmentant encore leur intérêt pour l'or. Cooke et Bray[84], se fondant sur leur analyse des chroniques historiques castillanes, montrent comment, dans les cultures panaméennes, l'or constituait un symbole lié au prestige social et au rang, dans la vie comme dans la mort. Falchetti[85] suggère que l'orfèvrerie, sous toutes ses variétés stylistiques, technologiques et fonctionnelles, a maintenu un symbolisme d'autorité commune, raison pour laquelle son commerce demeurait réservé presque exclusivement aux élites de la population. Dans certaines chroniques castillanes, on trouve d'intéressantes références à la cire d'abeille comme produit d'importance susceptible d'être échangé sans difficulté contre de l'or. Les groupes qui avaient le plus de facilité à obtenir la cire savaient que les orfèvres d'autres caciquats en avaient besoin pour mener à bien le processus de la cire perdue afin de reproduire des sculptures, procédé par lequel on pouvait produire 80 ou 90 % de tous les objets en or et en tombac (ou tumbaga, alliage d'or et de cuivre). Dans le *cenote* sacré du site maya de Chichén Itzá, les archéologues ont trouvé quelques figurines en forme d'oiseaux, de grenouilles ou d'hommes (des chamans soutenant des crécelles et/ou des serpents) de « style international », pour reprendre l'appellation de Bray, qui avaient été exécutées au Costa Rica et à Panamá.

Lorsque les Espagnols arrivèrent, à l'aube du XVIᵉ siècle, il devint vite évident pour eux que le Nicaragua, le Costa Rica et Panamá, ainsi que certaines parties du nord de la Colombie, malgré les différences locales ou subrégionales, étaient unis par des traditions et des croyances largement partagées. Essentiellement à partir des années 1000-1500 apr. J.-C., ces zones avaient développé une même « vision du monde » organisée autour des statuettes d'or et de leur symbolisme, même si chaque groupe concentrait et concédait la plus grande importance aux aspects de sa conception du monde qui lui semblaient plus importants.

Le principal changement survenu avec l'arrivée des Espagnols fut que l'or devint l'emblème de l'avarice, au détriment du symbolisme social et religieux qu'il avait jusqu'alors[86].

Conclusions

Depuis les occupations sédentaires les plus anciennes, probablement aux alentours de 4000-5000 av. J.-C., les habitants indigènes du Nicaragua, du Costa Rica et de Panamá firent toujours partie intégrante d'un modèle d'adaptation humaine à l'environnement de la forêt tropicale humide qui, à l'origine, s'étendait de l'Orénoque à travers le Venezuela et la Colombie, à l'est du Honduras et même au-delà. Depuis 500 av. J.-C. jusqu'aux années 500-700 apr. J.-C., on peut apprécier l'existence de traits et une iconographie méso-américaine qui apparaissent de façon plus évidente dans la région centrale du Costa Rica ; quant aux régions correspondant à la majeure partie du Pacifique nicaraguayen et du nord-est du Costa Rica, elles s'orientèrent traditionnellement vers le nord, tandis qu'au sud du Costa Rica l'influence du sud était manifeste. La diffusion des coutumes des chibchas (peuples colombiens), tant dans leur système de croyance que dans leur culture matérielle, se manifesta en « basse Amérique centrale » dès les années 500-700 apr. J.-C. Les garants de ces traditions finirent par établir différentes sortes de relations avec d'autres peuplades d'origine méso-américaine (chorotega, nahua) qui arrivèrent postérieurement. On peut penser avec raison que la « basse Amérique centrale » fut occasionnellement organisée en « confédérations » de villes-États, de caciquats et de tribus ; ces alliances étaient plus fréquentes en temps de guerre – on faisait alors des pactes stratégiques, y compris entre groupes qui pouvaient avoir été ennemis même une génération auparavant. Toutefois, la plupart des liens durables trouvaient leur origine dans le commerce, qu'il soit de courte ou de longue distance, par le biais du troc/échange ou de la vente et de l'achat, au cours desquels les amandes de cacao étaient communément acceptées comme monnaie d'échange.

Malgré tout, dans cette région, les fréquentes (pour ne pas dire constantes) guerres à petite échelle et les tentatives d'expansionnisme eurent un caractère endémique. Les alliances entre les groupes avaient une motivation défensive ou d'intégration territoriale et commerciale, ainsi que l'attestent de grands sites principaux, tel Guayabo de Turrialba. Par conséquent, l'expression

« zone de transition » appliquée au Nicaragua, au Costa Rica et à Panamá est à prendre au sens le plus large, c'est-à-dire du point de vue géologique, biologique et climatique, en somme, une zone dynamique d'inter-action entre des sphères imbriquées recevant les influences culturelles provenant du sud et du nord.

Remerciements

J'aimerais remercier Jean Paul Barbier-Mueller pour ses remarquables suggestions quant à l'organisation de ce catalogue, ainsi qu'Anna Casas, directrice du musée Barbier-Mueller d'Art précolombien de Barcelone, pour son infatigable soutien et sa générosité tout au long des phases de préparation et de présentation de ce cata-logue. D'autre part, je tiens à exprimer ma profonde reconnaissance à Eugenia Ibarra, docteur en histoire et professeur à l'Université du Costa Rica, pour m'avoir donné l'autorisation aimable et désintéressée de citer partiellement le manuscrit de son dernier livre. Je vou-drais aussi remercier tout spécialement María Elena Cedeño qui a eu le mérite de préparer, avec patience et générosité, les nombreuses versions préliminaires de cet article et de les revoir malgré toutes les respon-sabilités de son vrai métier de coordinatrice de distri-bution et de marketing des publications dans une agence de coopération internationale dont le siège se trouve à San José, ville dans laquelle, après de nom-breuses années de travail en commun, nous avons cimenté une profonde amitié.

e territoire du Nicaragua est divisé en trois régions géographiques (fig. 4) : les basses terres du Pacifique et celles de l'Atlantique, entre lesquelles se situent les hautes terres centrales. L'alignement des Maribios, une chaîne de quinze volcans qui s'étend du golfe de Fonseca jusqu'à l'île d'Ometepe, sépare les basses terres du Pacifique des autres régions.

La géologie de la zone pacifique est caractérisée par des roches pyroclastiques et des coulées de lave produites par l'activité volcanique du quaternaire. Les sols sont volcaniques et fertiles, mais quand la couche végétale est altérée ils deviennent sujets à l'érosion et souffrent également d'une perte de nutriments à cause de la radiation solaire directe. L'activité sismique est fréquente et une série de tremblements de terre ont affecté de manière définitive la vie des peuples et des villes durant les époques coloniale et républicaine. Ce type d'événements ainsi que l'activité volcanique furent probablement significatifs pour le peuplement précolombien. Le territoire est constitué de plaines d'une altitude qui n'excède pas 200 m au-dessus du niveau de la mer, à l'exception du plateau des Pueblos (fig. 4), dont la hauteur dépasse parfois les 400 m d'altitude. D'autres reliefs tels que des petites collines et des volcans rompent cette grande plaine (fig. 4). Même si les variations d'altitude, de précipitations et d'humidité relative créent des microclimats, le climat de la zone pacifique peut être considéré comme tropical sec avec des températures moyennes qui oscillent entre 25 °C et 30 °C. La saison sèche s'étend de décembre à avril, et la saison pluvieuse durant le reste de l'année, avec des précipitations qui varient selon les zones entre 700 et 1 500 mm. La forêt tropicale sèche et la savane constituent la végétation naturelle caractéristique (fig. 2), avec des zones réduites de forêt tropicale humide et de forêt brumeuse sur les flancs et les sommets des volcans culminant à plus de 500 m (fig. 3). Les lacs de Nicaragua et de Managua et une série de lagunes – la plus importante d'entre elles étant celle d'Apoyo (fig. 6) – furent des points de ressources naturelles essentiels pour les populations précolombiennes. Les deux lacs ont dû favoriser le contact et l'échange entre les peuples installés sur les rives et ceux situés plus loin. Aujourd'hui, hormis ces lacs et ces lagunes, il existe peu de sources d'eau en surface mis à part les fleuves Negro et Estero Real, qui débouchent dans le golfe de Fonseca. De plus, il faut tenir compte du fait que, durant ces dernières décennies, d'autres fleuves d'une certaine importance se sont transformés en cours d'eau saisonniers ou se sont asséchés à cause de la destruction de la végétation naturelle.

Les grandes plaines dominent la topographie des basses terres de l'Atlantique, celle de la côte étant une des plus étendues d'Amérique centrale. Graviers du pliocène et sols d'origine marine caractérisent la géologie de cette région. Elle compte deux saisons : l'une pluvieuse qui s'étend sur neuf ou dix mois, avec des précipitations annuelles oscillant

Anciens peuplements du Nicaragua

Sílvia Salgado González

Figure 1. Sculptures monolithiques découvertes à Pensacola. Dessin extrait de Squier, 1856, vol. 2, p. 36, archives Barbier-Mueller, Genève.

Figure 2. Vue du volcan Momotombo, du lac de Managua et de la végétation de savane.

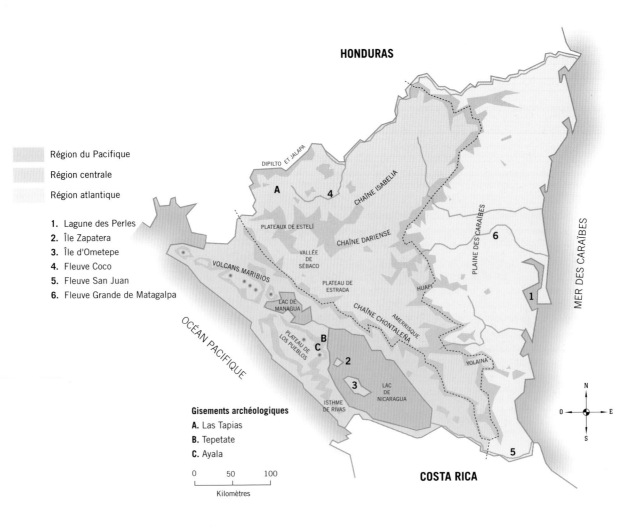

Région du Pacifique

Région centrale

Région atlantique

1. Lagune des Perles
2. Île Zapatera
3. Île d'Ometepe
4. Fleuve Coco
5. Fleuve San Juan
6. Fleuve Grande de Matagalpa

HONDURAS

DIPILTO ET JALAPA

A

4

CHAÎNE ISABELIA

PLATEAUX DE ESTELÍ

CHAÎNE DARIENSE

VALLÉE DE SÉBACO

VOLCANS MARIBIOS

PLATEAU DE ESTRADA

LAC DE MANAGUA

PLATEAU DE LOS PUEBLOS

B
C

2

3

LAC DE NICARAGUA

ISTHME DE RIVAS

CHAÎNE CHONTALEÑA

HUAPI

AMERRISQUE

YOLAINA

PLAINE DES CARAÏBES

6

1

MER DES CARAÏBES

5

OCÉAN PACIFIQUE

Gisements archéologiques
A. Las Tapias
B. Tepetate
C. Ayala

0   50   100
Kilomètres

N
O — E
S

COSTA RICA

Figure 4. Carte des régions culturelles et des sites archéologiques du Nicaragua cités dans le texte.

Figure 3. Végétation de forêt tropicale humide.

Figure 5. Fleuve San Juan, région atlantique. Aujourd'hui ce fleuve constitue la frontière entre le Nicaragua et le Costa Rica.

Figure 6. Vue de la lagune d'Apoyo et du lac de Nicaragua.

entre 2 500 et 5 000 mm, l'autre sèche qui se limite aux mois de mars et avril. Le climat est assez homogène, avec une température moyenne de 30 °C. Des fleuves nombreux et importants traversent ces grandes plaines, qui offrent un moyen de transport, des réserves d'eau, des ressources alimentaires et, pour certains, également des gisements d'or, sous forme de « bancs de sable ». Les fleuves les plus longs sont le Coco (fig. 4), qui prend sa source dans les hautes terres centrales et se jette dans la mer des Caraïbes après un trajet de 680 km, le Grande de Matagalpa (fig. 4) et le San Juan (fig. 4 et 5) qui constitue une large portion de la frontière entre le Nicaragua et le Costa Rica. Sur la côte se trouvent de nombreuses lagunes derrière des barrières de sable formées par les courants marins et l'embouchure des fleuves. La forêt tropicale humide constitue la végétation caractéristique de cette région, mais vers le nord de Puerto Cabezas on trouve des sapins et des pâturages, et près de la côte de nombreux marécages (fig. 7).

La région centrale, dite des hautes terres, se situe entre 500 et 1 500 m d'altitude. Le climat varie selon la hauteur, mais est plus tempéré que dans les basses terres, avec des températures moyennes qui oscillent entre 22 °C et 27 °C, et des précipitations annuelles comprises entre 1 500 et 2 500 mm. La topographie se caractérise par un terrain accidenté et une série de vallées fluviales dont les sols, en général, sont pauvres à cause de leur teneur élevée en silice et de leur constante érosion.

Les fleuves qui prennent leur source dans cette région se jettent dans la mer des Caraïbes. La végétation naturelle comporte des forêts de conifères, des forêts sèches et, dans les régions supérieures à 1 000 m, des forêts brumeuses. Les roches métamorphiques et granodioritiques intrusives caractérisent la géologie. Près de la frontière avec le Honduras on trouve les veines de minéraux tels que l'or et l'argent.

En général, il est possible d'affirmer que les ressources animales et végétales étaient plus abondantes et variées à l'époque précolombienne qu'elles ne le sont aujourd'hui.

*Figure 7. Vue des îles du Maïs
(Corn Islands), dans l'océan Atlantique.*

La rareté des éléments relatifs à une occupation antérieure est sans doute le reflet de l'absence de projets spécifiques pour localiser les établissements des populations paléo-indiennes. Leur mode de subsistance était probablement basé sur la chasse et la collecte de produits sylvestres. Cependant, les sites de cette période, s'ils étaient découverts, seraient de faible importance puisqu'il faudrait s'attendre à ce que ces chasseurs et cueilleurs aient appartenu à des populations nomades, comme c'est le plus souvent le cas. Outre la faible dimension des sites, d'autres facteurs tels que l'activité volcanique ou les processus de formation du terrain pourraient rendre difficile leur localisation. Néanmoins, pour déterminer avec certitude l'absence ou la présence humaine au Nicaragua durant cette période, la collaboration entre archéologues et géomorphologues apparaît nécessaire.

Période III ou archaïque (4000-1000 av. J.-C.)

Après 2000 av. J.-C., la présence d'installations éparses, bien qu'elles soient étendues, suggère un mode de vie sédentaire fondé sur l'agriculture, la chasse et la collecte. Ces installations sont situées depuis l'île d'Ometepe jusqu'à Managua au nord. La colonisation d'Ometepe pendant cette période indique une certaine maîtrise de la navigation, la houle du lac de Nicaragua étant parfois aussi forte que celle de la mer.

La céramique présente des similitudes formelles et stylistiques avec les objets fabriqués au nord du Costa Rica et, de manière plus générale, avec la céramique de la période formative provenant de la côte pacifique du Guatemala. La surface des récipients est polie et sa décoration se caractérise par des parties engobées en rouge alternant avec d'autres qui gardent la couleur naturelle de la terre (fig. 9) ; ces parties sont elles-mêmes divisées par de grossières incisions ou des cannelures. Un autre type de décoration plastique est constitué par des bandes poinçonnées ou des impressions réalisées avec des coquillages (*rocker-stamping*), lesquelles se trouvent placées sur les bords du récipient.

En témoignent tant les sources ethnohistoriques que les études archéologiques, spécialement dans la région du Pacifique où la majeure partie de la population s'est installée, tout au moins durant les six derniers siècles. De toute la région d'Amérique centrale, le territoire nicaraguayen est sans doute le moins connu sur le plan archéologique. La région atlantique, qui constitue approximativement 50 % du territoire de la nation, est à peu près inexplorée, excepté la zone de la lagune des Perles, où Richard Magnus[87] a réalisé quelques fouilles de puits stratigraphiques.

Périodes I et II ou période paléo-indienne (10000-4000 av. J.-C.)

Le seul site qui pourrait être daté de cette période est celui d'Acahualinca, localisé à Managua. On y observe des empreintes d'êtres humains et d'animaux qui sont restées imprimées sur une couche de cendre volcanique (fig. 8), sous laquelle se trouve un dépôt daté au carbone 14 de 4000 av. J.-C. Le site n'ayant pas été exploré de manière approfondie, il est par conséquent impossible de reconstruire le mode de vie des peuples qui habitèrent cette zone.

Figure 9. Récipient de type Bocana.
Période III (4000-1000 av. J.-C.).

Figure 8. Traces d'Acahualinca, Managua, 4000 av. J.-C.
On peut observer des empreintes humaines et animales
sur une couche de cendre volcanique.

Les pièces les plus fréquentes sont des récipients, des pots et des vases.

Les objets en pierre ont été moins étudiés, mais dans des établissements proches du lac de Managua ont été mises au jour des pièces d'obsidienne traitées sur place avec une matière première importée de la mine de Güinope, située au Honduras près de la frontière avec le Nicaragua. Elles attestent des échanges très anciens entre les populations nicaraguayenne et hondurienne. Ces échanges seront intensifiés dans les périodes suivantes. Mais certains objets furent aussi travaillés avec des matières premières locales, telles que le basalte, l'andésite et le silex.

Jusqu'à aujourd'hui, aucun résidu micro- ou macrobotanique qui attesterait le développement de cultigènes n'a été mis au jour, mais la présence de pilons et de métates (ou pierres à broyer) dans des sites de cette période témoigne de pratiques agricoles. Le processus de domestication des plantes en Méso-Amérique débuta aux alentours de 8000-7000 av. J.-C., et les preuves de la culture d'espèces telles que le maïs, les variétés de haricots, le poivron, diverses cucurbitacées... remontent à une période située entre 3000 et 2000 av. J.-C. La culture du maïs, plante qui ne se reproduit qu'à l'aide d'une intervention humaine, s'étendit rapidement à travers l'isthme d'Amérique centrale. Au nord du Costa Rica, dans des régions frontalières du Nicaragua, le maïs était sans doute cultivé vers 2000 av. J.-C., et il existe des preuves micro- et macrobotaniques d'une agriculture déjà développée dans différentes régions du Costa Rica autour de 1000 av. J.-C. Pour ce qui concerne le Nicaragua, le manque de sources de ce type peut être attribué à une absence d'études destinées à déterminer la chronologie et les caractéristiques du développement agricole.

Période IV (1000 av. J.-C.-500 av. J.-C.)

Les premières occupations humaines attestées dans la région atlantique datent approximativement de 4500 av. J.-C. dans la zone de la lagune des Perles. Il s'agit de petits établissements avec des monticules formés de coquilles de mollusques marins consommés par la population. Nous ignorons si l'utilisation de ces ressources alimentaires se combina avec des pratiques agricoles, bien que quelques fragments de pilons et de pierres à broyer récupérés permettent de supposer une forme ébauchée d'agriculture.

Entre le Ier et le IVe siècle apr. J.-C. se sont développés deux types de céramiques décorées, l'une avec des incisions et l'autre polychrome avec des motifs géométriques peints en rouge sur un fond blanc. Richard Magnus [88], qui mena à bien les études dans la région atlantique, considère que c'est avec les populations contemporaines du sud du Venezuela que l'on peut établir la seule connexion externe ; ainsi l'auteur propose-t-il l'hypothèse d'un rapide mouvement de populations de l'Amérique du Sud vers l'Atlantique nicaraguayen. Cependant, les données dont nous disposons ne permettent ni de confirmer ni d'infirmer cette explication. De nouveaux éléments sur les connexions externes ont été découverts par deux archéologues français, Franck Gorin [89] et Dominique Rigat. Ces deux chercheurs ont prouvé l'existence de relations stylistiques entre la décoration polychrome de la période de Chontales et celle de l'Atlantique, montrant une interaction entre ces régions.

Sur la côte comme dans les terres, des sites remontant entre le Ier et le IVe siècle apr. J.-C. environ ont été mis au jour. Dans la zone des terres, les populations paraissent s'être vouées à l'agriculture – en témoigne le nombre considérable de pilons et de pierres à broyer exhumés ; dans les sites côtiers, en revanche, l'exploitation de la faune marine continue à être importante. La poterie polychrome est toujours fabriquée, mais d'une part en moins grande quantité, d'autre part y figurent des motifs linéaires en noir et blanc sur fond rouge. La céramique décorée la plus populaire présente des groupes de trois lignes incisées situées en différents endroits du récipient, séparées par des lignes de points.

Les occupations les plus anciennes découvertes à Chontales, sur la côte orientale du lac de Nicaragua, remontent à 500 av. J.-C. Les décorations des céramiques les plus caractéristiques sont les incisions en forme de zigzag, ainsi que la terre cuite bichrome et polychrome. Cette dernière montre des motifs de lignes et de bandes couleur café et rouge, soit sur fond blanc, soit sur la couleur naturelle de la terre.

À partir de 200 av. J.-C. et jusqu'à 400 apr. J.-C., la production de céramique polychrome s'accroît. De nouvelles techniques apparaissent telles que le guillochage et celle des zones de points entourés par des lignes. Dans la décoration polychrome, les couleurs café, rouge, orange et noir sur fond blanc continuent à être prédominantes, même si le marron et le café sur fond beige sont également utilisés.

Dans la zone pacifique, à partir de 500 av. J.-C., les établissements montrent une plus grande concentration de l'activité domestique par rapport aux périodes antérieures, et les structures domestiques retrouvées dans des sites de Managua témoignent de constructions utilisant des matériaux éphémères. La structure s'érigeait sur des pieux en bois, soutenant un toit probablement couvert de feuilles de palmier et des murs composés de roseaux mêlés – en partie – de terre glaise. Nous ignorons toujours la taille précise de ces constructions – elles ont été partiellement mises au jour – et si elles abritaient des familles nucléaires ou étendues.

*Figure 10. Récipient du type Usulután.
Période IV (1000 av. J.-C.-500 apr. J.-C.).*

Dans cette aire, la céramique de la période montre une continuité décorative, même si les incisions sont beaucoup plus fines et composent souvent des motifs zoomorphes. Les représentations du jaguar, un important motif iconographique dans l'art précolombien du Pacifique et de l'« Amérique nucléaire » en général, apparaissent pour la première fois dans la céramique décorée. Le jaguar est généralement associé à la nuit et au Monde inférieur ; il joue un rôle de premier plan dans les mythologies originelles du continent américain.

Les pièces de jade sont rares dans la zone pacifique du Nicaragua, contrairement au nord du Costa Rica. Cependant, dans un site côtier localisé au sud, près de la frontière avec le Costa Rica, des sépultures qui contenaient des objets de jade ont été découvertes. Nous ignorons s'ils furent réalisés localement ou s'ils furent le produit d'échanges avec les régions costariciennes. Il est évident que la production de ce type d'objets, en particulier les pendentifs aux motifs zoomorphes comme les piverts ou autres, requièrent un haut degré de dextérité de la part des artisans. Cela suppose, en plus d'un certain niveau de spécialisation, une richesse économique des sociétés produisant ces objets. De même, les sociétés qui les ont acquis par le biais d'échanges ont dû elles aussi posséder un excédent disponible pour la réalisation de telles transactions, lesquelles se faisaient à travers un mécanisme de réciprocité.

Dans le nord de la région centrale, où les premières occupations remontent à 300 av. J.-C., ainsi que dans la zone pacifique, on observe une interaction progressive avec des régions situées au nord, sur le territoire des actuelles républiques du Honduras et du Salvador. La céramique de la tradition Usulután domina les styles du Préclassique au Salvador et dans les hautes terres du Guatemala (fig. 10). La diffusion de la technologie s'opéra alors vers le Honduras, puis vers le Nicaragua, où elle est plus répandue dans le nord de la région centrale, significative dans des sites de la zone pacifique et présente seulement de manière sporadique à Chontales. La décoration négative ou en faux négatif est exécutée avec des lignes ondulées et montre une grande ressemblance – en particulier en ce qui concerne les pièces fabriquées dans les sites du nord – avec le *bolo anaranjado*, un type céramique caractéristique du centre du Honduras.

Ronald Bishop, de la Smithsonian Institution, détermina que la céramique de tradition Usulután était fabriquée dans quelques régions du Nicaragua mais importée dans d'autres, probablement en provenance du Salvador. La présence de cette céramique et de l'obsidienne hondurienne signalent une interaction croissante avec des régions du nord de l'Amérique centrale, confirmant une accumulation d'excédents de production qui furent utilisés pour obtenir des biens étrangers. Cela montre en outre l'existence d'importants mécanismes d'échange entre les sociétés nicaraguayennes, dont nous ne pouvons encore reconstruire la nature spécifique. Tout cela indique l'essor de sociétés qui avaient au moins une esquisse de différenciation sociale distincte, autre que l'âge ou le genre.

Période V (500-1000 apr. J.-C.)

Dans le nord de la région centrale, à la fin de la période, et à Chontales furent construits des sites de taille et de complexité variables, possédant des monticules recouverts de pierres. Le site de Las Tapias, situé sur les bords d'un affluent du Coco (fig. 4), fut le plus étendu et le plus complexe parmi les installations humaines du nord de la région centrale. Les chercheurs qui y ont travaillé ont recensé un ensemble de 128 monticules (fig. 11), et

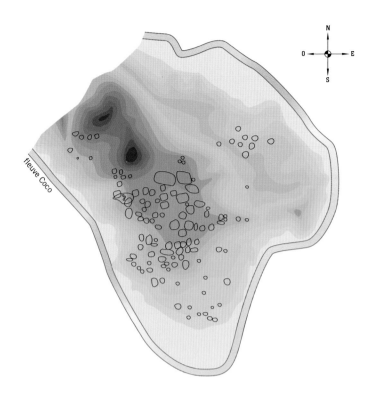

Figure 11. Site archéologique de Las Tapias. Emplacement des fouilles (Espinoza Pérez et al. 1996).

il n'est pas impossible que d'autres aient été détruits par l'activité agricole contemporaine.

La plupart de ces structures sont carrées, mais le site en compte quelques-unes circulaires ou ovales. Le centre du site est doté d'une place entourée de monticules de taille plus importante, d'une hauteur de 3 m environ. Une chaussée, qui n'était peut-être pas unique, fut également construite pour faciliter l'accès à la rive du fleuve.

D'autres sites de la zone présentent des variations d'étendue, ou bien connaissent une différence dans le nombre ou dans la taille des monticules : certains n'en possèdent pas, la moitié des sites localisés n'en sont pas pourvus, près de 35 % en possèdent de un à vingt-cinq et 15 % de vingt-six à cent. Ces variations suggèrent une hiérarchie régionale, dans laquelle quelques installations servaient de centres de contrôle des différentes routes de commerce local ou de longue distance.

L'unique site connu dans la région de Chontales possédant une architecture est doté de seize monticules recouverts de pierres, parmi lesquels certains sont situés autour d'une place. Cet établissement, appelé El Tamarindo, est considéré comme le site principal de cette période et invite à penser qu'une hiérarchie sociale et politique entre divers sites, consécutive au développement de cette société, y était en voie de constitution. Aucune relation stylistique n'a été démontrée entre la céramique de Chontales et celle d'autres régions du Nicaragua. Il est possible que les quelques exemplaires de céramique polychrome trouvés dans cette zone aient été importés de la zone pacifique. La décoration dominante à Chontales se caractérise par des incisions en lignes obliques sur la surface et des fentes exécutées sur le bord des récipients.

Dans la zone pacifique, les sites n'ont pas de monticules, mais dans certains cas ils sont pourvus d'élévations naturelles utilisées comme base pour la construction de structures domestiques. Les sites principaux étaient plus étendus et présentaient une zone résidentielle nucléaire qui pouvait mesurer jusqu'à 1 km², entourée par une aire importante et sans doute destinée à l'agriculture. C'est notamment le cas du site d'Ayala (fig. 4 et 13), jusqu'alors le plus connu de cette période, un centre régional qui intégra politiquement une bonne partie du département de Granada.

Dans ce site, une grande concentration d'objets étrangers, presque absents des sites de moindre importance ou moins complexes qui l'entourent, ont été mis au jour. Les petites structures domestiques dont l'aire n'excède pas 20 m² furent édifiées à partir de matériaux éphémères (fig. 13).

Le groupe familial devait sans doute utiliser diverses structures pour des fonctions différentes telles que le couchage, l'entrepôt d'aliments... Les inhumations étaient réalisées près des habitations, mais aussi dans des espaces réservés aux sépultures ; dans certains cas, les corps étaient ensevelis avec des offrandes, principalement des objets en céramique, mais parfois ils étaient incinérés et déposés dans des urnes.

Ce deuxième type de rite funéraire a également été attesté au nord du Costa Rica par des archéologues du Musée national.

La majorité des unités familiales ont manufacturé les instruments de pierre qu'elles utilisaient ; racloirs,

Figure 12. Récipient du type Galo polychrome, variété Lagarto. Période V (500 apr. J.-C.-1000 apr. J.-C.) [dessin].

Figure 13. Site d'Ayala, soubassement d'une structure domestique, région du Pacifique. Période V (500 apr. J.-C.-1000 apr. J.-C.).

poinçons ou éclats de silex constituent les objets les plus usuels. Les matières premières employées sont locales pour la plupart, même si près de 10 % des objets étaient fabriqués avec de l'obsidienne importée. On a aussi trouvé des ateliers consacrés à la fabrication de poinçons et d'aiguilles en os, qui, en association avec d'autres outils lithiques, furent sans doute déterminants dans le traitement et l'élaboration du cuir.

La production agricole fut importante et les restes botaniques exhumés à Ayala démontrent que parmi les plantes cultivées figuraient le maïs, le haricot, le coton et le cacao. En outre, on a découvert des restes de feuilles de palmier, d'avocats, de spondias et de *nances* (fruit du *Malphigia glabra*), produits qui ont pu contribuer à stimuler la productivité de ces peuples.

Le cerf était la principale source de protéines animales, mais le tatou, le tapir, le lapin, les reptiles tels que le lézard et l'iguane, ou encore les tortues étaient chassés également. Le lac de Nicaragua constituait le vivier de la majeure partie des poissons consommés par la population.

Dans la zone pacifique et au nord, les élites dominèrent probablement les routes de commerce de longue distance, par lesquelles transitaient du nord au sud l'obsidienne, la céramique et peut-être des denrées périssables. Les ressources en obsidienne provenaient de la veine

de Güinope, au sud du Honduras, mais des couteaux prismatiques étaient également importés de Quelapa, au Salvador. Les récipients en céramique du type Ulúa polychrome, fabriqués au centre du Honduras, ou du type Delirio rouge sur blanc, de l'est du Salvador, constituaient une partie des objets d'échange. De plus, dans la zone de Granada ont été mis au jour des fragments de céramique en stuc, provenant vraisemblablement d'un site méso-américain. Nous ignorons quel type de produits des régions nicaraguayennes furent échangés, mais sans doute étaient-ils périssables puisqu'il n'en reste aucune trace dans les sites du Honduras ou du Salvador.

La céramique de cette période montre aussi des similitudes avec celle du centre du Honduras. Dans la zone pacifique s'est développée la polychromie avec des motifs peints en rouge, café et orange, entourés d'un trait noir sur fond cannelle, ou parfois crème. Les motifs sont géométriques ou zoomorphes, et représentés de manière réaliste dans certains cas, abstraits dans d'autres (fig. 12). Les types décorés les plus populaires sont bichromes ou trichromes ; les premiers sont peints dans les tons blanc ou crème sur fond rouge, et les seconds en blanc sur fond noir ou rouge. Généralement, la céramique bichrome et trichrome présente des décorations modelées et utilise la technique du pastillage. Les motifs zoomorphes les plus courants montrent la silhouette de profil d'un singe ou d'un crocodile (fig. 14), le plus souvent de manière abstraite (fig. 12). Parmi les formes usuelles de céramiques décorées, on trouve les écuelles hémisphériques ou tripodes et les vases. Cependant, la plus représentée est constituée par les pots hémisphériques et les vases à engobe rouge et sans aucune décoration.

Comme dans la zone pacifique, la céramique décorée du nord présente des similitudes évidentes avec celle du centre du Honduras. Celle qui est inspirée de la tradition Usulután est la plus abondante, mais la plus grande partie n'est que grossièrement recouverte d'un engobe orange. Une autre pièce, comme dans le cas du type Caucali rouge sur orange, présente des motifs peints en rouge, en forme de pyramide ou en escaliers de style grec, mais il existe aussi des représentations solaires et des motifs zoomorphes et anthropomorphes sur des supports modelés. Les écuelles à bords recourbés sont communes mais on trouve également d'autres formes : vases et pots avec des anses. Au Honduras, l'évolution de la tradition Usulután suit le même modèle qu'au nord du Nicaragua : dans un pourcentage important, les céramiques ne possèdent plus que l'engobe orange comme décoration. Les différentes étapes de l'évolution décorative au Honduras montrent aussi que les types les plus anciens se caractérisent par l'emploi de la technique en négatif ou résistante, alors que plus tard la décoration positive avec la peinture rouge sera utilisée. Le transfert de ce savoir-faire ainsi que son importation, de même que l'acquisition d'obsidienne en provenance des régions déjà mentionnées, suggèrent que les relations ne se limitaient pas à de simples échanges ou transactions commerciales occasionnelles.

Pendant cette période, le développement de sociétés avec des distinctions sociales, économiques et politiques se consolide tant dans la zone centrale que dans la zone pacifique. Celles-ci peuvent être assimilées à ce que les archéologues dénomment des caciquats, c'est-à-dire des groupes aux structures permanentes, dans lesquels les postes politiques étaient occupés par des membres ayant des liens de parenté, et la transmission du pouvoir dictée par des relations généalogiques. Dans la plupart de ces sociétés, l'échange de biens considérés comme précieux, par leur contenu symbolique et leur assimilation aux élites politiques, est d'une extrême importance pour la légitimation du pouvoir. Peut-être cela explique-t-il l'expansion des échanges de longue distance dont il a été question dans les paragraphes précédents.

La région atlantique ne paraît pas avoir pris part de manière significative aux développements signalés dans les autres régions. Des établissements présentent des monticules de terre qui servaient sans doute de base à des structures résidentielles, tandis que d'autres se caractérisent par la présence de résidus de coquillages. La céramique est décorée avec des incisions et recourt à la technique du pastillage, avec des ensembles de deux ou trois lignes parallèles incisées, placées au hasard sur la surface de l'objet. Entre ces lignes sont exécutées des lignes pointillées. Dans certains cas, à la décoration incisée et pointillée sont ajoutées des bandes appliquées. Il n'est pas possible d'établir une relation claire avec d'autres traditions artisanales des zones limitrophes, ce qui paraît renforcer l'hypothèse d'un relatif isolement durant cette période.

Période VI (900/1000-1500 apr. J.-C.)

La reconstitution de l'essor sociopolitique précolombien à partir de 900 apr. J.-C se fonde sur des recherches archéologiques et historiques. La source principale de données historiques est l'*Historia natural y general de las Indias, islas y Tierra Firme del Mar Oceáno*, rédigée entre les années 1535 et 1580 par le chroniqueur Gonzalo Fernández de Oviedo y Valdés, qui contient des observations directes faites par l'auteur et des éléments de seconde main livrés par des documents écrits de fonctionnaires ou de religieux espagnols. L'information est précieuse bien qu'elle soit incomplète ; elle fournit des données sur la structure sociale et politique, ainsi que sur les croyances religieuses et les autres aspects de la vie de ces peuples précolombiens.

Dans la zone pacifique comme à Chontales, il s'agit d'une période durant laquelle s'observent des changements significatifs dans le nombre, la complexité et la localisation des établissements, de même qu'en ce qui concerne certains traits de la culture matérielle du Pacifique. Ces changements peuvent être en partie attribués à la migration de divers groupes ethniques du Mexique vers le Nicaragua ou d'autres zones limitrophes. Cette migration fut relatée par des nobles nicaraos au frère Francisco de Bobadilla. Ce récit explique qu'il y eut une série de migrations de groupes parlant l'otomangue et le nahua ; cependant, il mêle des éléments mythiques et historiques, par conséquent il est impossible de détailler les divers courants migratoires ou leur chronologie. En revanche, des calculs glottochronologiques suggèrent qu'entre 600 et 700 apr. J.-C. le chorotega-mangue et le chiapaneca se séparèrent, marquant le début de la migration des premiers depuis Soconusco vers le sud de l'Amérique centrale. Celle-ci fut suivie par des déplacements de peuples parlant le subtiaba, une autre langue otomangue, et par des Nicaraos parlant le nahua.

Les estimations de peuplement de la zone pacifique du Nicaragua au moment de la Conquête (1522 apr. J.-C.) varient entre un demi-million et deux millions d'habitants. Cette population diminua de manière dramatique en raison de la déportation d'esclaves indigènes vers d'autres provinces entre 1528 et 1540, des maladies qu'apportèrent les Européens et des nombreux bouleversements subis par les structures sociales et politiques autochtones. Pendant la période VI, la population augmenta sensiblement. Par exemple, dans le département de Granada, il a été déterminé que le nombre

d'établissements avait triplé, et que cette croissance s'accompagna de l'occupation de nouveaux « nids écologiques ». Des emplacements de cimetières hors des zones habitées, mais également de nécropoles dans l'enceinte des établissements, ont été mis au jour. Les inhumations secondaires dans des urnes funéraires constituent le modèle mortuaire.

De même émergèrent de nouveaux centres régionaux qui assimilèrent la vie économique et politique de certaines régions. Dans quelques-unes des principales occupations furent construits des monticules recouverts de pierres plates disposés autour de places qui servaient de plates-formes pour les résidences, comme l'attestent les chroniques d'Oviedo y Valdés. La structure de ces résidences était formée de piquets de bois qui soutenaient des toits de palmes et des murs de roseaux partiellement recouverts de boue séchée.

Dans l'aire pacifique, Tepetate fut le centre régional dominant les importantes zones de Granada et de Masaya. Située sur la rive du lac de Nicaragua, à la lisière nord de la ville de Granada (fig. 4), cette installation livre un bon exemple de centre régional pacifique. Le noyau du site était défini par douze monticules disposés autour d'un espace ouvert qui a pu constituer une place. La superficie totale de cet établissement dépasse les 2 km². C'est dans ce site que résidaient les artisans produisant les biens distribués ou commercialisés dans d'autres lieux de la région ou dans des zones plus éloignées. À Tepetate ont été découverts un grand nombre de moules de figurines féminines et de supports de vases tripodes, ce qui indique une spécialisation

Figure 18. Diverses pièces archéologiques reproduites dans l'ouvrage de B.E. Squier, 1851. Archives Barbier-Mueller, Genève.

dans la confection de ces objets. Il exista aussi une industrie de couteaux prismatiques d'obsidienne dont la réalisation nécessite une dextérité et une habileté toutes particulières. Cette technique étant typiquement méso-américaine, son développement au Nicaragua durant cette période prouve l'importance des migrations issues de cette aire.

Les sources historiques renforcent l'idée de sociétés pourvues d'économies dynamiques qui, parmi d'autres aspects, incluent une spécialisation dans un domaine et divers mécanismes d'échanges tels que la réciprocité, la redistribution ou encore le marché.
L'agriculture était sans nul doute la base du système productif, avec comme principales ressources le maïs, les variétés de haricot, le coton, mais aussi les tubercules, les fruits et les légumes. Les dindons et les chiens muets constituaient les uniques animaux domestiques. Les autres activités économiques importantes incluaient la production de textiles et d'artisanat, la métallurgie et la réalisation de divers objets déjà évoqués. Une partie de la production agricole et artisanale (fig. 18) était utilisée pour la consommation des familles productrices, l'autre était destinée au paiement des impôts et au commerce. Le marché était une institution importante et chaque village principal possédait une place sur laquelle les transactions étaient régulées par une personnalité officielle désignée par le cacique. Les graines

de cacao servaient de monnaie dans les échanges de biens tels que l'or, les textiles, les produits de l'agriculture, de la chasse ou de la pêche, ainsi que pour les esclaves. Seuls les hommes chastes ou issus de peuples alliés pouvaient entrer dans le marché, qui était un espace fondamentalement féminin.

L'apparition de la célèbre statuaire des îles du lac de Nicaragua et de Chontales est un autre élément qui témoigne de la spécialisation artisanale, d'un certain niveau de production excédentaire et de l'accumulation de richesses. La dispersion de ces statues renforce les données attestant une structure sociale et politique hiérarchisée. La majeure partie d'entre elles proviennent de deux sites de l'île de Zapatera ; dans l'île d'Ometepe la situation était semblable (fig. 19-23). Quelques autres furent trouvées dans les petites îles et les deux ou trois sites des rives du lac de Nicaragua. Nous pouvons penser que certains sites des îles de Zapatera et d'Ometepe remplissaient une fonction particulière, cérémonielle ou politique, peut-être les deux, au niveau régional. Cette distribution est moins connue à Chontales.

Les statuaires de la zone pacifique (fig. 15) et de Chontales (fig. 16) possèdent des similitudes. Pia Falk et Louise Friberg considèrent qu'elles présentent un symbolisme comparable, ces traits provenant

Figures 19-21. Dans ces sculptures les figures humaines sont représentées assises ou accroupies sur une base-trône de forme cubique ou pyramidale. Sculptures monolithiques découvertes à Zapatera. Dessin extrait de Squier, 1856, vol. 2, pp. 60 et 64, archives Barbier-Mueller, Genève.

Figure 22. Certaines statues possèdent des figures zoomorphes sculptées qui recouvrent la tête, les épaules ou le dos d'un être humain. Dessin extrait de Squier, 1856, vol. 2, p. 89, archives Barbier-Mueller, Genève.

vraisemblablement d'une culture artistique et religieuse aux racines communes. Cette tradition intègre des éléments stylistiques et iconographiques locaux mais aussi d'autres d'origine méso-américaine. Karen Olsen Bruhns mentionne les représentations de divinités mexicaines telles que Tlaloc, Ehecatl et Mictlantecuhlti. Les similitudes sont évidentes lorsqu'on observe la physionomie des individus. Ces représentations de l'*alter ego* suggèrent parfois des figures de chamans ou de chefs spirituels ; des hypothèses ont été émises sur des traits spécifiques correspondant à des gouvernants. Mais malgré les similitudes il existe des différences significatives. En premier lieu, les statues de Chontales sont plus hautes, plus fines et sculptées en bas relief, alors que celles de l'aire pacifique sont exécutées en haut relief (fig. 15 et 16).

À Chontales, les représentations humaines sont plus nombreuses que les représentations zoomorphes, tandis que dans la zone pacifique elles tiennent une place égale, mettant en valeur la relation de l'*alter ego*.

Les statues découvertes dans l'aire pacifique représentent des figures sculptées zoomorphes sur la tête, les épaules et/ou le dos d'un être humain. Parfois le dos repose simplement sur une colonne. Les figures humaines se trouvent généralement en position assise ou accroupie sur un socle-trône qui peut avoir la forme d'un cube, d'une pyramide ou d'un banc (fig. 19-22).
Les sièges-trônes (fig. 24 et 25) ont été considérés comme le symbole d'un rang social élevé dans les cultures de l'« Amérique nucléaire ». Les visages humains

*Figure 23. Sculptures monolithiques découvertes
à Zapatera. Dessin extrait de Squier, 1856, vol. 2,
p. 58, archives Barbier-Mueller, Genève.*

ont des yeux de forme circulaire ou en amande, le nez droit et court, la bouche fine sans la moindre expression. Les bras peuvent reposer sur l'abdomen, les genoux ou simplement sur les hanches.

À l'inverse, dans la statuaire de Chontales, le motif anthropomorphe est plus courant que le motif zoomorphe. Cette statuaire est exécutée sous forme de chevelures utilisant la tête ou le corps complet de l'animal étendu sur les épaules et/ou le dos de l'homme. Le tronc cylindrique ou rectangulaire de la statue montre en détail le vêtement et les traits de l'individu représenté. Le visage est généralement triangulaire ou semi-ovale ; les yeux ou les cavités oculaires, ovales ou rectangulaires ; le nez est rectangulaire ou trapézoïdal, et la bouche est soulignée par une incision. De nombreuses statues semblent représenter des guerriers soutenant des lances, des massues, des gourdins ou d'autres armes. Les statues de la zone pacifique, comme celles de Chontales, étaient placées sur des monticules de pierre.

À Chontales, de nombreux sites présentent des places et une grande quantité de monticules recouverts de pierres. Tandis que dans la période antérieure un seul site en disposait, il en a été répertorié dans seize sites dans celle qui nous occupe. Le nombre de monticules dans les installations augmente : quelques-unes possèdent entre deux cents et trois cents structures, les autres moins de cent, ce qui indique, là encore, une organisation hiérarchisée.

À Chontales, ces changements dans l'organisation des établissements vont de pair avec une transformation de la tradition potière. Les types céramiques les plus communs sont les mêmes que ceux de l'aire pacifique, dans laquelle apparaît la célèbre céramique à engobe blanc plus connue sous le nom de Polychromie Nicoya. Il est encore impossible de déterminer si la présence massive de céramiques provenant de la zone pacifique à Chontales correspond à des échanges commerciaux ou bien à une occupation territoriale des premiers peuples sur les seconds. Jusqu'à maintenant, les études

Figure 24. Siège-trône. Musée Barbier-Mueller
d'Art précolombien, Barcelone.
Hauteur : 42 cm. Largeur : 36 cm. Inv. 521-74.

Figure 25. Les sièges-trônes ont été considérés
comme symboles d'un rang social élevé.
Dessin extrait de Squier, 1856, vol. 2, p. 92,
archives Barbier-Mueller, Genève.

de composition chimique de la terre glaise indiquent que
presque toute la céramique à engobe blanc fut fabriquée
dans la zone pacifique.

Les changements dans la tradition céramique de cette
zone sont significatifs : ils montrent une série d'innovations techniques et iconographiques. Le plus souvent
la céramique monochrome présente sur sa surface la
couleur naturelle de la terre glaise et est décorée de
stries ; il en existe pourtant d'autres types qui ont une
surface engobée de couleur rouge. Des bandes de fines
incisions aux motifs géométriques font également partie du répertoire décoratif de la céramique monochrome
(fig. 27). La surface brillante de couleur cannelle, caractéristique des objets polychromes de la période antérieure, est remplacée par une surface blanche légèrement polie avec des dessins peints en orange et rouge,
entourés de traits noirs (fig. 29). Ces types polychromes
sont beaucoup plus populaires. Bien que l'iconographie
montre des éléments de continuité avec la tradition
locale, il est possible d'observer la présence sensible de

nouveaux motifs qui semblent dériver de l'iconographie méso-américaine, avec, entre autres, les images du serpent à plumes, du dragon bicéphale et de l'homme jaguar. Les représentations du jaguar, qui s'observaient déjà dans la période antérieure, deviennent parfois plus réalistes, comme dans le cas du vase effigie de la couverture de ce catalogue (inv. 521-63, ill. 2), ou restent abstraites. Durant les trois derniers siècles de la période, de nouveaux motifs apparaissent (fig. 26 et 28), tels que le monstre de la Terre, Ehecatl, des représentations de colibris... qui, d'après Doris Stone, rappellent les *codex* de la Mixteca Alta.

Avec de petites différences chronologiques, la tradition de la céramique à engobe blanc qui se développa au Salvador, au Honduras et au Nicaragua présente des traits stylistiques locaux, mais aussi des relations avec les techniques formelles et esthétiques produites dans la région de Veracruz et à l'ouest du Mexique. Les interprétations divergent : ces similitudes sont-elles le fruit de l'interaction commerciale qui exista entre ces régions ? Ou bien sont-elles le produit de migrations des groupes d'origine méso-américaine vers l'Amérique centrale ? En raison de la grande quantité d'échanges qui eurent lieu dans la culture matérielle de cette époque, la seconde hypothèse est la plus vraisemblable.

Les données archéologiques présentées plus haut attestent l'existence de sociétés aux divisions sociales et politiques. D'après les sources historiques, les structures sociales déterminaient trois groupes dans la zone pacifique : les esclaves, les nobles et le peuple. Le statut d'esclave n'était pas héréditaire mais attribué à cause de dettes familiales, et un individu issu du peuple pouvait devenir noble par des victoires remportées sur le champ de bataille. Les provinces constituaient les unités politiques et administratives principales. Elles étaient gouvernées par des caciques assistés par des conseils d'anciens.

Les sources historiques affirment que les habitants de la zone centrale parlaient le matagalpa, une langue de la famille misumalpa. Certains vivaient dans de grandes maisons de paille abritant un lignage entier, éloignées

les unes des autres de quatre ou cinq lieues. Ils pratiquaient l'agriculture d'essartage avec des produits comme le yucca, des tubercules, le maïs et le cacao. Ils avaient également recours aux ressources sylvestres par le biais de la cueillette, de la chasse et de la pêche, et exploitaient des variétés telles que le palmier de pejibaye. Eugenia Ibarra pense que les Matagalpas étaient probablement orfèvres, bien qu'elle reconnaisse que rien ne le prouve. Elle suggère que les objets en or récupérés par les Espagnols dans des sites de la région du Pacifique furent réalisés par des Matagalpas soumis par des Nicaraos vivant dans la région de Rivas. Diverses sources attestent de nombreux conflits entre les Nicaraos et les Matagalpas.

Les archéologues n'ont pas découvert de sites précolombiens de la période VI dans la zone centrale, même lorsque les sources historiques en font mention. Les structures sociales et politiques de la période V se transformèrent à la fin de cette période, mais les causes qui provoquèrent cette transformation nous sont inconnues. Toutefois, ces bouleversements coïncident avec l'effondrement des sites classiques des basses terres mayas, qui affecta aussi les sociétés du Honduras et indirectement celles du Nicaragua. Au Honduras, les structures sociopolitiques devinrent moins centralisées, et cela entraîna la désintégration ou au contraire la recomposition des réseaux d'échanges avec le Nicaragua. Dans le nord de ce pays la tendance générale était sans doute celle d'occupations éparses à l'architecture éphémère, comme l'atteste l'information historique évoquée antérieurement. Il est important de signaler que les historiens ont des avis divergents sur le type d'organisation sociale et politique des Matagalpas, et seuls de futurs projets archéologiques pourront permettre de la reconstituer.

Dans la région atlantique, les sites côtiers ne présentent pas de changements notoires. La présence de résidus de coquillages et de divers objets témoigne de la stratégie de subsistance. Une importante consommation de mollusques et de produits de la chasse et de la pêche s'accompagnait d'un développement agricole. La céramique est le plus souvent monochrome, et la décoration consiste en motifs linéaires incisés. Une rare interaction avec d'autres régions peut être observée, même si Richard Magnus[90] mentionne le cas isolé d'un fragment de céramique polychrome récupéré dans l'un des sites côtiers, qui indiquerait un certain niveau de contact avec la région pacifique. À l'époque de la Conquête, la zone atlantique était peuplée par des groupes parlant des langues chibchas (par conséquent originaires d'Amérique du Sud) telles que le sumo ou le rama. Germán Romero signale que les sociétés de cette zone possédaient une organisation sociale simple, sans distinctions marquées, et un développement agricole naissant.

Figure 26. Récipient du type Vallejo polychrome.
Période VI (1000-1550 apr. J.-C.)

Figure 27. Récipient du type Castillo sgraffite.
Période VI (1000-1550 apr. J.-C.)

Figure 28. Récipient du type Luna polychrome.
Période VI (1000-1550 apr. J.-C.). Musée Barbier-Mueller
d'Art précolombien, Barcelone. Hauteur : 13 cm ;
diamètre : 23,5 cm. Inv. 521-67.

Figure 29. Récipient du type Papagayo polychrome.
Période VI (1000-1550 apr. J.-C.)

ien qu'étant de seulement 10 000 km² plus grand que la Suisse, le Costa Rica présente une grande diversité géographique et climatique. Le quart nord occidental du pays, sur la côte du Pacifique, constitue la zone de culture préhistorique connue sous le nom de sous-région de Guanacaste-Nicoya. Guacanaste est le nom d'une province administrative récente : un territoire formé de grandes plaines légèrement ondulées, aujourd'hui occupées par de vastes zones d'élevage et, dans une moindre mesure, par des exploitations agricoles.

La partie la plus occidentale, plus montagneuse, est constituée de la quadrangulaire péninsule de Nicoya. Toutes deux font partie de la région que les archéologues appellent Gran Nicoya, une dénomination de la culture précolombienne qui englobe aussi une partie du sud-ouest du Nicaragua (fig. 4).

La sous-région de Guanacaste-Nicoya diffère du reste du Costa Rica par sa relative aridité et ses saisons très marquées. De nos jours, la déforestation de sa végétation originelle, du type tropical sec, se pratique encore, comme à l'époque précolombienne, au profit de l'agriculture et de l'élevage. Les précipitations présentent une moyenne comprise entre 500 et 1 000 mm, généralement concentrées entre mai et décembre ; certaines années, la sécheresse dure quatre ou cinq mois. Pendant la saison sèche, il est fréquent qu'une multitude de petits fleuves s'assèchent, que beaucoup d'arbres perdent leur feuillage et que les pâturages artificiels s'épuisent. Les responsables de cette sécheresse sont les forts vents poussiéreux qui rasent les plaines et empêchent l'air pluvieux provenant de la mer des Caraïbes, immédiatement poussé vers l'intérieur du Pacifique, de donner lieu à la formation de nuages de pluie.

Le Costa Rica précolombien

Michael J. Snarskis

La côte accidentée du Pacifique, avec ses nombreuses petites criques et ses falaises rocheuses, joua également un rôle dans la configuration des cultures précolombiennes. Bien que deux baies seulement (Santa Elena et Culebra) soient suffisamment grandes pour protéger les embarcations de la violence des vents, elles fournissent, avec le golfe de Nicoya – le plus remarquable par la taille –, une myriade de biotopes d'estuaires marins, de niches écologiques créées par les récifs, les bancs de sable et les marais bourbeux, qui abritent (ou abritaient, avant la surexploitation et la pollution) une faune impressionnante, qu'elle soit marine ou d'eau douce, en particulier crustacés et mollusques (fig. 3).

Le fleuve Tempisque, très long et partiellement navigable, a formé avec ses affluents une fertile plaine alluviale entre la péninsule de Nicoya et la ligne des volcans marquant le début du versant du Pacifique au Guanacaste.

Densément peuplée à l'époque précolombienne, cette région forme, avec les sections respectives de la côte, le cadre originel du développement de la culture indigène Gran Nicoya.

Étant de loin la zone archéologique la plus importante et la plus disparate du Costa Rica, la région centrale est composée de quatre, ou peut-être de cinq sous-zones géographiques,

Figure 1. Le Costa Rica fut la terre des grands orfèvres. De fait, Christophe Colomb, en admiration devant tant de richesses, baptisa ces territoires Costa Rica (côte riche). Ornement en tumbaga. Musée Barbier-Mueller d'Art précolombien, Barcelone (inv. 521-33).

Figure 2. Péninsule d'Osa, région de Gran Chiriquí. Le Costa Rica a connu des occupations humaines depuis dix mille ans avant notre ère, qui beaucoup plus tard ont fini par fonctionner comme de complexes systèmes de caciquats.

Figure 3. Zone de Guanacaste.
Le Costa Rica est un pays d'une superficie de 51 200 km²,
dans lequel entrent en relation deux systèmes climatiques,
néo-arctique et néo-tropical. Il présente une grande richesse
biologique, qui depuis l'antiquité se reflète dans les objets
culturels des différents groupes archéologiques.

regroupées ici car les similitudes stylistiques de leurs objets manufacturés et de leurs installations suggèrent que les populations partageaient un certain nombre de traditions culturelles communes.

La partie la plus étendue et la plus caractéristique de la zone est la sous-région atlantique (fig. 4). Ce territoire est formé de vallées de petite et moyenne étendue irriguées par des fleuves limpides et abondants, ainsi que de vastes plaines fertiles des basses terres qui constituent le versant atlantique au nord et à l'ouest de Puerto Limón. Au sud de cette ville, les plaines se réduisent à mesure que la cordillère de Talamanca se rapproche de la mer des Caraïbes. À cet endroit, les modèles culturels précolombiens présentent de notables similitudes avec la région panaméenne de Bocas del Toro ; pour sa part, l'extrême nord-ouest montre en apparence une filiation plus proche avec le Gran Nicoya. Dans la majeure partie de la sous-région atlantique les pluies sont abondantes, avec une moyenne de 2 000 à 5 000 mm annuels, et ce sans qu'il y ait de différences entre saison sèche et saison des pluies ; en général, les précipitations sont moins fréquentes au cours des mois de mars et d'avril. La végétation autochtone était du type pluvieux tropical, et il en est toujours ainsi dans certains endroits ; le plus souvent on a procédé à la déforestation afin d'obtenir des terrains pour le pâturage et les cultures bananières, ainsi que pour l'approvisionnement en bois tropical de grande dureté d'un marché où la demande est considérable (fig. 3 et 5). Malgré les conditions climatiques extrêmes, le sol est assez riche, sombre et bien drainé, avec la présence sporadique d'une argile typique des forêts pluvieuses. La plupart des fleuves sont vivaces et leurs eaux sont claires en amont. Leur lit est couvert de galets d'origine volcanique ; mais ils deviennent en partie navigables, le long de leurs paisibles méandres, à l'approche de la mer des Caraïbes. Les crues cycliques sont la norme, et non l'exception.

La sous-région du Pacifique central (fig. 5) peut également être divisée en deux sous-zones : la vallée centrale tempérée, où se trouve la capitale San José, et dans laquelle se concentre la majeure partie de la population du pays ; le bassin du Pacifique central, composé de

Figure 4. Carte du Costa Rica et répartition de ses régions archéologiques. Sur le territoire qu'occupe le Costa Rica ont été établies trois grandes régions archéologiques. Deux d'entre elles s'étendent au-delà des limites géopolitiques actuelles et comprennent les territoires du Nicaragua et de Panamá.

Villes actuelles

GRAN NICOYA - Sous-région de Guanacaste-Nicoya

RÉGION CENTRALE

GRAN CHIRIQUÍ - Sous-région de Diquís

0   50 km

Figure 5. Vallées et fleuves de la région centrale. La région archéologique centrale occupe la portion centrale du pays, et s'étend de côte à côte. On distingue deux sous-régions : la région centrale du Pacifique, qui comprend la vallée centrale et la zone du Pacifique, et la sous-région atlantique, qui comprend la vallée de Turrialba ainsi que les plaines centrales et du nord.

chaînes de montagnes parallèles et de vallées plu-vieuses qui aboutissent à une étroite frange de plaines le long de la côte (fig. 7). Une partie du bassin du Pacifique connaît des saisons marquées ; cet aspect climatique ne détermine pourtant pas les traits archéologiques de la vallée centrale, laquelle présente une filiation plus marquée avec la sous-région atlantique centrale. Le bassin de cette zone semble suivre le même modèle. Ses limites abruptes sur la côte du Pacifique s'étendent entre les villes modernes de Quepos et Puntarenas, et, comme la vallée centrale, il jouit du même régime climatique pacifique – ou presque.

Du point de vue topographique et climatique, la sous-région de Diquís se divise également en diverses sous-zones. La majeure partie de la frange côtière du Pacifique au sud de Quepos et les vallées étendues des hautes terres au sud-ouest de la cordillère de Talamanca ont une saison sèche clairement marquée. Cependant, les fréquents vents locaux du Pacifique font subir aux parties de la zone de Palmar (delta de Diquís) [fig. 2 et 6], à la péninsule d'Osa et aux localités situées autour du golfe de Dulce de fortes précipitations typiques de l'Atlantique, avec plus de 5 000 mm par an. En outre, ces vents les empêchent d'avoir une saison sèche bien définie. Jouissant d'une flore naturelle abondante et variée, certaines des vallées étendues des hautes terres, comme celle de General (San Isidro), ont le plus souvent un sol argileux et assez peu fertile comparé à celui de la vallée centrale et à celui de la sous-région atlantique. Cela est dû principalement au fait que la cordillère de Talamanca, qui n'est pas d'origine volcanique, n'a pas alimenté le terrain en nutriments, comme ce fut le cas

dans d'autres zones du Costa Rica grâce aux volcans qui occupent le centre du pays. Culturellement, Diquís est considéré comme faisant partie de la région étendue plus connue sous le nom de Gran Chiriquí, incluant la province panaméenne de Chiriquí (fig. 4).

Organisation sociale

Les Européens qui arrivèrent au Costa Rica au début du XVIe siècle découvrirent des cultures indigènes qui, dans la plupart des cas, ont été définies par les anthropologues comme des « caciquats » ou des « tribus à la hiérarchie complexe [91] », des groupes sociaux à mi-chemin entre des bandes égalitaires simples et des États à la structure politique complexe. Plus élaborés que les groupes formés exclusivement sur la base de la parenté,

Figure 6. Rive du fleuve Sierpe dans le delta de Diquís (région de Gran Chiriquí). Dans le delta de Diquís, formé par les fleuves Térraba et Sierpe, se sont développées des sociétés de caciquats très complexes. La taille des installations ainsi que les objets manufacturés quotidiens qui y ont été trouvés suggèrent une subsistance mixte, où l'agriculture alliait la culture des tubercules à la chasse et à la cueillette.

les caciquats (qui peuvent être constitués de centaines de personnes) sont organisés autour d'une hiérarchie centralisée et occasionnellement héréditaire, d'orientation théocratique. Néanmoins, ils sont dépourvus de stratification sociale rigide et de systèmes institutionnalisés de répression énergique, conséquence d'une loi civile dans l'État politique [92]. L'architecture monumentale, les systèmes d'écriture et le registre du temps qui souvent caractérisent l'État ou la « civilisation » sont en général absents dans le caciquat. À la place, nous pouvons observer une incroyable richesse et variété stylistiques dans la poterie, la sculpture en pierre, le travail lapidaire et la métallurgie, ainsi que dans

d'autres métiers artisanaux qui changent au fil du temps. Les traditions artisanales et le symbolisme religieux sont souvent très développés, supports nécessaires pour l'affermissement du *statu quo* d'un chef « prêtre-guerrier » et de sa suite.

Archéologie scientifique au Costa Rica

On peut affirmer que ce que nous appelons aujourd'hui investigations scientifiques a débuté au Costa Rica avec les travaux qu'a menés l'archéologue suédois Carl V. Hartman en 1896 et 1897.

Hartman effectua ses recherches à Las Mercedes, dans les basses terres de l'Atlantique (fig. 8), ainsi que dans divers gisements de la vallée de Cartago (1901) ou de Las Huacas, au Guanacaste [93] (fig. 9). Bien qu'il n'ait pas suivi de critère stratigraphique, ses fouilles furent consignées avec beaucoup de soin et une grande clarté ; c'est à lui que l'on doit l'établissement de la première preuve d'une séquence de cultures archéologiques au

Costa Rica[94]. Il concentra son activité sur les cimetières, et son méticuleux relevé des constructions et des associations funéraires est toujours d'actualité. Même si ses méthodes étaient purement empiriques et ses objectifs décalés (il ignorait les gisements de détritus et l'une de ses tâches principales était d'obtenir des pièces pour le musée royal d'Histoire naturelle de Suède), il fut le premier à faire des fouilles et à dresser des plans des structures domestiques et funéraires au Costa Rica, permettant ainsi aux archéologues d'aujourd'hui, par son pointage systématique d'informations, de se poser beaucoup de questions sur ces structures.

La deuxième grande publication relative à l'archéologie du Costa Rica fut *La Alfarería de Costa Rica y Nicaragua*, de Samuel K. Lothrop (1926). Il s'agit d'une somme en deux volumes qui prétendait classer la céramique précolombienne du Costa Rica, et d'une partie du Nicaragua, à travers une analyse stylistique de collections publiques et privées de plusieurs pays. Le matériel étudié provenant de fouilles non contrôlées, et les données stratigraphiques et contextuelles étant absentes, la classification reste par conséquent purement descriptive et dépourvue de signification temporelle. Lothrop était conscient des limites de la démonstration, c'est pourquoi il ne tenta aucune spéculation d'ordre chronologique. Son travail représente la première description d'ensemble des matériaux archéologiques du Costa Rica et comprend un excellent résumé ainsi qu'une interprétation des remarquables chroniques historiques espagnoles.

S'appuyant sur des objectifs prédéterminés, l'archéologie scientifique prit son envol à la fin des années cinquante, lorsque Claude Baudez, envoyé par le musée de l'Homme de Paris, et Michael D. Coe, de la Yale University, dirigèrent des fouilles stratigraphiques dans

Figure 7. Forêt tropicale humide de la région atlantique centrale. Du Nicaragua à Panamá, la forêt tropicale humide fut le théâtre du développement de groupes humains adaptés culturellement à un milieu naturel riche, avec des conditions climatiques et, surtout, des pluies journalières qui eurent une influence sur la vie quotidienne.

NICARAGUA

fleuve San Carlos
fleuve Sarapiquí
fleuve Toro Amarillo
fleuve Jimenez

Chaparrón ▲

cordillère centrale

Anita Grande ▲
Severo Ledesma ▲
▲ La Cabaña
Granja ▲
Costa Rica
▲ Las Mercedes

La Fábrica ▲

▲ Guayabo

Barrial ▲
Pavas ▲ ▲ Tibás
San José
Retes ▲
fleuve Reventazón

La
Montaña ▲ Turrialba
El Cristo ▲ ● Cartago
El Molino ▲ ▲ Finca Guardiria

MER DES CARAÏBES

Limón ●

fleuve Estrella

Volio ▲

cordillère de Talamanca

▲ Parrita

OCÉAN PACIFIQUE

● Quepos

PANAMÁ

N
O ← ✦ → E
S

▲ Sites archéologiques
● Villes actuelles

0 ———— 50 km

Figure 8. Carte de la région archéologique centrale. Emplacement des principaux sites ou gisements archéologiques ainsi que des villes actuelles citées dans l'article.

la sous-région de Guanacaste-Nicoya. Leur travail soigné fournit la première séquence archéologique fiable de la région [95], complétée par des datations au radiocarbone et des types de céramique chronologiquement significatifs. Une séquence très semblable, concernant la péninsule de Rivas du Nicaragua, fut publiée par Albert Norweb (1964).

Wolfgang Haberland, du Museum für Völkerkunde de Hambourg, travailla aussi au Costa Rica durant les années cinquante, plus exactement dans la zone de Diquís (fig. 10). Dans ses travaux, il identifia et classa un grand nombre des céramiques publiées antérieurement par les chercheurs William H. Holmes (1888) et George G. MacCurdy (1911), et qui appartenaient à la proche province panaméenne de Chiriquí. Haberland tenta également d'établir une séquence archéologique de Diquís en comparant sa céramique avec le matériel daté provenant de Gran Nicoya (1969). À cette époque, il réalisa la plupart de ses fouilles dans des cimetières et ne publia aucune datation au radiocarbone. La quasi-totalité de ses articles

ne dépassa pas le stade de brèves descriptions de sites ou d'objets manufacturés [96].

Durant les années soixante, des fouilles archéologiques contrôlées furent dirigées par Matthew W. Stirling [97], de la National Geographic Society, dans les basses terres de Línea Vieja, par William J. Kennedy [98], de la Florida Atlantic University, et par Carlos Aguilar [99], de l'Université du Costa Rica, dans la vallée du fleuve Reventazón, aux environs de Turrialba. Leurs rapports constituèrent le premier ensemble de données publiées dérivées de fouilles stratigraphiques sur le versant atlantique du Costa Rica, une méthode utilisée ailleurs en Amérique depuis cinquante ans. Au début, Stirling concentra ses efforts sur les tombes, réalisant des fouilles en cinq endroits situés entre Siquirres et Guapiles ; le résultat fut la publication d'une série de datations au carbone 14 qui allaient de 144 à 1470 de notre ère, prouvant ainsi, pour la première fois, l'existence d'une très longue période d'au moins mille quatre cents ans de cultures précolombiennes dans la région. De son côté, Kennedy prétendit mettre en relation divers gisements archéologiques de périodes différentes, avec une série de neuf zones environnementales, ou biotopes [100], révélant ainsi que les populations modernes, dans la plupart des cas, n'ont pas fait, pour établir leurs installations, d'autres choix que ceux qu'avait faits l'homme préhistorique. Il publia jusqu'à huit datations au carbone 14, comprises entre 420 et 1200 apr. J.-C., et put observer une séquence de styles céramiques similaire à celle trouvée par Stirling et Aguilar. De son côté, Aguilar creusa partiellement le « centre cérémoniel » de Guayabo de Turrialba, aujourd'hui converti en parc national. Stirling, Kennedy et Aguilar classèrent une grande partie de la céramique initialement décrite par Lothrop en une séquence chronologique approximative (et incomplète) du versant atlantique, mais leur absence de concertation empêcha l'établissement de types céramiques et de périodes archéologiques standardisées.

Depuis 1966 jusqu'au début des années quatre-vingt-dix, Frederick W. Lange [101] réalisa des fouilles dans divers gisements le long de la côte de Nicoya, souvent dans des dépotoirs de coquillages. Son étude a finalement clarifié les changements de coutumes des modèles d'installation, ainsi que les activités de subsistance, en particulier lors de variations climatiques à petite échelle et autres phénomènes naturels tels que l'activité volcanique.

Au milieu des années soixante-dix, un saut qualitatif s'est produit en ce qui concerne l'archéologie scientifique au Costa Rica. En 1974-1975, l'auteur organisa une campagne globale d'investigation archéologique basée au Musée national du Costa Rica (MNCR), qui comprenait des programmes à long terme ainsi que des projets de fouilles, la préparation des étudiants costariciens, la création et la publication d'une revue professionnelle d'anthropologie, *Vínculos*, qui paraît toujours. À travers une série de projets, la connaissance des modèles d'installation et de subsistance des cultures du passé s'est amplifiée de façon remarquable. On a également classé de manière systématique les objets et autres caractéristiques naturelles, et la séquence culturelle [102]

Figure 9. Carte de la région archéologique de Gran Nicoya, sous-région de Guanacaste. Emplacement des principaux sites ou gisements archéologiques ainsi que des villes citées dans l'article.

s'est largement étendue. En 1977, Ferrero a publié une synthèse ample et actualisée de l'archéologie et de l'ethnohistoire du pays, la première de cette nature en langue espagnole.

Le système d'organisation spatio-temporelle utilisé ici est le suivant : les trois régions archéologiques sont divisées en sous-régions ou localités, en général selon un critère quantitatif de l'archéologie contrôlée, réalisée sur chaque site. La principale échelle temporelle suivie est la datation établie en 1980, pour l'Amérique centrale, par le séminaire de recherche de l'École d'Amérique : période I (12000 ?-8000 av. J.-C.), période II (8000-4000 av. J.-C.), période III (4000-1000 av. J.-C.),

période IV (1000 av. J.-C.-500 apr. J.-C.), période V (500-1000 apr. J.-C.), période VI (1000-1500 apr. J.-C.). Cette datation évite les problèmes sémantiques dans la mesure où elle utilise les chiffres romains au lieu de noms propres ou descriptifs ; et ses divisions correspondent approximativement aux seuils culturels importants de toute l'« Amérique nucléaire ».

Les datations régionales anciennes, si elles sont publiées, seront incluses dans les tableaux chronologiques, ainsi que les phases culturelles établies par des archéologues. Par le terme de « phase », on désigne les différences culturelles qui surviennent au fil de petites extensions d'espace et de temps, définies par des changements de style des ustensiles, les modèles d'installation, les systèmes de subsistance et autres divergences de même nature. Leurs noms s'inspirent généralement des caractéristiques géographiques et ne sont en aucun cas une transcription des noms que les groupes culturels se donnaient eux-mêmes.

Figure 10. Carte de la région archéologique de Gran Chiriquí, sous-région de Diquís. Emplacement des principaux sites ou gisements archéologiques ainsi que des villes actuelles citées dans l'article.

La région de Gran Nicoya
La sous-région de Guanacaste-Nicoya (fig. 9)

Périodes I, II et III (?-1000 av. J.-C.)

Lorsque les premiers peuplements du continent américain, des *Homo sapiens*, traversèrent le détroit de Béring, il y a entre 15 000 et 18 000 ans, ils durent forcément, dans leur migration vers le sud, traverser l'Amérique centrale. Les datations au carbone 14 réalisées dans des gisements de Patagonie nous révèlent que le point le plus méridional des Amériques fut occupé autour de l'an 1000 av. J.-C. Les seules preuves de la présence de ces bandes migratoires de chasseurs et cueilleurs au Guanacaste-Nicoya sont d'une part une simple pointe de lance striée découverte par Hartman dans les années 1890 – identifiée seulement cinquante ans plus tard [103] –, d'autre part une pointe du type Clovis, trouvée sur le sol érodé des berges du lac Arenal au début des années quatre-vingt [104].

Période III récente-période IV ancienne
La céramique ancienne

Bien que le premier de ces complexes céramiques proches stylistiquement ait été découvert dans la sous-région atlantique [105], une poterie semblable fut identifiée peu après dans le Guanacaste-Nicoya, plus exactement sur la côte méridionale de la baie de Culebra [106], dans le site de La Pochota, qui se trouve dans la partie supérieure de la vallée du fleuve Tempisque [107] et aux alentours du lac Arenal, sur la cordillère de Guanacaste, – aujourd'hui frontière entre le Guanacaste-Nicoya et les sous-régions atlantiques [108]. La céramique de Tronadora Vieja est la seule des complexes anciens directement datée au carbone 14 (la datation la plus ancienne est de 1700 av. J.-C.) dans cette sous-région du Costa Rica. Le complexe Tronadora est virtuellement identique à celui de Chaparrón, découvert antérieurement, et localisé dans la plaine de San Carlos, dans la sous-région atlantique [109]. Comme nous l'a suggéré Hoopes, si Tronadora n'avait pas déjà été répertorié dans la littérature spécialisée, on pourrait identifier le complexe comme appartenant à l'aire de Chaparrón,

dans la mesure où il est exactement identique et où il fut publié le premier [110].

Les types de vaisselle les plus caractéristiques des deux complexes Chaparrón et Tronadora comprennent de solides récipients aux bords renforcés et recourbés vers l'intérieur (calebasses), d'autres ouverts, au bec en forme de virgule, et de petites jarres aux bords élargis. Certaines pièces cylindriques hautes et à base plate, décorées de larges lignes incisées, avec des applications en bandes, des boutons et des figures humaines ainsi que de délicates gravures dentées faites avec des coquillages, étaient peut-être destinées à servir les boissons lors d'occasions particulières [111]. Les anses et les supports tripodes, si fréquents dans les complexes postérieurs, sont absents de cette période ; il en va de même des statuettes et des objets en argile tels que les flûtes, les ocarines et les grelots. La décoration se faisait en appliquant soigneusement d'épais engobes rouges brillants ainsi que des peintures (en général sur les bords et le col) ; on pratiquait également de larges incisions autour de la base, que l'on pointait et que l'on gravait de coquillages, de roseaux ou d'ongles, de marques de cordes, et que l'on striait par tournassage (*drag and jab*) ; tout cela était réalisé avec des instruments multidentés, le modelage, les applications de divers éléments, les rayures et les ciselures étant exécutés à l'aide de gouges [112]. Un type de céramique peu habituel est celle tachée de noir avec des zones de divisions imbriquées emplies d'ocre rouge et ressemblant beaucoup à la poterie olmèque contemporaine ainsi qu'à d'autres du nord [113]. Le mode décoratif dominant Chaparrón et Tronadora donne une impression générale de bichromie en zones (*red on buff*).

Période IV (1000 av. J.-C.-500 apr. J.-C.)

La céramique bichrome en zones continue à être prédominante au cours de la période IV. Cette poterie montre une ressemblance générale des styles avec les autres poteries traditionnelles contemporaines que l'on trouve le long de l'« Amérique nucléaire », notamment avec la tradition du Préclassique moyen de Méso-Amérique méridionale.

Vers la moitié de la période IV récente (300 av. J.-C.-500 apr. J.-C.), les villages commencent à se développer et à devenir plus complexes. M. Coe et Baudez (1961) ont été les premiers à décrire l'archéologie de cette époque, et leurs fouilles stratigraphiques comportent des datations au radiocarbone. Comme

Lange et ses étudiants quelques années plus tard, ils ont remarqué la présence de grands cimetières où l'on pouvait apprécier les différences entre les biens funéraires, ce qui montre bien qu'il existait une structure sociale hiérarchiquement ordonnée. Bien que depuis de nouvelles installations aient été trouvées, la taille des villages, la configuration et les formes des maisons nous sont encore peu connues. Ces découvertes ont été faites à l'intérieur des terres plus que sur la côte et se situent sur les chaînes de la cordillère volcanique centrale. Ce modèle d'installation diachroniquement significatif a récemment été vérifié par un projet de reconnaissance et de fouilles à grande échelle. La décision en fut prise suite à l'exécution d'une tranchée de 1 km réalisée pour l'irrigation d'Arenal-Tempisque par le gouvernement. Le résultat fut la mise au jour de douzaines de nouveaux complexes domestiques et funéraires [114]. Il convient de signaler que les occupants des sites côtiers du style Bichrome en zones n'utilisaient pas les mollusques marins comme source principale d'approvisionnement, comme il advint de manière notable dans les périodes postérieures [115]. Il est probable au contraire qu'ils pratiquaient la chasse, la cueillette des fruits sauvages et des noix ainsi que l'agriculture.

Souvent, les enterrements de personnalités de rang élevé comprenaient des métates (pierres à broyer), parfois à côté de pendentifs en jade. Certains archéologues [116] supposent que les métates étaient en réalité les « trônes » des personnages de haut rang et non pas des pierres à broyer. À notre avis, si en certaines occasions leurs propriétaires ont utilisé ces objets précieux pour s'asseoir, sans doute n'était-ce pas là leur principale fonction, et ce pour plusieurs raisons : 1° on trouve sur la plupart les traces d'un usage considérable en tant qu'objet à broyer, y compris dans des sections de la partie supérieure, décorée de gravures en bas reliefs ; 2° le MNCR [117] déterra en 1980 deux exemplaires décorés datant de la période 300-500 apr. J.-C. dans le site de Nacascolo, sur lesquels on peut observer les marques d'un usage prolongé ; ces exemplaires étaient associés à un modèle allongé, avec un pilon ou bien une molette munie d'un étrier ; 3° l'évidente augmentation de la population et la stratification sociale durant cette période furent très certainement liées à l'acquisition de nouvelles techniques agricoles plus productives. Et il n'est pas surprenant de trouver dans tout l'apparat de l'élite dominante des objets symbolisant la préparation des aliments et leur distribution cérémonielle, phénomène qui constituait la source principale du pouvoir dans les sociétés de caciquats.

Un nouveau et fascinant complexe funéraire a été localisé dans une zone d'anciens marécages submergés en permanence, sauf lors des très basses marées. Cette découverte sur le site de La Regla comporte seize momies funéraires secondaires, dont beaucoup étaient enveloppées de lanières en écorce ou attachées avec des cordes tressées en fibres végétales (ce qui pourrait fort bien avoir été une toile grossière). L'analyse ostéologique a démontré que les os étaient déjà secs et la chair détachée avant d'être ensevelis dans des paquets compacts, imperméables et faciles à transporter lors de longs trajets. Le milieu anaérobie que constitue la fange du marais se révéla être un excellent conservateur des os, des enveloppes végétales et d'un collier de grains en bois (la première trouvaille de ce type) de l'une des sépultures, dans laquelle on trouva également un simple pendentif en jade avimorphe représentant le « dieu hache ». La datation au carbone 14 situa les tombes dans la période 400-500 av. J.-C. [118]

Nous attirerons l'attention sur les liens entre l'objet de haut rang que nous connaissons de cette période – le pendentif en jade de l'« idole hache » – et l'expansion, probablement à grande échelle, de la culture du maïs [119]. Les haches de pierre ou *celts* furent les outils le plus souvent utilisés en « Amérique nucléaire » pour le déboisement. Servant à ôter l'écorce et à tailler les troncs depuis la fin de la période Précéramique, ils devinrent fréquents dans les sociétés agricoles. Les pendentifs « dieu hache » adoptèrent la forme de *celts*, généralement avec la figure d'un oiseau. Ces haches symboliques, les figures zoomorphes qui y sont associées et les métates cérémoniels dotés d'une décoration occasionnelle et élaborée ont pu faire partie d'un complexe politico-religieux lié au contrôle des terres cultivées et au processus de redistribution des aliments. Les Olmèques du Mexique méridional – la civilisation primitive méso-américaine – furent les premiers à considérer le jade comme la valeur symbolique la plus importante des élites. Les jades costariciens ont beaucoup de points communs avec le travail lapidaire des Olmèques, tant du point de vue du traitement du matériau que du style, bien qu'il n'y ait pas eu, semble-t-il, de contact direct : l'apogée du jade survint, estime-t-on, cinq cents ou sept cents ans plus tard.

Derrière les systèmes de subsistance préhistoriques les plus avancés, il existait une trame mythologique dont la connaissance et la perpétuation expliquaient, sous forme allégorique, les origines du système, définissant les rituels à réaliser à chaque saison ainsi que d'autres procédures cycliques obligées. La classe sacerdotale et bureaucratique avait à charge d'administrer les pouvoirs répressif et organisateur nécessaires. Si la recherche iconographique dans l'archéologie du Costa Rica est succincte, certaines hypothèses ont malgré tout pu être avancées [120].

Certains indices plus que suffisants concernent l'ampleur de l'influence méso-américaine sur le Costa Rica septentrional durant plusieurs siècles, avant et après Jésus-Christ. Easby [121] a signalé l'importance de la forme hache dans les travaux lapidaires du Costa Rica comme chez les Olmèques. De même, il a suggéré la possibilité que la découverte de gisements importants de jade de grande qualité au Costa Rica ait stimulé le commerce avec quelques centres olmèques du nord, comme celui de La Venta. Certaines analyses physiques postérieures [122] ont infirmé cette hypothèse, signalant que la jadéite de grande qualité pouvait avoir été commercialisée au Costa Rica et provenir du nord. Cependant, des analyses plus récentes [123] ont conclu que la plupart des jades costariciens montrés récemment dans une grande exposition étaient, minéralogiquement parlant, de la jadéite ou jade royale. De nos jours, la plupart des archéologues supposent qu'il y a (ou bien qu'il y a eu) des gisements géologiques de jade au Costa Rica qui peuvent être épuisés ou ne pas avoir encore été découverts.

Figure 11. Parc national Corcovado, dans la péninsule d'Osa. De nombreux témoignages recueillis en « basse Amérique centrale » montrent l'impact des événements naturels.

Les céramiques de Guanacaste-Nicoya appartenant à la seconde moitié de la période IV (300 av. J.-C.-500 apr. J.-C.) offrent souvent des traits sculpturaux marqués ainsi qu'une élégance des lignes très proche de la sensibilité moderne. Les figures modernes et zoomorphes d'un type de céramique que les archéologues nomment Rosales sgrafitte en zones sont sans doute les pièces de céramique les plus remarquables de cette époque.

Certaines ont été trouvées dans la zone de l'Intermontano central, dans des contextes qui laissent supposer un échange commercial entre les groupes de l'élite [124]. Beaucoup de ces pièces, en particulier les cruches, sont des réminiscences des styles formatifs de Méso-Amérique. Comme la plupart des poteries préhistoriques costariciennes, ces vaisselles, dont les couleurs associent le rouge, le noir, le marron et l'ocre, ont été fabriquées dans un mélange de modelage et de façonnage, sans utilisation du tour de potier, et cuites à une température assez basse sur des feux ouverts ou dans des fours rudimentaires.

Les preuves funéraires laissent supposer qu'au cours des derniers siècles de la période IV (200/300-500 apr. J.-C.) la population et la stratification sociale continuèrent à augmenter. Beaucoup de cimetières de cette époque ont été partiellement fouillés, les premières excavations étant celles de Hartman [125] à Las Huacas. Dans ce qui devait être un cimetière de haut rang, ont été exhumés des objets tels que des métates décorés, des masses de cérémonie, des pendentifs en jade et quelques poteries. En revanche, dans le proche cimetière de Bolsón, Baudez (1967) a localisé des sépultures primaires et secondaires avec des biens funéraires plus humbles – en grande partie des céramiques. Ce modèle fut également remarqué lors des fouilles du MNCR des cimetières contemporains de Mojica, près de Bagaces, à Guanacaste, et sur le site côtier de Nacascolo, dans la péninsule de Nicoya. Des restes composés de poterie culinaire, quelques récipients en céramique avec des figures modelées ou taillées et surtout des métates sans décoration ont été récupérés dans diverses tombes contenant des sujets articulés et flexibles ainsi que dans des sépultures secondaires. Des différences observées sur les modèles funéraires les archéologues déduisent qu'il y avait un système de classes très développé ou en tout cas une division hiérarchique de la société, même si les autres vestiges, comme l'architecture par exemple, ne permettent pas de tirer la même conclusion.

Le répertoire des décorations sur céramique commence à s'étendre de manière importante entre 200 et 300 apr. J.-C. Souvent les bichromies anciennes deviennent des trichromies, aux motifs généralement peints en noir et entourés de blanc. Les techniques d'incision et d'application sont plus fréquentes et les motifs sont de plus en plus angulaires et géométriques.

Les motifs linéaires s'accentuent, au détriment des motifs modelés, et les vaisselles avec des applications modelées, avec ou sans effigie, du type Guinea incisé comprennent de nombreuses et remarquables représentations (inv. 521-16, ill. 12), même si l'on constate l'absence de traits linéaires, subtile caractéristique des sculptures céramiques anciennes. Certains récipients du style Guinea incorporent l'image d'une ou de plusieurs personnes allongées sur un hamac, objet associé aux peuplades des forêts tropicales méridionales. Le modèle des chauves-souris devient fréquent : les grandes jarres modelées et peintes du type Tola trichrome en sont un bon exemple. Les statuettes, les ocarines, les cachets et autres objets en céramique spécialisés se multiplient durant cette période. On peut y voir le signe d'une préoccupation pour les rituels que rendait nécessaire le maintien de l'unité dans une société de plus en plus complexe.

L'ample diffusion d'objets de l'élite, comme les jades et les masses de cérémonie, laisse supposer qu'entre les classes hautes, dispersées géographiquement, il a pu exister de solides liens sociaux, y compris héréditaires, et que leur position sociale était due, du moins en partie, à leur accès au commerce de biens ou de personnes avec l'étranger [126]. Selon toute probabilité, les caciquats d'une certaine importance régionale s'étaient développés dans de nombreuses parties du Costa Rica avant 500 apr. J.-C.

Période V (500-1000 apr. J.-C.)

La tradition de la célèbre poterie polychrome de Guanacaste-Nicoya et le début d'une divergence stylistique significative entre la culture matérielle de cette sous-région et celle de la région centrale définissent cette période. Bien que les causes n'en soient pas du tout claires, la rupture des vieilles routes commerciales du nord, combinée à l'existence de nouvelles alliances politiques, commerciales et peut-être spirituelles avec le sud, peut avoir été d'une grande importance.

De même, autour de 400-500 apr. J.-C., on observe une tendance à l'accroissement de l'exploitation des ressources maritimes (du moins en ce qui concerne les mollusques), et il est possible que d'autres produits côtiers, comme le sel et la teinte pourpre du *Murex mollusca*, soient devenus des produits commerciaux de plus en plus estimés.

Sur les sites de la côte comme Vidor ou Nacascolo, diverses traces d'activité domestique ont été retrouvées : de grands fours circulaires faits en pierre ; de petits foyers en forme d'ellipse en briques cuites ; des morceaux de briques cuites incrustées de roseaux ; des vestiges de mortier, mélange de terre et de roseaux pour la construction de maisons ; on a même découvert des vestiges de sols domestiques et les trous de poteaux. Apparemment les mêmes sites avaient des cimetières différenciés : à Vidor ont été extraits plus de vingt sépultures de femmes, d'enfants et de bébés (ceux-ci, souvent, enfermés dans des urnes) qui se trouvaient dans les environs des aires d'activités et des détritus domestiques, tandis que les tombes riches de Nacascolo de la même période ont été construites avec des colonnes naturelles en basalte, couvertes d'une couche de pierre non travaillée, et placées sur les flancs d'une pente prononcée. Les biens exhumés dans ce dernier type de tombe étaient beaucoup plus élaborés.

Le style Carrillo polychrome, aux motifs géométriques angulaires et aux lignes rouges et noires (souvent exécutées sans aucun soin) sur une surface ocre, claire ou marron, est l'un des types de céramique les plus représentatifs de la période 500-800 apr. J.-C. Il est apparu à la fin de la période IV comme variante du style Tola trichrome, et peu à peu a évolué jusqu'à appartenir au remarquable type Galo. La plupart des objets étaient des pots, des jarres et des vases avec des motifs de lézards stylisés ou de chauves-souris. Le type Chávez, de couleur blanc sur rouge, caractérisé par ses figures zoomorphes, mais aussi par ses récipients domestiques, se trouve également enraciné dans les styles anciens. Ce type s'est étendu pendant la transition de la période IV à la période V, et représente fréquemment des pélicans ou autres oiseaux aquatiques semblables.

Il est possible que la céramique la plus délicate de la période 500-800 apr. J.-C. soit du type Galo polychrome. La technique du traitement de la surface lustrée n'a été dépassée par aucune poterie précolombienne ; les couleurs jaune, rouge, orange, ocre, marron et noir de la décoration polychrome sont incroyablement vives. Cette céramique est apparentée de près au type Ulúa polychrome trouvé dans la partie la plus septentrionale du Honduras et du Salvador. Le type Galo, avec ses vaisselles de forme cylindrique et tripode aux pattes solides, est souvent d'apparence maya. Les motifs tressés (guillochage) et entremêlés que l'on observe dans la poterie maya contemporaine, dans laquelle ils sont un indice de haut rang, se retrouvent dans ce type de céramique. Le type Galo représenté par une vaisselle peinte à fresque rappelant la poterie de Teotihuacán a été exhumé au Nicoya par des pilleurs avec des pièces de vaisselle en albâtre provenant de la plaine de Sula au Honduras. Des céramiques de ce type ont même été découvertes dans l'ancien cimetière de Las Huacas, et dans des sites de Nicoya où ont été extraits des jades mayas classiques gravés de glyphes. Récemment, A. Herrera, du MNCR, a mis au jour une tombe dans le site de Finca Linares, au Guanacaste, qui contenait du Galo polychrome : un métate semblable au 521-9 de l'inventaire (ill. 4) et, plus significatifs encore, des pendentifs en or et en jade, représentatifs d'une période relativement courte durant laquelle des matériaux si disparates ont coexisté comme symboles de l'élite. Cette découverte fut la première scientifiquement répertoriée avec ces associations [127]. Les statuettes en céramique les plus grandes et les plus impressionnantes du Costa Rica préhistorique appartiennent à la catégorie Galo ; ce sont des figures humaines complètes ou de simples représentations de têtes. Les plus anciennes ont des cache-sexe et elles sont peintes avec des tatouages bigarrés et élaborés, ou bien c'est tout le corps qui est peint. Les visages humains sont exceptionnellement expressifs. Un type de céramique particulier, décoré avec des modelages de cette même époque, est celui du Potosí appliqué ou poterie Lézard modelée (inv. 521-48, ill. 10). Ces pièces, qui furent peut-être des encensoirs, ont souvent une grande base hémisphérique et un couvercle de ventilation décoré de façon élaborée avec de fantastiques figures d'animaux – en général des crocodiles ou des caïmans. Certaines variantes de ce type de poterie ont persisté durant la période VI.

La brillante tradition polychrome qui débuta au Guanacaste-Nicoya avec les types Carrillo et Galo est représentative d'une nouvelle dimension sociale : lorsque, vers 500 apr. J.-C., disparut le réseau commercial méridional qui avait apporté le jade, les miroirs en pyrite sur des planches d'ardoise, les céramiques étrangères et autres articles de luxe, les habitants de Nicoya réagirent en produisant leur propre poterie à des fins spécifiques. Inspirée des modèles du nord, incorporant cependant des éléments locaux et du sud, elle forma un style hybride d'une grande force qui s'est probablement commercialisé à travers toute l'Amérique centrale et la Méso-Amérique durant les siècles qui ont suivi.

D'importants changements ont eu lieu dans presque tous les aspects de la vie préhistorique au Guanacaste-Nicoya à partir de 800 apr. J.-C. environ. Les installations se sont développées de façon extraordinaire, par leur nombre et leur taille, et tout semble indiquer qu'il y eut un mouvement des populations vers la côte ; cependant, les zones intérieures, situées à une certaine distance des montagnes, continuèrent apparemment à être habitées. Lange (dans une communication) a remarqué la présence d'une mince couche de cendres volcaniques sur des sites de la côte vers la moitié de la période V ; il est donc possible que l'activité volcanique ait causé les mouvements migratoires depuis les chaînons des montagnes centrales vers le Pacifique. Dans la mesure où l'agriculture dut demeurer sur les hauteurs, l'exploitation des ressources riches en protéines de la mer commença à s'accroître fortement. Les dépotoirs de coquilles qu'on retrouve aujourd'hui en nombre se sont accumulés progressivement après 800 apr. J.-C.

Les facteurs externes jouèrent aussi un rôle dans ces changements dans l'extrême nord-ouest du Costa Rica durant les VIIIe et IXe siècles. L'empire des hautes terres de Méso-Amérique, Teotihuacán, s'était dissous depuis longtemps, et durant cette période les centres mayas classiques des basses terres s'effondrèrent également. Lorsque ces empires théocratiques furent désagrégés par des nations plus militarisées, le contexte cérémoniel, dans lequel les objets associés à la hiérarchie jouaient un rôle important, fut altéré de manière drastique.

Au Costa Rica, l'importance symbolique des jades, des masses cérémonielles et des métates très élaborés déclina vers le milieu de la période V.

De nos jours, les archéologues tendent à minimiser l'importance des migrations humaines comme causes des changements culturels, préférant voir l'histoire de la culture comme le résultat d'interactions entre les éléments sociaux et environnementaux. Toutefois, il existe des preuves de l'arrivée, durant cette période au Guanacaste-Nicoya, de peuplades méso-américaines du groupe linguistique otomangue, probablement due à des ruptures sociales dans le nord. Ces influences peuvent avoir changé le développement stylistique de la culture matérielle locale.

L'époque de plus grande diversité et production de céramiques polychromes (Polychrome moyen) eut lieu au cours de la période 800-1200 apr. J.-C. Les variétés les plus anciennes de type Mora polychrome, comme le plus ancien type Galo, incorporèrent des éléments communs à une certaine poterie de la période Maya classique récente : la figure assise avec chapeau, le motif du tapis et la croix de Kan. La décoration peinte typique de Mora est géométrique dans la plupart des cas, exécutée en rouge, en noir et en marron sur une surface lustrée orangée. Les vaisselles sont en général de simples jattes de forme hémisphérique. L'autre « marque de fabrique » de l'époque est le type Papagayo polychrome, qui présente comme caractéristique principale un engobe crème blanchâtre et des peintures orange et rouge brillantes, le plus souvent combinées avec du noir et, sur les variétés récentes, avec du gris. La gamme des motifs de la poterie Papagayo va des simples franges aux scènes complexes avec des figures, parmi lesquelles des êtres humains, des jaguars et une version du serpent à plumes méso-américain.
La grande variété de formes de Papagayo comprend des vases, des jarres, des figures zoomorphes ainsi que des trépieds en forme de tête ; certaines rappellent la céramique Postclassique ancien de Méso-Amérique, comme le Tohil plombifère et le Naranja fino, par exemple.

Papagayo représenta un grand prestige pour la polychromie Nicoya, bien qu'elle ne soit que l'une des céramiques à engobe blanc qui commencèrent à être fabriquées dans la région pacifique d'Amérique centrale durant cette époque. Baudez[128] signale que les polychromies à engobe beige ou orange, comme la Mora et la Birmania, se trouvent plus fréquemment dans la moitié méridionale de Gran Nicoya, tandis que Papagayo tend à se développer vers le nord. Il y a de plus en plus de preuves de l'existence d'un système de centres locaux de production de chacun des principaux types de polychromie[129]. Day et Abel Vidor (1980) ont établi que presque toute la poterie engobée en blanc, à commencer par celle du style Papagayo, fut réalisée à Rivas, au Nicaragua, dans le nord, et commercialisée ensuite au Guanacaste-Nicoya. Cette hypothèse a récemment été confirmée par S. Salgado González (dans une communication), qui a découvert que plus de 60 à 70 % de la céramique décorée dans certains sites autour des lacs de Nicaragua et de Managua étaient à engobe blanc, un pourcentage aussi élevé que sur les sites de Guanacaste-Nicoya.

De même, des céramiques du style Papagayo ont été trouvées dans des sites très septentrionaux comme la capitale toltèque de Tula, au centre de la Méso-Amérique.

Durant la seconde moitié de la période V on observe une tendance à appliquer les traits sculpturaux sur les céramiques peintes. Cependant, de nouveaux styles d'effigies surgissent, en particulier et de façon notable celui de Guabal et les premiers Birmania polychromes. Le premier insiste sur la figure humaine assise avec les jambes ouvertes, le plus souvent vêtue de vêtements complexes peints, d'autres fois tatouée ou bien le corps peint ; avec l'invariable chevelure aplatie, un visage qui suggère une possible déformation crânienne et des déformations des oreilles. Le style Birmania, dont la technique picturale est inférieure, adopte habituellement des figures zoomorphes contenant un petit récipient : félins, oiseaux et même tortues marines sont les figures les plus fréquentes. Les ocarines, surtout en forme d'oiseaux et de tortues, se retrouvent dans ces types.

Les encensoirs Lagarto Potosí perdurent tout au long de la période V ; ils deviennent plus baroques et tendent de plus en plus vers des surfaces en argile sans engobe, peintes en blanc après cuisson. La « céramique chocolat », engobée en marron[130] (inv. 521-36, ill. 11), commence au cours de cette période et s'y maintient pendant une bonne partie de la suivante. Le type Huerta incisé est exécuté de manière plus adroite, montrant des motifs communs au Galo polychrome. Plus tard, les dessins géométriques peints provenant d'autres types polychromes, en particulier du Mora, sont transposés aux franges décoratives incisées, de préférence sur des écuelles ouvertes et des plateaux de type Belén incisé.

Période VI (1000-1500 apr. J.-C.)

Pour les modèles d'installation, les tendances initiées dans la période V moyenne se poursuivent, dans les grandes lignes, au cours de la période VI. Les centres de population apparaissent plus proches de la côte pacifique de la péninsule de Nicoya. L'utilisation des ressources maritimes est devenue de plus en plus importante, par conséquent les pilons, les métates et autres outils en pierre polie ont diminué de façon spectaculaire. Les archéologues ne savent pas s'il s'agit de l'indice d'un changement drastique dans les systèmes agricoles ainsi que dans les techniques d'élaboration des aliments, si les outils utilisés pour ces tâches commencent à être exécutés de préférence en bois (et donc ne se sont pas conservés), ou si simplement ils n'ont pas encore été trouvés sur les sites étudiés jusqu'à aujourd'hui.

Les données sur les formes et la taille des habitations sont rares, bien que le MNCR ait récemment entrepris la fouille de la partie d'une maison dans le site de La Guinea, sur le fleuve Tempisque, datée entre 1000-1300 apr. J.-C. Cette structure semble avoir été ellipsoïdale avec une superficie de 30 à 50 m². On a remarqué une caractéristique peu fréquente : l'utilisation de briques en terre cuite disposées à intervalles le long du périmètre de la maison, sans doute dans le but de soutenir des pieux en bois – de la même manière, dans d'autres parties du Costa Rica précolombien étaient utilisés les galets et autres types de pierres. La cause de ce remplacement par des briques est que le lit du fleuve Tempisque, dans son passage par La Guinea, est pauvre en pierres. Sur l'un des côtés de la maison a été exhumé un grand fragment de terre cuite avec des impressions de roseaux, ce qui montre bien que les murs avaient été construits avec des tiges de cette plante, de près de 2,5 cm de diamètre, attachées avec des lianes et des cordes et recouvertes d'une couche de briques jusqu'à une hauteur de 50 cm. En d'autres endroits ont été découverts des restes de sols domestiques en argile rouge comprimée, sur lesquels avaient été pratiqués des orifices pour emboîter des poteaux. La stratigraphie des ciments des murs a révélé un nombre incalculable d'inondations préhistoriques ; malheureusement, la partie du site concernée fut détruite avant le terme des fouilles par une crue du fleuve.

Sur le site proche de La Ceiba ont été mises au jour les fondations d'une maison circulaire dont la date est postérieure, avec de multiples murs parallèles en terre cuite ainsi que des fours ouverts longs et étroits (apparemment en rapport avec des rites funéraires du cimetière annexe). Cette maison contenait le grand moule globulaire d'un panier tressé, enterré dans le sol, ne laissant apparaître à la surface que la petite ouverture supérieure [131].

Durant la période VI étaient pratiquées des inhumations primaires individuelles et secondaires collectives. À Nacascolo, à La Guinea ainsi que dans d'autres sites, on a remarqué des mutilations dentaires identiques à celles observées en Méso-Amérique méridionale. Les tombes pouvaient être signalées par une unique colonne naturelle (marqueur vertical) ou un groupe de pierres posées sur la tombe (ou des pierres toutes simples posées à l'intérieur) ; ce pouvait être également des fosses non signalées. On y trouve souvent de la céramique funéraire de qualité variable. On a aussi découvert de longues haches triangulaires en pierre affûtée ou polie. Les premières devaient servir à tailler les arbres (il existe des variétés presque identiques provenant du versant atlantique), tandis que les élégants exemplaires en pierre polie suggèrent une finalité cérémonielle. Beaucoup des sépultures élaborées de cette période ont été pillées. Wallace et Arcola (1980) et Hoopes (1979) ont exhumé

des tombes archéologiquement similaires et ont trouvé la sépulture primaire contenant le squelette étendu d'un homme d'âge moyen entouré de céramiques polychromes de haute facture. Dans un autre cas, le personnage avait un grelot en cuivre autour du poignet, de l'ocre rougeâtre sur le pelvis, et divers crânes de personnes d'âges différents couvraient son torse ; les os plus larges avaient été déposés à peu de distance.

Le début de la période VI correspond à la deuxième moitié du Polychrome moyen. Durant cette période, la poterie polychrome à engobe blanc prend de plus en plus d'importance et de nouveaux types comme le Vallejo, à la peinture gris-bleu, et le Mombacho, aux incisions engobées, incorporent des éléments de dessin semblables aux types mexicains. S'il est vrai que le caractère de cette « influence » n'est pas clair, il existe en revanche des raisons de croire que l'expansion du style Mixteca-Puebla postclassique fut l'instrument de propagation de certains concepts et motifs « déifiques ». Ces céramiques, ainsi que d'autres à engobe blanc, concentrées au nord de Gran Nicoya, inspirèrent d'une certaine façon les copies de qualité inférieure du sud, par exemple le Jicote polychrome, fabriqué, semble-t-il, en aval du fleuve Tempisque [132]. Les types polychromes à engobe allant de l'orange à l'ocre se sont maintenus, au moins durant la première moitié de la période VI.

Après 1150-1250 apr. J.-C., le type Papagayo polychrome se transforme peu à peu en remarquable poterie rouge et noire sur blanc appelée Pataky. Cette céramique d'une peinture élaborée, associée aux élites, peut avoir été fabriquée pour servir d'atours funéraires. Les panneaux aux motifs enchevêtrés peints en noir sur blanc reprennent les thèmes stylisés du jaguar d'une manière inusitée. Les récipients les plus connus sont modelés en forme de jaguar avec un contenant en forme de poire (inv. 521-63, ill. 2). S. Salgado González [133] pense que l'authentique Pataky polychrome était exclusivement fabriqué au sud-ouest du Nicaragua. Le jaguar et le serpent à plumes, les principales divinités méso-américaines, remplacent le lézard (ou crocodile) et la chauve-souris comme figures animales clés du contexte symbolique mythologique.

Durant la fin de la période VI, deux types inhabituels de céramique font leur apparition. Le style Murillo appliqué est une poterie en rouge et noir brillant qui ne présente que de la décoration modelée et qui a peu d'antécédents dans la région ; on a considéré pendant un moment que c'était là l'indice d'une influence sud-américaine [134] tardive et indéfinie (ou pour le moins des forêts tropicales du versant atlantique).

Malheureusement, on ne peut l'associer aux traditions de poterie antérieures, que ce soient celles du sud ou de l'est. Le style Luna polychrome antérieur avait également été une énigme : ses variétés de décoration peinte, qui vont des dessins « minimalistes », avec de grands espaces d'engobe crème, aux dessins en panneau emplis de mouvement, ont été associées par certains à la poterie polychrome récente réalisée sur l'île de Marajó, à l'embouchure de l'Amazone, au Brésil [135]. Le type Luna a été beaucoup collecté au Nicaragua méridional lors de la découverte de sites funéraires à côté d'ustensiles en fer espagnols. Il y a une similitude stylistique générale entre le style Luna et le style Marajó, même si Knowlton [136] a démontré que les motifs peints du style Luna sont ceux d'une iconographie méso-américaine de la période postclassique pure. Le commerce maritime à longues distances était encore pratiqué au début du XVIe siècle, comme en témoigne la description que fait Christophe Colomb des embarcations commerciales comprenant quarante hommes d'équipage qui naviguaient de la côte du Yucatán jusqu'à la mer des Caraïbes, en Amérique centrale.

Des feuilles prismatiques d'obsidienne, qui n'étaient pas encore nombreuses, ont été localisées dans beaucoup de sites de la période VI. Ces marchandises provenaient de zones aussi septentrionales que celles du Nicaragua ou du Guatemala, les hommes ignorant alors l'existence des dépôts costariciens. La métallurgie constitue un type plus complexe de commerce et de diffusion technologique ; en provenance du sud, elle parvient pour la première fois au Costa Rica autour de 400-500 apr. J.-C. L'origine de la métallurgie au Nouveau Monde se situe dans les Andes, autour de 1400 av. J.-C. ; en revanche, le début de la vénération symbolique du jade vert et de sa sculpture figurative délicate peut être estimé autour de 1000 av. J.-C. au nord de la Méso-Amérique, au sein de la naissante civilisation olmèque. La fonte d'objets en or ou tumbaga (alliage d'or et de cuivre) se retrouve rarement au Guanacaste-Nicoya, ce qui laissa supposer qu'il s'agissait là d'articles originaires de Diquís ou du versant atlantique. Toutefois, Lange a mis au jour en surface un pendentif en or en forme de grenouille et un moule en argile exactement identique. Le fait que ces pièces ont été trouvées dans deux sites différents des environs de la baie de Culebra suggère la possibilité d'une activité d'orfèvrerie au Nicoya [137]. La tradition méridionale (Colombie et Panamá) produisant des objets en cuivre, les archéologues pensent que l'apparition de certains types de grelots faits dans ce matériau, découverts parfois au Costa Rica méridional et central, est due à leur commercialisation à travers le réseau allant du sud au nord. L'un de ces grelots [138] a été découvert dans le cimetière principal de la période VI de Nacascolo.

Sur le peu de sites de cette période où ont été trouvés des métates en pierre, ceux-ci étaient grossièrement travaillés et concaves, ce qui semble indiquer que les variétés ornementales avaient décliné ou disparu. La plupart des sculptures connues sur piliers en pierre, originaires des environs du lac de Nicaragua, pourraient être datées de cette époque. Il est à supposer que certaines sculptures semblables furent extraites du site de Nacascolo il y a de nombreuses années. On peut encore y trouver quelques types extrêmement grossiers de cette statuaire, comme dans le site proche de Papagayo, où Baudez récupéra quelques exemplaires et où ont été découvertes les traces de maisons circulaires délimitées par des roches, des tabourets en pierre en forme de lézards et des sépultures [139].

Les premiers Espagnols qui foulèrent le sol de Gran Nicoya tombèrent sur de grands villages organisés autour d'une sorte de place centrale elle-même entourée d'habitations et de tombes des familles dominantes. Ils parvinrent ainsi à connaître leurs moyens de subsistance (maïs et haricots), des fragments de leur langue, leurs concepts divins et certaines activités rituelles (les *voladores*, hommes qui « volaient » suspendus à un mât, et le *patolli*, un jeu avec des grains de maïs que

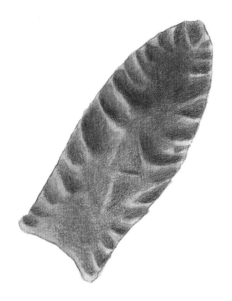

Figure 12. Pointe de projectile Clovis. Datation approximative : 10000-8000 av. J.-C. Collection Barbier-Mueller. Les pointes Clovis sont de forme lancéolée, de 7 à 15 cm de longueur, bifaciales, très fines, réalisées au moyen d'une habile percussion. La caractéristique principale est la cannelure à la base, généralement sur les deux faces, afin que la pointe soit maintenue fermement sur la lance.

l'on déplaçait autour d'une surface selon les jets d'un dé), des activités très analogues à celles qu'ils avaient observées antérieurement dans le nord, c'est-à-dire en Nouvelle-Espagne.

Région centrale
Sous-régions des hautes terres centrales, du Pacifique central et du versant atlantique (fig. 8)

Période I (12000 ?-8000 av. J.-C.)

En 1975, une carrière et un atelier ont été découverts dans un site de cette période sur les versants orientaux de la cordillère centrale. Le site, nommé Turrialba, proche de la ville du même nom, offre avec le lac Madden – autre site paléo-indien proche du canal de Panamá – la particularité d'avoir produit deux types différents de pointes de flèches à éclats utilisées par les chasseurs de la faune géante du pléistocène il y a entre 10 000 et 12 000 ans. L'une d'entre elles est une variété du type de pointe Clovis (fig. 12), répandue à travers

toute l'Amérique du Nord ; l'autre, appelée queue de poisson ou pointe Magellan, était typique des paléo-chasseurs d'Amérique du Sud. Ce furent là les premiers instruments manufacturés complexes en éclats de pierre, avec toute une variété de râpes et autres outils que les archéologues professionnels ont commencé à identifier et à collectionner après les avoir découverts au ras du sol dans une plantation de canne à sucre. Le Costa Rica et Panamá semblent former la limite de distribution spatiale de ces deux sortes de pointes paléo-indiennes bien connues. Même à une date si lointaine, cette partie de l'Amérique centrale fonctionnait comme zone de transition entre les traditions culturelles les plus importantes des deux sous-continents américains.

Périodes II (8000-4000 av. J.-C.) et III (4000-1000 av. J.-C.)

Du point de vue stylistique, certaines pointes et autres outils en éclats de pierre des sites de Turrialba, Florencia [140] et Bajo del Tigre, tous proches ou dans la vallée même de Turrialba, peuvent être situés dans la période Précéramique archaïque. Tous contiennent des outils en pierre taillée et des déchets présentant des analogies avec ceux découverts dans certains sites de la forêt tropicale archaïque du Pacifique panaméen, datés au radiocarbone de la période II [141].

Période III récente-période IV ancienne La céramique ancienne

La première datation sûre, effectuée au radiocarbone, de céramique ancienne connue au Costa Rica fut celle du complexe La Montaña, originaire d'un site du même nom, étudié par nous en 1977 dans la vallée de Turrialba. Cinq datations au carbone 14 de ce site oscillent entre 1500 et 300 av. J.-C., avec une moyenne approximative de 700 av. J.-C. [142]. Cependant, si nous prenons en compte les dates les plus anciennes du complexe Tronadora [143], semblable de manière formelle, la date de 1500 av. J.-C. pourrait correspondre sans problèmes pour la poterie de La Montaña. Le reste des datations au carbone 14 peut avoir donné lieu à des lectures erronées, plus récentes, à cause de la présence d'un cimetière datant de la phase La Selva, juste au-dessus de la strate qui contenait la céramique de La Montaña, laquelle était peu visible. La datation de la poterie de La Selva (et des restes carbonisés du cimetière) est de mille ou mille cinq cents ans plus récente que celle de La Montaña.

S'il est vrai que la céramique de La Montaña partage beaucoup de caractéristiques de forme, de décoration et de composition de pâte avec d'autres céramiques anciennes, découvertes postérieurement dans la région de Gran Nicoya (Loma B, La Pochota, Tronadora), dans la vallée centrale (Barva) et dans les plaines méridionales de San Carlos (Chaparrón), plusieurs aspects la différencient des autres : a) 95 % de cette céramique est monochrome, avec un engobe naturel ou un simple lissage ainsi qu'un beige lustré afin d'illuminer la surface orange [144] ; quelques rares fragments de vaisselle présentent un engobe rouge fugitif sur les bords ou sur les cols des récipients recourbés, ou bien un engobe appliqué de façon linéaire ; b) la forme de la calebasse est la plus fréquente [145], et parmi les techniques décoratives les plus communes nous trouvons un pointage réalisé par application de petites boules, de larges incisions linéaires, des dessins en stries par tournassage exécutés au moyen d'outils multidentés, des impressions de roseaux et des bordures de coquillages estampés formant des zones de lignes ondulées ; c) les supports sont absents, excepté deux ou trois fragments (des huit mille recueillis) basés sur une forme d'anneau, et on ne trouve pas de forme de petite jarre ; d) les petites anses sont soit de petites ailettes massives, soit de légers reliefs entre le bord et la panse de la vaisselle ; e) aucun fragment de statuettes n'a été découvert.
Comme dans les complexes de Chaparrón, de Tronadora et de Barva, on retrouve surtout les bases massives et épaisses des hauts récipients cylindriques, ainsi que les fragments de poterie rougeâtre noircie avec des zones d'incisions recouvertes d'ocre.

La céramique de la phase La Montaña est très élaborée et présente une ample série de formes ; elle a sans doute eu des antécédents de céramiques plus primitives,

aujourd'hui inconnus. En général, elle rappelle la poterie datée vers 2000-1000 av. J.-C. des sites de la partie la plus septentrionale d'Amérique du Sud, comme celui de Barlovento, en Colombie. Cette impression est renforcée par la présence de plats avec rebords (*budares*) associés au processus de transformation du yucca amer ou cassave dans les sites archéologiques de Colombie, du Venezuela et du Brésil.
Étant donné que les *budares*, ainsi qu'un type de pilon biseauté inhabituel (dont le frottement finissait par aplanir l'un des deux côtés) et certains morceaux fins et ovales de pierre volcanique, conditionnés afin de râper les tubercules, n'apparaissent plus dans la séquence archéologique du versant atlantique, on peut en déduire que les peuples de La Montaña ont été les derniers à confier leur régime de base aux racines et aux cultures arboricoles. Dans les dépôts de La Montaña a été trouvée une graine d'avocat carbonisée. De même, on a découvert un petit récipient tripode cassé en pierre poreuse d'origine volcanique, et la tête stylisée d'un animal, associé à deux petites haches carrées en argile polie. Plus de cent cinquante pièces en silex éclaté ont été récupérées, parmi lesquelles il convient de distinguer quelques râpes et beaucoup d'éclats de pierre aiguisés en forme de dent, peut-être destinés à être insérés dans des planches en bois afin de râper des tubercules [146].

Les complexes de Chaparrón et Tronadora appartiennent, sans aucun doute, à la poterie Bichrome en zones, caractérisée par un engobe rouge, dur et satiné séparé de la surface lustrée en argile ocre clair ou marron par de larges incisions linéaires – décrite dans la section de ce chapitre consacrée à la région de Gran Nicoya. Les coïncidences des formes et de la décoration suggèrent une proximité temporelle avec La Montaña. En général, Chaparrón, Tronadora et Brava rappellent la poterie

Figure 13. Plantations de canne à sucre dans la province de Cartago. Aux Ier et IIe millénaires avant notre ère il existait des communautés agricoles, petites et éparses, peut-être dotées d'un niveau d'organisation tribale. Les pratiques agricoles alliaient la culture des tubercules et des arbres aux cultures d'ensemencement.

méridionale méso-américaine de 1500-500 av. J.-C., tandis que La Montaña semble plus proche des styles de la partie septentrionale d'Amérique du Sud de la même période ou des périodes antérieures.

Période IV (1000 av. J.-C.-500 apr. J.-C.)

La période 500-100 av. J.-C. est encore peu connue bien que l'on ait fait des découvertes de céramique dans divers sites qui datent probablement de cette époque. Autour de 200 av. J.-C. et 400 apr. J.-C. se produisent une véritable explosion de sites (c'est-à-dire une augmentation de la population) et une tendance à la stratification sociale qui se manifestent par une nouvelle série d'objets de haut rang : métates élaborés, têtes de masses cérémonielles, pendentifs taillés en jade ou en pierre similaire, flûtes, grelots et, sans aucun doute, un ample éventail d'objets (vêtements, articles, bâtons, tambours, capes, coiffes, masques, etc.) en matériaux périssables comme le bois, les os, la peau, la toile et les plumes. Les sites des phases El Bosque (versant atlantique moyen) et Pavas (hautes terres centrales), datés autour de 100 av. J.-C. et 500 apr. J.-C., sont nombreux et étendus.

Le contact avec les cultures méso-américaines les plus développées tout au long de la période comprise entre 200 av. J.-C. et 300 apr. J.-C., probablement par le biais du commerce entre les élites, peut avoir eu des retombées sur la propagation progressive au nord du Costa Rica d'un nouveau complexe mythique ou d'une « vision du monde », dont les éléments principaux seraient la diversité divine, l'adoration des amulettes en jade, et, peut-être, l'intensification de la culture du maïs. La popularité de la poterie avec une décoration par zones rouge sur ocre clair, habituelle en Méso-Amérique et peu fréquente au nord de l'Amérique du Sud, vient sans doute de cet échange. L'explosion démographique, quant à elle, peut avoir été provoquée par le succès de la culture du maïs, laquelle a dû engendrer une compétitivité croissante pour obtenir les meilleures terres cultivables et est à l'origine de la nécessité de ritualiser les procédés cycliques agricoles. Les classes militaire, sacerdotale et administrative tentèrent de prendre le contrôle des productions respectives par la création d'un marché d'articles de luxe, symboles de leurs charges. C'est durant cette période que les jades mayas gravés avec des glyphes et les miroirs en pyrite avec des supports en ardoise (de même que les anciens jades olmèques qui furent probablement saccagés par des Mayas) commencèrent à parvenir dans les deux tiers septentrionaux du Costa Rica.

Il n'est pas certain que la mythologie du type méso-américain a éliminé les autres systèmes de croyances. La prédominance des figures de crapaud, de lézard et surtout de caïman ou de crocodile est importante si l'on accepte l'association que Donald Lathrap (1973) fait des symboles du caïman avec la culture du manioc en Amérique du Sud. Il est possible qu'un résidu de symbolisme méso-américain se soit mêlé aux anciennes croyances animistes de la forêt tropicale, se traduisant par une gamme de décorations zoomorphes ou des applications ornementales typiques de la poterie de la région centrale.

Les fouilles archéologiques du MNCR et de la UCR [147] ont fourni des informations considérables sur la forme des maisons, les constructions funéraires et les ustensiles qui y sont associés. À Severo Ledesma, près de Guacimo, sur les basses terres orientales, nous avons trouvé et exhumé trois maisons de la phase El Bosque. Les deux plus petites étaient des rectangles de 3,5 × 12 m, délimités par des galets placés à chaque extrémité, et il est vraisemblable que sur ces fondations on ait levé des structures en matériaux périssables comme le bois, le roseau et la paille, même s'il n'en demeure aucun vestige. Chaque maison avait deux pierres creusées placées le long d'un des murs : il s'agissait peut-être de mortiers ou de n'importe quel type de réceptacle. Autour des maisons, et associés à elles, de nombreux fragments de métates et d'autres ustensiles en pierre ont été exhumés, ainsi que quelques tombes individuelles ou de simples niches creusées dans le sous-sol. Dans le climat caraïbe pluvieux et dans les sols acides, les os ne se conservent pas, de sorte que les cimetières sont identifiés par les structures et/ou par les offrandes funéraires, en céramique pour la plupart. La troisième maison, également rectangulaire, était beaucoup plus grande (15 × 25 m), et, dans la mesure où elle était divisée en sections rectangulaires par des murs intérieurs en pierre, on peut penser que ce furent deux structures adjacentes. Quoi qu'il en soit, il s'agissait d'un logement de personnalités de haut rang, pouvant accueillir trente personnes ou plus. Au sol, sous le revêtement, se trouvaient des tombes ainsi que d'autres niches formant un panneau. L'une des plus profondes contenait au moins un individu de haut rang paré d'un collier de grains discoïdaux en jade et entouré d'une parure funéraire de vingt-sept pièces comprenant le fond d'un métate du type panneau volant, des trépieds fantaisie en céramique ornés de figures humaines et animales modelées, de la poterie, des ocarines, des grelots ainsi que des haches en pierre taillée.

Dans cette maison, on a également découvert, à des endroits différents, des noix de palmier carbonisées, de l'espèce *Elaeis oleifera HBK* – palmier oléagineux apparenté au palmier africain –, ainsi qu'un épi de maïs. Aucune maison de la phase Pavas sur les hautes terres centrales n'a encore été identifiée de façon certaine, même si, sur quelques sites de cette phase, il existe des sols revêtus de terre cuite qui correspondent peut-être à des logements. En revanche, nous disposons d'un nombre considérable de données sur les systèmes de subsistance. Au cours du programme de sauvetage d'un site archéologique récent, à Barrial de Heredia, une tranchée profonde a sectionné en deux un grand puits (de 2 m de circonférence et 2 m de profondeur) contenant des restes de poterie domestique de style Pavas, des outils en pierre et une couche de substrats végétaux carbonisés. Cette couche était formée de centaines de grains de maïs, de fragments de cinq épis – semblables aux types Swasey 1 et 2 de Cuello, du Belize –, plusieurs restes de noix ou de fruits à coquille dure non identifiés, des rhizomes turgescents inconnus ainsi que quelques drupes sèches semblables à des cerises [148]. On a aussi découvert une ou deux variétés de *Phaseolus vulgaris* (haricot commun), plus proches des variétés méso-américaines que des variétés andines, et quelques graines de la famille des convolvulacées [149] qui comprenaient des variétés de batates

et de belles-de-jour. L'identification finale de ces graines sera décisive : la présence des premières obligera à ajouter au complexe de subsistance préhistorique du Costa Rica une nouvelle culture humaine ; les autres démontreraient la consommation de drogues psychotropes, une tradition attestée dans d'autres cultures précolombiennes et suggérée indirectement par les inhalateurs nasaux à double tube en argile de la phase El Bosque.

Lorsque Aguilar (1975) identifia dans le site de Pavas, dans un faubourg de San José, plusieurs fosses coniques semblables, il les appela « tombes en forme de bouteille », leurs contenus étant composés de résidus osseux humains et d'objets en céramique intacts. Cependant on pourrait discuter de la possibilité de les classer dans les silos campaniformes associés aux zones d'activités qui entouraient les maisons, sur le modèle du Formatif ou Préclassique méso-américain. Marcus Winter (1976) a remarqué leur présence depuis la vallée de Mexico jusqu'à la ville de Guatemala et a attiré l'attention sur leur utilisation quasi généralisée comme silos à maïs, lesquels, en cas d'abandon, étaient souvent remplis de déchets domestiques, de briques brûlées, de cendres, d'épis carbonisés, de graines de fruits, d'os d'animaux, d'objets ménagers, pilons et métates hors d'usage ; certains ont contenu des sépultures. D'autres tombes de la phase Pavas n'étaient identifiées comme telles qu'à cause des articles funéraires qui y étaient associés, de sorte que les modèles funéraires variaient. À défaut d'autres preuves, Corrales et Quintanilla (1996) identifiaient également les sites de cette période du Pacifique central comme appartenant à la phase Pavas.

Les tombes de la phase El Bosque peuvent être des rectangles de 1 ou 2 m, constitués à base de cailloux, ou peuvent adopter une forme ellipsoïdale ; elles peuvent avoir des couloirs de 12 m de long ou consister en une simple aire ovale creusée sans aucun monument funéraire en pierre. Les tombes dans les zones séparées des cimetières ont toujours des murs de pierre et sont souvent de longs rectangles parfois ordonnés avec précision en files et en rangées. Ces tombes répètent, à petite échelle, la forme et les proportions des maisons d'El Bosque, pour lesquelles il convient de signaler que la forme rectangulaire répondait probablement à une symbolique déterminée en provenance de Méso-Amérique, où chacun des quatre points cardinaux avait des significations complexes et différentes. Il est possible que certains groupements de quinze ou trente tombes, si ce n'est plus, séparés des autres groupes par des couloirs vides, correspondaient aux différents types de lignages ou clans d'El Bosque. Bien qu'aucun os ni aucune dent n'ait été récupérés, il semble que la plupart des sépultures étaient du type « extension primaire » ; la découverte de pendentifs en jade à l'endroit au fond de certaines tombes fait penser qu'ils

devaient être pendus au cou du défunt au moment de son enterrement. Certains cimetières d'El Bosque occupent plusieurs milliers de mètres carrés, avec des centaines de tonnes de galets d'origine volcanique, rapportés des fleuves voisins ou d'autres, situés à des kilomètres de distance.

Les ustensiles en pierre percutée sont rares dans les dépôts de Pavas et d'El Bosque, bien que l'on ait connaissance de la fabrication de poignards en ardoise ou en basalte aiguisés, fabriqués selon la même technique. Les outils en pierre taillée et polie se trouvent en abondance – en particulier ceux en andésite –, associés aux processus alimentaires ou à l'agriculture. On retrouve aussi fréquemment des haches en forme de pétale ou de trapèze avec des vestiges de poignée. Parmi les autres outils manufacturés découverts, on compte des décortiqueurs, des pilons de mortier, des mortiers, des pierres effilées percutées, des masses grossièrement travaillées (probablement des armes), des pilons en forme de barre ou d'étrier et plusieurs

Figure 14. Métates du type panneau volant des phases El Bosque et Pavas (vers 50 av. J.-C-425 apr. J.-C.). La composition, remarquablement délicate et symbolique, a été projetée comme une unité structurale, où chaque élément a sa propre signification mais fait aussi partie de l'unité globale du métate.

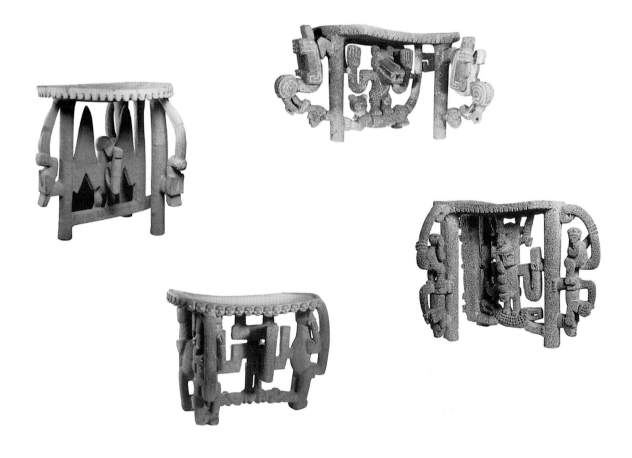

types de métates. Les pilons en forme de barre – utilisés dans un mouvement de va-et-vient –, comme les métates grossiers en forme de pétrin, outils typiques pour le maïs dans la Méso-Amérique préhistorique, constituent les découvertes les plus fréquentes. Les métates plats tripodes à bords en relief ainsi que les broyeurs en forme d'étrier sont plus rares ; lorsqu'ils apparaissent, c'est dans un contexte qui parfois suggère un rôle non domestique, comme peut-être la préparation de nourriture spéciale pour les cérémonies, ou les drogues. Les bords de ces pièces étant taillés en forme de petites têtes, on peut penser qu'elles étaient associées au rite guerrier consistant à capturer et à réduire les têtes des ennemis pour constituer un butin de guerre. Dans les métates du type panneau volant, il est fréquent de voir représentés des piverts portant des têtes humaines. En d'autres occasions, ils étaient utilisés comme base sur les tombes de rang supérieur par la juxtaposition de deux ou trois d'entre eux qui servaient de lit au défunt. Beaucoup des extraordinaires exemplaires de panneau volant ont peut-être été fabriqués spécialement pour les funérailles de membres de l'élite.

Une exceptionnelle sépulture de cette nature a été exhumée dans une fouille de sauvetage à Tibás, un faubourg de San José. À côté d'objets en jade, de pierres et de céramiques en provenance des hautes terres centrales et de Guanacaste-Nicoya, se trouvait un jade olmèque inhabituellement grand (33 cm) en forme de conque allongée, comprenant un bas-relief à l'intérieur d'une main humaine soutenant un animal mythologique hybride, moitié félin moitié mite. Il s'agit de l'unique jade récupéré lors d'une fouille contrôlée scientifiquement au Costa Rica [150], extraordinairement bien conservé ; en outre, c'est l'un des jades précolombiens les plus grands et les plus finement travaillés parmi ceux qui ont été découverts en Amérique jusqu'à présent [151]. À ses côtés se trouvaient un splendide pendentif en jade « dieu hache » de 22 cm, deux têtes de masse anthropomorphes et de la poterie locale.

La plupart des céramiques appartenant au complexe El Bosque du versant atlantique central sont peintes en rouge sur ocre clair et les bords, les intérieurs et les bases sont peints en rouge sombre lustré ; ils sont décorés avec des bandes lisses de la couleur ocre naturelle de l'argile, mais laissent à découvert les panses et le col des récipients d'usage. Cette zone peut être dégarnie ou au contraire ornée d'impressions d'outils, de motifs appliqués ou peints avec des dessins linéaires. Les estampages de coquillages et de roseaux, les ondulations, les scarifications, les stries, les parties lustrées, les applications de petites boules, les ornements zoomorphes… constituent autant de techniques ornementales que nous retrouvons dans la céramique El Bosque. On trouve aussi certains types de vases à engobe rouge et orange, ou peintes en marron. Cette céramique est soit très baroque, à base d'applications accumulées, soit délicieusement élégante et simple. Techniquement, elle est très bien réalisée, démontrant ainsi une maîtrise des procédés de poterie qui disparaît dans les époques postérieures.

La céramique de la phase Pavas des hautes terres centrales est semblable dans les formes à celle d'El Bosque, bien que l'engobe orange et la peinture marron prédominent et que les vases soient en général plus grandes. Tandis que les tripodes Ticabán d'El Bosque sont de grands récipients à supports massifs avec des ornements zoomorphes, la poterie de la phase Pavas, du type Molino cannelé, est beaucoup plus gracile.

Dans la phase El Bosque, il est fréquent de rencontrer de petites statuettes arrondies dans diverses attitudes cérémonieuses et domestiques. Les hommes en capes de plumes, avec de grandes coiffes et des masques zoomorphes, soutenant parfois des têtes en signe de trophées, ou portant une victime au cœur éviscéré, constituent un échantillon de la complexe vie cérémonielle. Les femmes sont représentées soutenant des enfants ou portant des fardeaux ; les couples dans des positions copulatrices ne sont pas rares. Habituellement, les animaux sont figurés dans des postures naturelles et certains, à l'apparence de chiens, sont bicéphales. La plupart de ces figures creuses (type nommé Santa Clara) étaient utilisées comme grelots et pouvaient être achevées avec une fine couche de peinture noire, blanche ou jaune, d'autres avec un engobe rouge.

Parmi les instruments en céramique ayant des fonctions particulières, on trouve les maracas, petits grelots faits avec des anneaux, des ocarines, des flûtes et des sifflets de diverses formes, des sceaux et des cachets, plats ou cylindriques (probablement pour peindre le corps ou les vêtements) et, enfin, des pipes à un ou deux tubes sans doute utilisées comme inhalateurs de drogues. Cinq datations [152] réalisées au carbone 14 de la phase El Bosque s'étendent de 50 av. J.-C. à 425 apr. J.-C.

Période V (500-1000 apr. J.-C.)

Après avoir été en contact étroit avec la culture mésoaméricaine durant plusieurs siècles, vers la moitié de la période V la région centrale a connu des changements notables, décelables dans la forme des maisons, dans les céramiques et les objets manufacturés de l'élite. La plupart des témoignages suggèrent qu'une influence indéfinie du sud en fut la cause. Il est peut-être fortuit que la chute de la grande cité mésoaméricaine de Teotihuacán, au VIe siècle, ainsi que l'effondrement des centres mayas des basses terres centrales et des routes commerciales du Pacifique qui en dépendaient aient pu coïncider avec l'introduction au Costa Rica des techniques métallurgiques en provenance de Colombie et de Panamá. Néanmoins, il y a peut-être une relation de cause à effet entre l'apparition des objets en or de l'élite, avec la mythologie qui y est associée, et la nécessité de combler un vide produit par la rupture des liens avec les classes dominantes méso-américaines. La région de Gran Nicoya n'a pas réagi à ces influences de la même manière que la région centrale. Après 500 apr. J.-C., les traditions de la céramique décorée des deux régions commencèrent à montrer une divergence stylistique notable : la première accentua la polychromie de sa peinture tandis que la seconde développait des techniques décoratives plastiques.

Dans la première moitié de la période V, les installations semblent avoir suivi le modèle d'El Bosque : des villages de quelques maisons dispersées, généralement situées sur des terrasses d'alluvions ; une fouille incomplète d'une maison de la phase La Selva A, dans la vallée de Turrialba, présente une forme rectangulaire.

Les longues tombes en « couloirs » constituent également une caractéristique de cette phase. Certains exemples de ce type dans le site de La Montaña, près de Turrialba, étaient délimités par des files de cailloux sur une superficie de 2,5 × 7 m. On n'a pas constaté l'existence de zones domestiques correspondant aux sites de la phase Curridabat A, sur les hautes terres, bien qu'Aguilar ait creusé des tombes de cette époque à Tatiscú, près de Cartago, qui avaient la forme de grandes fosses peu profondes contenant de multiples sépultures. Dans l'une d'elles, il a répertorié un fragment de figurine en tumbaga appartenant à l'un des styles les plus anciens d'objets métalliques trouvés au Costa Rica, laquelle semble avoir été apportée de Panamá ou de Colombie.

Les mêmes types d'ustensiles en pierre polie décrits dans la phase El Bosque perdurent dans les phases La Selva A et Curridabat A. On remarque une décadence dans le soin des travaux lapidaires en jade, matière première fréquemment remplacée par d'autres pierres vertes de qualité inférieure. Sur le site de La Montaña, nous avons récupéré un collier composé de petits grains discoïdaux en *tiza*, pierre calcaire de couleur vert clair ; des pendentifs miniatures en jade et un autre d'ambre ou de résine y avaient été intercalés, et une boucle de jade un peu plus grande était placée au centre, de façon qu'elle retombe sur la poitrine. Parfois, les céramiques reflètent la tradition du rouge sur ocre clair en zone de la phase El Bosque, mais l'élégance simple qui la caractérisait se perd quelquefois. La peinture brillante marron sur orange apparaît comme décoration de l'intérieur des écuelles ouvertes, et l'emploi de la peinture pourpre ou grenat sur engobe allant de l'orangé au marron devient habituel, accompagnée d'une variété d'incisions, d'estampes ou d'application de motifs. C'est ce que Hartman (1901) a baptisé céramique Curridabat. Les énormes tripodes Ticabán d'El Bosque sont peu à peu remplacés par le type Africa, à pattes courbes creuses dans la plupart des cas, et aux ornements modelés qui pendent sur les supports, montrant une diversité d'attitudes domestiques et rituelles.

Dans une grande jarre tripode de La Montaña, nous avons trouvé un épi de maïs carbonisé. La combustion du maïs dans les offrandes mortuaires pourrait être symbolique, ou une réminiscence réelle de la *chicha* funéraire, un épais breuvage fermenté à base de maïs ou de fruits de palmier. À d'autres endroits du cimetière, au bout d'une tombe en « couloir », et près de la surface, quinze ou vingt pièces tripodes du même type ont été exhumées, toutes en morceaux. Cette découverte rappelle les *chichadas* funéraires des temps historiques (fêtes alcooliques qui se prolongeaient durant deux ou trois jours) décrites par Maria Eugenia Bozzoli (1975) et d'autres. Une autre possibilité à envisager serait que les pièces tripodes fussent des encensoirs ou des brûleurs d'offrandes, la plupart étant noircies à l'extérieur. Le même modèle de vaisselles cassées a été découvert dans quelques tombes de Curridabat A, dans le site de la vallée centrale de Pesa Vieja, près de Cartago ; ces tombes ont fourni une quantité impressionnante de fragments [153]. À cet endroit, elles étaient assez pauvrement délimitées par des ovales ou des rectangles de la longueur exacte du corps ; les pierres utilisées étaient de forme et de taille inégales et ne recouvraient pas le fond des tombes.

Le type Gutiérrez incisé/gravé à engobe rouge ainsi que les plus primitifs types d'incisés à engobe marron de Guanacaste-Nicoya conservent des analogies avec le Zoila rouge et le Selva café du versant atlantique. Les incises triangulaires sont des traits simples, tentative probable de symboliser les protubérances de la peau des lézards ; ces traits constituent un motif commun. On trouve aussi de manière occasionnelle des vaisselles avec des figures animales. La technique de la peinture négative ou résistante, consistant à réaliser sur la céramique un dessin en cire ou en argile temporaire afin de protéger les espaces à laisser sans peinture, que l'on retire après avoir enfumé ou repeint, afin de révéler la couleur d'origine de la surface (technique similaire au procédé « batik » sur les vêtements), s'accentua de façon notable vers le milieu de la période V. En général, elle est utilisée pour les dessins curvilignes, parfois avec réminiscence des motifs colombiens et panaméens. De fait, la céramique peinte résistante est prédominante en Colombie au cours de cette époque et postérieurement.

Autour de 700-800 apr. J.-C., la forme classique des maisons est circulaire et les tombes deviennent ce que nous connaissons sous le nom de tombes en caisson ou cistes. De forme ovale ou rectangulaire, il s'agissait de caisses faites avec des pierres ou des galets soigneusement choisies pour leur taille ; la plupart avaient des murs, des étages et une plaque en pierre. Le fait que de nos jours plusieurs étages et/ou les plaques ont disparu laisse supposer qu'ils devaient être réalisés en bois, qui a pourri. La raison de l'utilisation des tombes en caisson de bois, fondée sur l'idée que le fardeau funéraire ne devait pas toucher la terre, a été consignée à l'époque historique. Certaines tombes préhistoriques en caisson, mieux construites, furent scellées si consciencieusement avec des lauzes volcaniques que, même de nos jours, elles ne sont qu'à moitié recouvertes par les décombres qui ont filtré durant des centaines d'années. Aux environs de cette époque, de la céramique du style Polychrome ancien (généralement Galo ou Carrillo), importée de Gran Nicoya, apparaît dans des sites de la région centrale et de l'Atlantique. Elle marque le début d'un important commerce de polychromes de la première région à la seconde. Mais on ignore encore ce que les gens de la région centrale donnaient en échange.

Le site le plus anciennement connu possédant des maisons circulaires est La Fábrica, près de Grecia, sur les hautes terres centrales ; le MNCR y a mené une fouille archéologique. On a dressé les plans de trente soubassements circulaires réalisés en pierres et en galets, et beaucoup d'autres étaient encore enterrés dans une plantation de canne à sucre avoisinante. La plupart des fondations variaient entre 10 et 20 m de diamètre, et le plus grand possédait deux rampes rectangulaires aux entrées se faisant face. Une chaussée empierrée, de 9 m de large, sert d'accès au site depuis le nord et remonte jusqu'à la structure principale. La Fábrica donne des preuves de différentes occupations depuis les premiers siècles de notre ère jusqu'à environ 1100-1200. La poterie de la phase Curridabat B suggère que les structures circulaires datent de 700-900 apr. J.-C.

Le site de La Fábrica ne contient pas de tombes en caisson. Les modèles funéraires rappellent ceux de Gran Nicoya, dans lesquels les tombes étaient signalées par des piliers naturels et/ou des tumulus à base de pierres. Les revêtements de sol en terre cuite apparaissent entre 50 et 200 cm sous l'actuelle surface dans les zones funéraires et sous les maisons, où l'on a également trouvé des cimetières. La plupart des tombes de La Fábrica sont du type extension primaire. Dans une sépulture réalisée sur trois métates aux sculptures décoratives, on a découvert des objets connus pour leur représentation de haut rang dans la majeure partie du Costa Rica, datés d'avant 800 apr. J.-C. Parmi ces objets figuraient des jades, des masses cérémonielles, des haches noires polies en

forme de larme et un pilon en forme d'étrier aux motifs zoomorphes. Un tube de jade à collier trouvé dans cette sépulture est identique aux exemplaires récupérés dans le *Cenote* sacré de Chichén Itzá, datés du Classique récent maya (800 apr. J.-C.). Bien que cette sépulture soit similaire à celle de Tibás, qui contenait une relique olmèque en jade, les objets manufacturés de la sépulture de La Fábrica la situent à une époque sensiblement postérieure.

La découverte sur le site de La Fábrica de restes carbonisés de maïs, de haricots et de noix de palmier, ainsi que d'une grande variété de pilons à usage quotidien, des métates et des outils en éclats de basalte, indique la présence d'une installation agricole nucléaire. Les différences en ce qui concerne l'architecture et les biens funéraires (on a trouvé un grelot en cuivre ou en tumbaga et des bois de cerf dans la maison principale) révèlent une société structurée hiérarchiquement avec des objets symbolisant l'élite.

Barrial de Heredia est un autre des sites exhumés sur les hautes terres centrales, dans le cadre du programme de fouilles de sauvetage du MNCR. Ses vestiges architectoniques datent de la transition de la période V à la période VI (900-1100 apr. J.-C.). Bien qu'il fût postérieur à La Fábrica, Barrial n'avait pas de maisons circulaires. Trois d'entre elles étaient ellipsoïdales et cinq étaient carrées ou légèrement rectangulaires. Ces deux formes semblent répondre à des différences fonctionnelles. Tandis que les fondements ellipsoïdaux en cailloux contenaient beaucoup plus de déchets domestiques (restes de nourriture brûlée, poterie de cuisine brisée et outils en pierre) ainsi que de grands fourneaux, et ne possédaient pas de sépultures sous le sol, les modèles quadrangulaires montraient moins de signes d'activité domestique, mais abritaient cependant des sépultures enterrées comprenant des céramiques polychromes importées

(dans l'un de ces modèles se trouvait un petit pendentif « aigle » en or). La plus grande des structures quadrangulaires était unie à la plus grande des structures ellipsoïdales, laissant supposer que les habitants de cette dernière (des épouses ?) s'occupaient de ceux qui vivaient dans la première. Sur le site de Barrial, on a noté l'existence de deux types de tombes : une variante du type « couloir », dans laquelle n'était employée qu'une ligne de pierres à la verticale et que l'on a trouvé uniquement sous la plus grande des maisons quadrangulaires, et un simple fossé rectangulaire couronné de pierres plates d'origine volcanique, que l'on a exhumé sous les maisons et dans

une petite zone consacrée au cimetière, éloignée d'une centaine de mètres.

Des métates concaves et des mortiers en pierre ont également été mis au jour sur le site de Barrial. Parmi tous les outils en pierre, le plus fréquent est un petit pilon de mortier en forme de caisse (utilisé par friction ou par percussion), révélant un polissage sur ses faces planes dû à l'emploi qui en a été fait, ainsi que sur ses extrémités suite aux coups répétés. Autour des structures furent trouvés du maïs et des haricots carbonisés. Bien que la poterie de la phase Curridabat B soit présente sur le site en maints endroits, les fragments

Figure 16. Exhumation d'un cimetière de cistes ou sépultures réalisées avec des dalles. Région centrale atlantique, période VI (1000-1500 apr. J.-C.). La plupart correspondent à des sépultures individuelles, accompagnées d'offrandes en céramique, d'objets en pierre et parfois en métal. Les tombes étaient recouvertes de couches de pierre ou de plaques funéraires en pierre ou en bois avec des figures animales sculptées.

associés aux restes architectoniques sont plus proches des styles grossiers avec application, datant de la période VI. D'autres trouvailles consistent en de petits plateaux tripodes, ouverts, avec des têtes d'animaux sur le piétement, un engobe marron et des panneaux avec des incisions géométriques à l'extérieur (Tayutic incisé), ainsi qu'un grand nombre de dépôts de petites jarres, situés la plupart du temps loin des sépultures et peu profondément enfouis.

Parmi les centaines de fragments de poterie polychrome importée de Gran Nicoya exhumés sur le site de Barrial, un pourcentage considérable présente des orifices pour insérer des cordelettes, une forme de réparation consistant à percer de trous chacune des faces d'une fracture et à y insérer des courroies afin de maintenir les parties brisées. Cela révèle une grande valeur accordée à la poterie polychrome étrangère, la plupart des vaisselles non locales ayant été réparées de cette manière. La présence constante de ces polychromies (types Mora, Birmania, Altiplano et Papagayo) sur les tombes de haut rang de Barrial indique l'existence d'un réseau commercial florissant, destiné à l'élite, entre ces deux régions archéologiques. Les céramiques de la région centrale ne se trouvant pas sur les sites de Gran Nicoya, nous savons qu'un autre type de bien devait être commercialisé en contrepartie – très certainement des biens fongibles (nourriture, objets sculptés en bois, plumes, venins, drogues, cacao ou esclaves). Deux datations de Barrial réalisées au carbone 14 indiquent une période entre 800 et 1000 apr. J.-C.

Période VI (1000-1500 apr. J.-C.)

Une analyse récente de l'appropriation des ressources réalisée sur un échantillon de sites archéologiques du versant atlantique (dans laquelle entre en relation une série de zones de ressources naturelles ainsi que les variables environnementales qui déterminent la localisation des occupations humaines) a révélé une donnée intéressante. Au cours des périodes IV et V, pendant cinq cents ans environ, les peuplades ont eu de plus en plus tendance à situer leurs installations sur des plaines alluviales assez peu accidentées, adaptées à l'agriculture. Les sites devinrent beaucoup plus grands depuis environ 300 av. J.-C. jusqu'à 700 apr. J.-C. – étape prospère, selon toute vraisemblance, durant laquelle la culture du maïs se développa –, et l'importance des objets manufacturés destinés aux rites et à l'élite connut son apogée (jade, masses, métates décorés, statuettes et ustensiles rituels pour les drogues psychotropes). Durant la période VI, la répartition des sites entre les différentes zones environnementales est devenue quelque peu aléatoire, ainsi d'autres facteurs que celui du choix de bonnes terres pour la culture ont dû intervenir au moment de l'installation. Ces facteurs furent, probablement, l'établissement de frontières sociopolitiques et

la défense stratégique [154]. Cela vaut pour les grands sites ramassés comme Guayabo [155], Talari [156], Barranca [157], Cutrís [158], Pozo Azul [159] et vraisemblablement Lomas Entierros [160] ; chacun était placé de manière que sur un ou plusieurs de leurs côtés il y eût un grand précipice, une montagne et/ou un fleuve.

Les sites d'habitation de la période VI dans la région centrale sont reconnaissables à leur architecture caractéristique : des monticules circulaires de terre ou de simples fondations aux murs de soutènement réalisés avec des cailloux, des chaussées pavées, de petites places couvertes, et même des aqueducs ainsi que de grands ponts en dalles sur les plus grands sites [161]. Les pétroglyphes (gravés sur la pierre) sont fréquents. Rien de plus révélateur pour un archéologue que le degré d'agglomération des maisons et autres caractéristiques de ce type pour prendre conscience des limites définitives des sites. Dans la région centrale, il semble qu'il y ait eu des groupes de sites, grands et petits, étroitement organisés, parfois incroyablement proches et connectés par un réseau de chaussées pavées.

Le site le plus grand et le plus complexe que l'on connaisse de cette période est celui de Guayabo de Turrialba, dans les montagnes à l'est de Turrialba. De nos jours, il est protégé comme parc national et la UCR continue d'y mener ses recherches. Les autres sites importants sur les basses terres de l'Atlantique sont ceux de Las Mercedes, aujourd'hui détruit, Anita Grande, Granja Costa Rica et, à moindre échelle, La Cabaña. Il est probable que ce type de sites dépasse la centaine dans la région centrale, bien que seuls Guayabo et La Cabaña aient été exhumés horizontalement et juste partiellement. Les fouilles du MNCR à La Cabaña ont apporté les découvertes suivantes : deux monticules circulaires de 30 m de large et de moins de 12 m de diamètre ; une enceinte carrée fortifiée entourant une place diaphane plus basse, avec une chaussée pavée donnant accès à l'intérieur et faisant face à l'escalier menant au monticule principal 1. Le nettoyage horizontal des deux principaux monticules a révélé que le monticule 1, le plus haut, ne possédait qu'un foyer central, tandis que le monticule 2 était doté d'un patio recourbé, faisant office de vestibule et donnant accès à l'entrée. À l'intérieur, il y avait une série de quatre ou cinq métates faits dans de grands blocs rocheux, certains entourés de sièges en pierre. L'un d'entre eux avait un pilon à ses côtés. Outre le foyer central on a remarqué l'existence de quelques autres aux dimensions inférieures. Les vestiges de l'élaboration des aliments dans l'un des monticules et l'absence de restes dans l'autre semblent indiquer qu'ils avaient des fonctions différentes. Le monticule 1 a pu être construit comme résidence d'un particulier ou d'un groupe dominant, tandis que le monticule 2 devait être la résidence des épouses ou des responsables de la nourriture pour les habitants du premier. Fray Agustín de Zevallos, en 1610, a décrit plusieurs coutumes des gens qui vivaient au Costa Rica méridional : « [...] ils vivent dans des enceintes, qui ne sont autres que des forts construits selon l'idée des natifs [...]. Les chefs ont autant de femmes qu'ils le désirent, et toutes dorment sous le même toit, et les gens communs en ont, généralement, une [...] » (dans Lothrop, 1926, p. 446).

Les escaliers extérieurs des deux monticules principaux de La Cabaña, ainsi que l'une des chaussées principales et trois des secondaires, toutes pavées, pénétraient ou menaient vers la zone vide de la place. À l'intérieur de l'enceinte carrée fortifiée de la place ont été trouvées de petites tombes en caisson ou des dépôts contenant des objets manufacturés en céramique de prestige. Une place forte au moins a été répertoriée parmi tous les sites principaux de la période VI ; elle est située près des monticules principaux. À Anita Grande, deux places quadrangulaires de grandes dimensions étaient connectées entre elles par une chaussée de presque 500 m de long, ce qui nous conduit à interpréter cette configuration de place comme le lieu formel de contact entre la classe dirigeante et le bas peuple, sans doute pour la répartition rituelle de biens. À Guayabo, l'entrée principale donnant sur le site, d'une largeur de 2 m, remonte le flanc de la montagne sur plusieurs kilomètres, s'élargit jusqu'à atteindre 9 m de pavés après avoir traversé un étroit escalier et deux postes de garde, pour finalement déboucher sur une grande place carrée et

s'orienter directement vers l'un des escaliers du monticule principal. Les autres principaux sites connus avec ce même « plan de ville » de base sont Talarí, sur la partie nord de la cordillère de Talamanca, Aguacaliente [162], près de Cartago, Barranca, à l'extrême ouest de la vallée centrale, Pozo Azul et Lomas Entierros dans le Pacifique central, ainsi que beaucoup d'autres sites dans la sous-région de Diquís et Buritaca 200, en Colombie. Il a probablement existé des centaines de sites comme celui-ci, construits dans la région centrale et dans le Gran Chiriquí dans la période comprise entre 700 et 1350 apr. J.-C. La plupart ont été sérieusement endommagés par le pillage, l'urbanisation et l'agriculture.

Les sépultures avec des tombes en caisson ou cistes prédominèrent durant la période VI, que ce soit à l'intérieur ou autour des maisons, ainsi que dans les zones réservées aux cimetières. L'usage des dalles pour le sol ou comme couvercle des tombes construites avec des galets devint plus fréquent ; ces dalles constituaient parfois le seul élément de construction de ces tombes. Plusieurs cimetières de tombes en caisson exhumés dans les alentours de Cartago par le MNCR contenaient des inhumations primaires étendues et secondaires. Le fait que certaines tombes ont contenu les deux types suggère leur réutilisation au fil du temps. Des coupes réalisées à partir de crânes humains ont également été découvertes. On considère comme une preuve de l'exhumation et de la réutilisation des tombes le fait que beaucoup étaient divisées, agrandies ou ajoutées jusqu'à former trois strates. Les tombes en caisson des basses terres de l'Atlantique sont construites avec des galets soigneusement choisis et calés avec des pierres plus petites, sans ciment. Dans ce type de tombes, les biens funéraires sont rares et de moins bonne qualité que ceux des périodes précédentes ; nombre d'entre elles ne contenaient aucune offrande, ce qui peut tenir à la nature périssable d'éventuelles offrandes. Dans certaines tombes en caisson de la vallée de Cartago (sites de Hacienda Molino et d'El Cristo) on a retrouvé de petits cristaux de quartz utilisés comme objets funéraires. Une tombe d'El Cristo contenait un grelot de cuivre serti d'un cristal de quartz [163].

Figure 17. Tête de bâton ou de masse cérémonielle aux motifs avimorphes, sculptée en pierre. Gran Nicoya, 100 av. J.-C.-500 apr. J.-C., longueur : 18 cm. Collection Barbier-Mueller (inv. 521-31).

Durant la période VI, les pierres concaves étaient employées comme métates à usage quotidien. Apparemment, l'utilisation des mortiers et des pilons n'était pas très étendue, et même si les rutilants mortiers cérémoniels n'avaient pas disparu, les styles, eux, changèrent. Les métates à quatre pattes avec des figures de jaguar (inv. 521-61, ill. 17) ou avec des motifs faisant référence aux crocodiles (inv. 521-12, ill. 16, et inv. 521-29, ill. 18) firent leur apparition, et les versions circulaires avec des piédestaux ou des atlantes devinrent plus communs, à l'image des maisons circulaires. La sculpture non encastrée dans la pierre connut une croissance importante, avec une tendance à répéter des attitudes « standard » ou « archétypiques » ; sans doute était-ce la représentation de rôles sociaux idéalisés. Ainsi pouvons-nous observer des guerriers qui soutiennent une hache dans une main et une tête réduite dans l'autre (inv. 521-4, ill. 22 ; c'est un exemple exceptionnellement beau, où il faut noter l'expression sévère), des esclaves aux mains liées, probablement destinés à être les victimes d'un sacrifice, des femmes qui se soutiennent la poitrine avec les mains, des chamans en transe provoquées par les drogues, des « têtes trophées » intactes, fendues et réduites et, enfin, des « portraits » de certains personnages vivants de l'élite, des chamans ou des chefs, souvent avec une expression sereine, sûre ou noble (inv. 521-8, ill. 21). Il y a aussi des représentations de femmes dans des attitudes idiosyncrasiques, se tressant les cheveux, et d'hommes urinant. Certaines sculptures montrent de manière reconnaissable des individus particuliers, même lorsqu'ils sont figurés avec des déformations ou des tics faciaux. Tandis que la sculpture antérieure en pierre montrait presque toujours le portrait de figures zoomorphes ou humaines avec des masques d'animaux, dans la période VI elle comprend principalement des thèmes humains. Cela témoigne d'un changement philosophique fondamental, à partir duquel les pouvoirs militaire et politique se sont accrus aux dépens du pouvoir « religieux » traditionnel ; conséquence sans doute de la pression populaire sur certaines ressources et/ou de nouveaux modes de résolution des conflits. L'orgueil de la caste émergente des chefs guerriers a pu être la cause de ce que les statues les reproduisant furent aussi grandes, sinon plus, que celles des symboles zoomorphes de leurs divinités.

À quelques exceptions près, la poterie de la période VI est de moins bonne qualité que celle de la période IV, en dépit du fait qu'elle est moins abondante. Les trouvailles les plus fréquentes ont été celles de jarres grossièrement travaillées ainsi que de plateaux tripodes d'un mélange pauvre et mal amalgamé. Les exemples les mieux conservés sont très surchargés, avec des décorations à base d'incisions, d'estampages réalisés avec des outils, d'applications de petites boules, de bandes de pastillage imprimées en forme de chaînes, de têtes et de figures animales modelées sans finesse. Lothrop (1926) a baptisé ce type « céramique de tombe en caisson ». Les types incisés/gravés couleur marron de la fin de la période V perdurèrent au cours de la période VI, mais furent réalisés avec de moins en moins de soin. La décoration résistante n'apparaît en général que sur les pièces de haut rang. Comme au Guanacaste-Nicoya, on trouve soit des plateaux, soit des jarres cylindriques légèrement en forme de cloche, avec des trépieds en forme de têtes animales ; cependant, les trépieds aux longues pattes des deux périodes précédentes disparaissent pour laisser place à une forme inhabituelle semblable à une casserole au long manche appelée poêle encensoir, qui devait servir à brûler de l'encens. En principe, le Cartago ligne rouge commence à cette période avec des plateaux tripodes ou simples, souvent avec des têtes stylisées de félins et une queue ajoutée. Les lignes rouges peintes avec les doigts sur l'engobe orange constituent la décoration des variétés les plus anciennes ; postérieurement, la peinture rouge devient plus vive, un engobe crème remplace l'engobe orange et le dessin devient plus vigoureux – peut-être une tentative de copier le brillant Papagayo polychrome importé de Guanacaste-Nicoya.

Dans d'autres types de céramiques de la période VI on peut supposer une influence stylistique de Diquís ou de Chiriquí. L'Irazú ligne jaune révèle des dessins géométriques de lézards/crocodiles peints en un jaune épais sur un engobe en deux tons, orange et rouge brique. Pour sa part, le COT ligne noire possède des motifs analogues en noir ténu et rouge sur engobe marron orangé. Les plateaux ouverts ou les récipients avec des supports à trois pieds en forme de tête ont une importance particulière. Les motifs géométriques rappellent les polychromes de Chiriquí, un type Diquís récent qui à son tour a pu être inspiré des polychromies

de Guanacaste-Nicoya. Un autre type atlantique, celui de Turrialba bichrome, révèle un élégant récipient aux parois très fines, en forme de simple jarre, dont les meilleurs exemplaires rappellent la délicatesse de l'exceptionnel type Biscuit ou Tarragó Galleta de Diquís. Aguilar a exhumé des fragments importés Biscuit à Guayabo de Turrialba (1972b), et Snarskis, Cruz et Obando (à paraître) en ont trouvé sur le site de Rodríguez, sur les versants du volcan Irazú, au-dessus de Cartago, apportant par là même plus de preuves concrètes de liens avec le sud.

La preuve que Rodriguez fut un site exceptionnel a été confirmée par la découverte de plusieurs grandes tombes en caisson aux dalles gravées (rectangulaires) pesant jusqu'à 700 kg. Il fallut une Jeep et un câble en acier pour les déplacer. Dans l'une des tombes, où, après l'avoir saccagée, les pilleurs superstitieux avaient replacé les restes humains en très bon état de conservation, on souleva la pierre qui servait de fond au cercueil, découvrant en dessous une sépulture antérieure encore intacte. Les ustensiles trouvés dans cette sépulture primaire comprenaient une petite vaisselle en céramique locale, un buste humain indemne réalisé en pierre volcanique et, de manière inattendue, la dent perforée, avec des incisions, d'un cachalot (*Physeter catodon*), qui fut identifiée comme telle par J. Mead, du Smithsonian Institut de Washington (DC). La dent avait été taillée comme une petite flûte, qui, selon toute probabilité, devait être pourvue d'une embouchure en bois ; mais cette dernière n'est pas parvenue jusqu'à nous. Nous ignorons pourquoi et comment une dent de mammifère géant de l'océan Pacifique a pu finir par se trouver dans une tombe des environs de la cime du volcan le plus haut du Costa Rica ; quoi qu'il en soit, le commerce à longues distances de biens exotiques est à nouveau bel et bien confirmé.

La métallurgie représenta l'introduction de la culture matérielle la plus importante en provenance du sud, atteignant son apogée dans la région centrale durant la période IV [164]. La disparition du travail du jade aux alentours de 700 apr. J.-C. fut d'abord attribuée à l'épuisement des ressources locales de ce matériau [165]. Néanmoins, nous pouvons tout simplement envisager la possibilité que les cultures atlantique et centrale de cette époque n'étaient pas intéressées par le jade en tant que matière mythologiquement significative, lui préférant des amulettes en or ou d'autres articles importés dans le contexte d'un complexe rituel d'orientation méridionale qui incluait la forme des maisons.

La plupart des pendentifs en or fondu ou en tumbaga trouvés dans la région centrale sont de petits « aigles » (ou des vautours) aux ailes déployées, des grenouilles aux cuisses écartées, des grelots et une variété de figures humaines masquées, probablement des chamans, qui soutiennent des grelots, des tambours et ce qui ressemble à des serpents.

Bray (1981) classe ces petits pendentifs dans la partie « style international », en s'appuyant sur l'idée qu'ils furent fabriqués dans la région centrale. Certains ont été retrouvés dans le *Cenote* sacré de Chichén Itzá, dans le Yucatán.

Excepté un type de céramique incisée marron de très bonne facture qui marque la transition entre les périodes V et VI, les statuettes, les ocarines, les grelots et autres articles en céramique servant à des fins spécifiques se trouvent rarement dans cette période. La sculpture sur bois et sur pierre a pu prendre l'ascendant sur la céramique à travers les statuettes. Cinq datations au carbone 14 de sites de la phase de La Cabaña oscillent entre 1000 et 1400 apr. J.-C.

La région de Gran Chiriquí
Sous-région de Diquís (fig. 10)

Diquís est jusqu'à présent la moins connue des zones archéologiques du Costa Rica. La honteuse quête de l'or fut la cause du saccage intensif des tombes, poussant les pilleurs à détruire la céramique, en allant jusqu'à dynamiter les fameuses sphères en pierre de cette zone.

Périodes I, II et III (?-1000 av. J.-C.)

À Diquís, pour ce qui concerne ces périodes, les cultures précéramiques ne sont pas encore identifiées de manière

certaine. Toutefois, dans la sous-région panaméenne de Chiriquí, Olga Linares, Anthony Ranere (1980) et Richard Cooke (1984) ont réalisé des travaux intensifs qui ont donné comme résultat la séquence archéologique la plus complète de l'Amérique centrale pour les périodes II et III. Le relatif manque de végétation propre à un climat beaucoup plus sec, en particulier au centre de Panamá, permet de recueillir à la surface tous types d'instruments en pierre taillée, ce qui rend cette activité beaucoup plus réalisable que dans la sous-région de la forêt tropicale pluvieuse de Diquís.

Période III récente-période IV ancienne
La poterie primitive

Le complexe céramique Curré, provenant du site du même nom, dans la partie la plus basse de la vallée de Diquís, est le plus ancien de ceux connus dans la sous-région de Diquís, et, d'après les associations stylistiques et stratigraphiques, on peut le situer chronologiquement comme appartenant au début de la période 1500-300 av. J.-C. Curré partage presque toutes les techniques décoratives plastiques de la céramique de La Montaña, dans la région centrale (des bandes d'application et de petites boules, de larges incisions linéaires, des impressions de coquillages et d'ongles, des pointillés, des gravures avec gouges, pointillés et tournassage), ainsi que son engobe naturel monochrome. Le plus important est la coïncidence avec les grils aux bases planes appelées *budares*, utilisées probablement pour l'élaboration du manioc, l'une des matières premières du régime de l'Amérique du Sud septentrionale. On a aussi trouvé une grande quantité de silex et de quartz en forme de dents qui, semble-t-il, étaient destinés à être montés sur des surfaces en bois pour râper le manioc, comme dans le nord de l'Amérique du Sud.

En général, la céramique Curré est de dimensions inférieures à celle de La Montaña et les récipients ont des parois plus fines. Par ailleurs, la forme de vaisselle qui prédomine est la petite jarre en forme de ballon, ou *olla*, les calebasses étant rares. La différence la plus prononcée de Curré par rapport à La Montaña, et surtout par rapport à Chaparrón et Tronadora, d'apparence plus méso-américaine, consiste en l'absence totale d'engobe ou de peinture rouge. Un autre complexe potier primitif trouvé dans les environs de la frontière avec Panamá est celui de Darizara, du site Ni Kira [166], aux ressemblances formelles avec Curré. L'un et l'autre, ainsi que celui de La Montaña de la région centrale, rappellent la céramique primitive de la partie méridionale de l'Amérique du Sud, des sites tels que Barlovento, Puerto Hormiga et Momil, ce qui prouve clairement que le Costa Rica fut une zone de croisement entre les traditions potières du nord et celles du sud durant les époques formatives [167].

Période IV (1000 av. J.-C.-500 apr. J.-C.)

L'unique vestige de poterie n'apparaît dans la sous-région de Diquís, après Curré et Darizara, que dans la seconde moitié de la période IV avec le complexe archéologique d'Aguas Buenas. Pour obtenir la chronologie spécifique et les modèles d'installation et de subsistance, il nous faut partir des données des publications de travaux réalisés à Panamá. Les vallées des hautes terres et les hautes plaines semblent avoir été les endroits préférés pour l'établissement des villages, coutume également observée à Diquís par Haberland [168] et confirmée par les études menées par Robert Drolet et Robert Markens [169] pour le MNCR.
À l'exception d'une maison ovale ou rectangulaire (ce que suggère la position des trous des poteaux) du site Pitti González, sur les hautes terres panaméennes, on ignore tout des formes des habitations. Des sites plus grands, probablement cérémoniels, comme Barriles à Panamá et Bolas à Diquís, comprennent des monticules de terre recouverts de pierres qui ont dû commencer à être fabriqués à la fin de la période IV.

Il subsiste une incertitude de taille concernant la relation spatio-temporelle entre les complexes de poterie d'Aguas Buenas et de Concepción (de « céramique scarifiée »). Ces complexes caractérisent le Gran Chiriquí depuis quelques siècles avant Jésus-Christ jusqu'à environ 500-700 de notre ère. Le site de Concepción, qui au début fut connu dans la sous-région de Chiriquí,

se caractérise autant par un engobe par zones de couleur rouge et des incisions multilinéaires que par un brossage grossier, marron ou ocre, couleur naturelle de l'argile, des parois extérieures ; ce qui lui donne un aspect âpre légèrement rugueux déterminant sa dénomination « scarifiée ». Les vaisselles coniques et en forme de cheminée sont classiques de ce type ; à certaines occasions elles ont trois supports. On a également trouvé des cachets cylindriques en argile.
Bien que cette céramique soit souvent décrite dans les premières monographies archéologiques sur Panamá [170], on en a retrouvé peu de restes depuis lors. La céramique d'Aguas Buenas peut être rouge, marron, ou rouge sur ocre clair. Les petits plateaux en pierre recourbés et les jarres sont typiques. La décoration la plus fréquente est celle d'ornements sous forme d'animaux. On a également trouvé un type de grandes urnes apparemment utilisées pour les enterrements secondaires dans les maisons. Les inhabituelles statuettes Carbonera qui, selon l'opinion générale, proviennent de la péninsule de Osa, suggèrent des réminiscences d'un style plus ancien et étranger (côte de l'Équateur), sans doute parce que Osa représentait un point d'ancrage commode pour les peuples navigateurs en provenance d'Amérique du Sud [171].

Les métates fabriqués avec les galets, avec ou sans support tripode, dont un côté est ouvert et les trois autres fermés, tout comme les haches à double fil en éclats de pierre, sont propres aux sites d'Aguas Buenas. Quelques objets semblables à la céramique Barriles ont également été récupérés. Près de la ville costaricienne de San Vito ont été découverts des cylindres en andésite et en granite avec des bas-reliefs gravés à chacune de leurs extrémités plates. D'après ce que l'on dit, quinze d'entre eux furent trouvés autour d'une énorme dalle polie par l'érosion avec des pétroglyphes, appelée « pierre peinte ». Ces métates purent lui servir de sièges [172]. Une autre découverte effectuée dans la région a été celle de fragments de figures en pierre, certaines pourvues d'une coiffe conique semblable à celle de la statuaire de Barriles, à Panamá. Les tombes avec puits et chambre funéraire de Barriles contenaient d'énormes métates ellipsoïdaux dotés d'ornements de têtes humaines gravées

sur les bords, et les supports en forme de quadrupèdes sur lesquels ils s'appuyaient présentaient diverses sculptures détaillées de figures humaines [173]. Dans cette région il n'existe aucune trace du travail lapidaire intensif du jade, même si l'on a retrouvé quelques petits exemplaires ; tout semble indiquer que d'autres matériaux locaux disponibles, telle l'agate, le remplacèrent.

Les archéologues [174] pensent que les gigantesques sphères en pierre de Diquís ont commencé à être fabriquées à cette époque. Certaines atteignent 2 m de diamètre et il leur manque à peine 1 ou 2 cm pour être une sphère parfaite. Elles sont en granite, en andésite, et même en pierres sédimentaires, et peuvent peser jusqu'à 16 tonnes. Tout semble indiquer que certaines boules trouvées dans le delta de Diquís furent transportées dans de grandes pirogues en aval du fleuve, de manière brute, peut-être en blocs cubiques, et traînées sur plusieurs kilomètres jusqu'à leur localisation actuelle, où elles furent terminées (on a trouvé des éclats de pierre autour de certaines de ces boules). Quintanilla [175] décrit le site manufacturé de Causot, sur la haute plaine de Térraba. Sur ce site, on a localisé une carrière de granite, des blocs bruts séparés ainsi que des sphères ébauchées et d'autres terminées. Les sphères ont été trouvées dans des alignements superficiels, certains placés sur des plates-formes pavées. Bien que l'on n'ait jamais découvert de sépultures sous ces sphères, elles sont parfois regroupées à proximité d'une zone funéraire [176].

La récupération de restes de maïs, de haricots, de noix de palmier, de noix de coco et d'avocats sur les sites de la période IV récente de Chiriquí [177] permet d'avancer l'hypothèse d'un système de subsistance agricole similaire pour la population de Diquís à cette époque. Il est presque certain que les cultures de racines eurent une importance identique, mais leurs restes sont peu identifiables sans analyses.

Certaines tombes de la phase Concepción, à Chiriquí, alignées avec des pierres et incorporant des métates à leurs parois, laissent supposer des inhumations primaires en alignement. D'autres tombes d'Aguas Buenas n'étaient que des fosses ovales, tandis que Barriles comprenait des tombes dotées de chambres funéraires et de puits, une forme ancienne connue en Colombie et dans l'aire andine. On a également répertorié des sépultures en urnes. En général, les tombes se trouvent aux alentours des habitations ou en dessous, même si à Boquete, à Panamá, elles sont apparues dans une zone funéraire à l'écart [178].

Périodes V et VI (500-1500 apr. J.-C.)

Comme dans la région centrale, entre 500 et 800 apr. J.-C., d'importants changements culturels sont survenus au Diquís, semblant indiquer une affluence des peuplades sud-américaines et/ou de leurs traditions culturelles, comme cela a pu être le cas avec l'arrivée et l'éventuelle

hégémonie des peuplades de langue chibcha, en provenance de Colombie. On sait peu de chose à propos
de la transition d'Aguas Buenas à la phase Chiriquí
« classique », mais on a constaté la production d'une
poterie à engobe marron et un regain d'intérêt pour la
peinture résistante et l'utilisation de métates tripodes
en pierre ou dotés de quatre pattes ornées de jaguars ou
autres têtes (inv. 521-29, ill. 18).

Dans leur étude sur le bassin de Térraba (Diquís), Drolet
et Markens ont remarqué que la plupart des sites de la
phase Chiriquí étaient situés sur d'amples terrasses juste
au-dessus des principaux cours d'eau, ce qui laisse
supposer une utilisation plus intensive des fleuves
importants aux époques récentes. La circulation et le

*Figure 18. La côte de la péninsule d'Osa, dans la région
de Gran Chiriquí, fut depuis l'antiquité un commode
point d'ancrage pour les peuplades pratiquant la navigation.*

commerce fluvial s'étendirent grâce à la navigabilité
de la plupart des fleuves, autre facteur déterminant.
Cependant, l'extraordinaire quantité de galets employés
dans la construction des sites de cette phase laisse
penser qu'ils ont dû jouer un rôle important dans le
changement des modèles d'installation.

On connaît plusieurs types de sites de la période VI. Des
cimetières spéciaux ont été mis au jour qui incorporaient
souvent des plates-formes de galets et des murs, comme

c'est le cas à Sábana de Caracol [179] où ils sont situés sur les sommets de collines assez hautes. Les cimetières, riches en pendentifs faits en alliage d'or ainsi que d'autres instruments métalliques ont été trouvés au sommet de cordillères très élevées, aujourd'hui recouvertes de forêts pluvieuses. Une autre sorte de sites, semble-t-il, mêlait les activités cérémonielles et peut-être funéraires avec les activités domestiques. Finca Remolino, cartographiée par Drolet et Markens, contient des plates-formes basses recouvertes de pierres, grandes et aux multiples dessins, certaines quadrangulaires, entremêlées avec ce qui semble être des monticules de maisons. Sur les plates-formes ou le long de celles-ci furent encastrés de grands monolithes naturels en basalte pouvant atteindre 4 m de hauteur, certains affûtés à leurs extrémités pour faciliter leur insertion. Une troisième sorte de site semble avoir eu à l'origine une vocation résidentielle, avec des fondations circulaires en pierres, des terrasses avec des murs de soutènement et des rues pavées. Ces sites se trouvent fréquemment le long des fleuves principaux, et presque tous possèdent des cimetières regroupés en terrasses qui s'élèvent au-dessus des zones d'habitation.

Depuis 1992, Jeffrey Quiter (Dumbarton Oaks) et Aída Blanco (Université nationale du Costa Rica) [180] ont largement fouillé et cartographié le gigantesque site architectonique de Rivas, à quelques kilomètres au nord de la ville de San Isidro, dans la vallée de General, réalisant des fouilles horizontales ou cartographiques. Rivas est un site très vaste (de 2 km de long), avec beaucoup de monticules circulaires recouverts de pierres ainsi que des fondations de maisons sans monticule, des chaussées pavées, des aires de « places » carrées ou rectangulaires annexes à certains des monticules circulaires les plus grands et, finalement, à des zones domestiques et funéraires dans une architecture à grande échelle, d'une superficie estimée à environ 60 000 m². Autrement dit, bien que le site de Rivas soit plus étendu, il suit la « planification urbaine » décrite pour les sites importants de la période VI dans la région centrale tels Guayabo, Talarí, Aguacaliente, Las Mercedes… Dans les tombes de Rivas, centre qui fut peut-être une enclave dans le commerce entre le

versant atlantique, les hautes terres centrales et des sites plus au sud, furent exhumés des restes d'une élégante céramique importée ainsi que des restes de poterie locale. La proximité du célèbre cimetière (abondamment pillé durant des siècles) de l'élite du Panthéon de la Reine, situé sur une haute crête au sol argileux voisine de Rivas, est d'un grand intérêt. Les tombes de ce cimetière étaient généralement signalées par des piliers en basalte placés au bout d'un dallage qui couvrait les sépultures ; on dit que certaines tombes contenaient plus de soixante grands pendentifs en or ainsi que d'autres symboles de l'élite.

En 1995-1996 fut découvert un escalier en galets qui allait des « zones de représentation » funéraires, sur la partie la plus basse de Rivas, jusqu'au cimetière du Panthéon de la Reine, ce qui confirma leur étroite relation, alors qu'on avait toujours pensé qu'il s'agissait de deux sites différents. Huit datations au carbone 14 indiquent que Rivas fut habité aux alentours de 900 jusqu'en 1400 apr. J.-C. [181].

Drolet et Markens ont partiellement cartographié et fouillé Murciélago, un très grand site (de presque 4 km²) du troisième type décrit *supra*. Ils ont trouvé les fondations circulaires de quelques maisons, douze de plus de 20 m de diamètre entourées d'une douce pente pavée de galets. Plusieurs pilons ainsi que des mortiers se trouvaient à l'extérieur des habitations, mais la plupart des objets en pierre taillée et les restes de céramique étaient apparemment déposés dans d'étranges configurations réalisées à l'aide de roches pyriteuses et ferrugineuses du sous-sol entourant ces maisons. On ne sait pas de façon sûre si ces configurations étaient des zones d'activités ou des dépotoirs, même si leur disposition sur toute la surface du site était systématique. Un système complexe de rues pavées et de rampes reliait les zones d'habitation à d'autres zones distinctes.

Ces données importantes sur les installations de Diquís, ajoutées aux données préalables dont nous disposions sur les tombes en caisson, forment un complexe « architectonique » analogue à celui que l'on connaît de la région centrale durant les périodes V

Figure 19. Sphères en pierre. Péninsule d'Osa, région de Gran Chiriquí (900-1300 apr. J.-C.). Même si nombre d'entre elles ont été déplacées, sur les fouilles archéologiques ces sphères apparaissent alignées et associées aux chaussées ou aux entrées pavées des monticules.

et VI, ce qui nous permet d'accepter l'hypothèse que les deux zones connurent la même influence méridionale durant cette époque.

Outre les cistes, nous savons que les tombes dotées de puits et de chambres funéraires continuèrent à être construites durant la phase Chiriquí [182].

Nous connaissons une séquence assez vaste des types de céramique produite au Diquís tout au long des derniers six ou sept siècles antérieurs à l'arrivée des Espagnols. De hauts trépieds aux pattes creuses, à l'engobe marron rougeâtre et généralement décoré avec des applications de pastillage, des petites boules, des ornements ou des lignes peintes en blanc, évoquent les vaisselles similaires (mais plus anciennes) du versant atlantique. Ici les pattes des récipients tripodes adoptent souvent la forme de crocodiles ou de poissons.

Les dessins de petites jarres décorées en noir organique par le processus de résistance, alliant fréquemment la peinture rouge en positif avec des ornements en blanc ou à engobe orange, rappellent certaines céramiques panaméennes, et en particulier certaines céramiques colombiennes de la même époque. Des petits cylindres, en forme de bouteilles avec bouchon du type utilisé dans les cultures colombiennes pour porter la lime (petit citron) destinée à être mastiquée avec les feuilles de coca, apparaissent au Diquís dans ce type de céramique. La mastication de la coca est un trait spécifique de l'Amérique du Sud andine ; or Diquís a sans aucun doute toujours été la plus « sud-américaine » de toutes les cultures préhistoriques du Costa Rica.

Les polychromes Chiriquí sont habituellement exécutés en noir et rouge sur engobe crème et décorés de motifs géométriques. Même lorsque les motifs panaméens prédominent, on peut observer une certaine influence stylistique provenant du nord-ouest du Costa Rica – on le constate sur le peu de restes de céramique importée, appartenant à la polychromie Nicoya, trouvés au Diquís. De même que dans le reste du Costa Rica durant la période VI, les plateaux tripodes en forme de têtes d'animaux (surtout des félins) sont détectés au Diquís. Stone [183] a trouvé cette céramique à côté d'objets en fer et en verre d'origine espagnole. Quintanilla [184], dans une tombe de Paso Real, près de Curré, datée au radiocarbone des dernières années du XVIIe siècle, a également découvert des centaines de grains de collier en verre européens ainsi que trois pointes de lances en fer.

Le type nommé Tarragó Galleta ou Biscuit constitue sans nul doute le sommet de l'art potier de Diquís. Il s'agit d'une délicate céramique peinte en ocre clair, dont l'épaisseur a parfois moins de 2 mm. Elle présente des formes terriblement simples, aux proportions élégantes, dans lesquelles il est fréquent de trouver de minuscules ornements modelés qui viennent accentuer sa volupté formelle. L'une des figures animales représente, nous en avons la quasi-certitude, un camélidé américain (lama ou guanaco), dont la limite nord de l'habitat naturel ne dépasse pas les Andes colombiennes. Cela implique que les habitants précolombiens de Gran Chiriquí eurent connaissance des grandes cultures andines et les visitèrent, car les lamas n'auraient pas survécu au long voyage à travers les jungles chaudes et humides de la Colombie, de Panamá et du Costa Rica.

La sculpture en pierre de Diquís durant la période VI est radicalement différente de celle des autres zones du Costa Rica mais conserve des réminiscences formelles de la sculpture colombienne. Bien qu'il s'agisse en général de statues hiératiques et stylisées anthropomorphes assez grandes (40-180 cm), et à l'apparence presque bidimensionnelle (inv. 521-65, ill. 24), d'autres, sans doute plus anciennes, ont des formes plus arrondies et font apparaître un plus grand nombre de détails. On observe un lien avec la région centrale

concernant les métates quadrupèdes avec jaguars ou crocodiles (inv. 521-12, ill. 16 ; inv. 521-61, ill. 17 ; inv. 521-29, ill. 18) ainsi que les variétés circulaires avec atlantes qui apparaissent dans les deux zones. Les versions en céramique des modèles plus récents devaient servir de sièges.

Autour des cimetières de la phase Chiriquí ont été trouvées de grandes sphères en pierre. On en a également découvert près des monticules circulaires en terre revêtus de galets, ainsi que sur les chaussées pavées qui communiquent avec l'extérieur des villages dans plusieurs directions. Ifigenia Quintanilla, du MNCR, mena, entre 1991 et 1997, des études intensives sur les localités accessibles de la sous-région de Diquís, parvenant ainsi à localiser cent vingt-deux sphères en pierre, la plupart situées dans les maremmes de Térraba (delta de Diquís) proches d'El Palmar, ainsi que dans les localités sises au-delà.

La boule la plus grande mesurait 2,5 m de diamètre et avait été placée sur une plate-forme creusée dans une colline escarpée qui menait à un village situé sur le point le plus haut du plateau. Il est fort possible que la boule ait été placée là afin d'impressionner ou d'intimider ceux qui s'approcheraient du site.

Les boules les plus anciennes ont été trouvées dans des sites de la phase Aguas Buenas, sur les plateaux au milieu du cours du fleuve Térraba et dans la vallée de Coto-Brús, près de Panamá. Les plus récentes, les plus grandes et celles taillées avec le plus de précision, ont été découvertes entre les maisons et les chaussées pavées des sites de la phase Chiriquí datés approximativement entre 1000 et 1400 apr. J.-C. Ces boules de différentes tailles apparaissent placées en files droites et, parfois, aux extrémités d'un triangle équilatéral [185]. Il est possible que plusieurs douzaines de ces boules aient été transportées depuis leur lieu d'origine précolombienne, comme il est possible, également, qu'aucun des sites du delta de Diquís n'ait été creusé complètement et avec soin en strates horizontales (la plupart sont aujourd'hui des plantations de bananes) ; toujours est-il que nous ne pouvons connaître ni le modèle complet des alignements, ni leur relation aux autres structures, ni leur signification ou leur symbolisme.

Nous soutenons pour notre part l'hypothèse que les sphères de pierre eurent un symbolisme céleste, dans la mesure où le soleil et la lune sont les modèles les plus évidents. Il est vrai que le soleil (lorsqu'on l'observe à travers d'épais nuages) a l'apparence d'un disque et fut probablement symbolisé de la sorte par les disques en or repoussé (taillés à coups de marteau) de la phase Chiriquí. Mais la lune, à certaines phases et par des nuits très diaphanes, peut donner l'impression d'une sphère, même à l'œil nu. En dehors de cette explication, il est difficile d'interpréter le symbolisme des sphères sans tomber dans les élucubrations des pseudo-experts ou charlatans qui prétendent tout savoir, ceux, par exemple, qui abusent d'un auditoire crédule avec des histoires associant les sphères en pierre à l'existence du continent perdu de l'Atlantide au Costa Rica, ou à des navigateurs extraterrestres dont le liquide magique allégeait les pierres afin qu'elles pussent être taillées. Au Costa Rica, le pire de ces affabulateurs est Ivar Zapp [186]. Pour conclure, il nous semble que les sphères de pierre (réalisées au prix d'efforts surhumains, à force de piquer et de frotter avec des outils en pierre et à l'aide d'une jauge en bois arquée en un parfait arc de cercle, fabriquée avec un simple compas en corde… et sans avoir recours à aucun extraterrestre !) étaient commandées par les puissants (chefs et chamans), dont le pouvoir et le prestige augmentaient avec la commande (et peut-être l'appropriation ?) selon la taille et le degré de perfection de la sphère. La présence de sphères dans les secteurs importants d'un village était censée impressionner et imposer le respect. On pourrait voir là un rapport analogue aux grandes œuvres d'art commandées durant la Renaissance européenne par les mécènes et les dynasties au pouvoir.

Les périodes V et VI furent les témoins d'un épanouissement de l'art métallurgique durant lequel a été produite une grande quantité de pendentifs, de bracelets, de plaques, de diadèmes, et d'autres articles en or ou en

tumbaga. Il n'est pas surprenant que ce soit la région de Diquís qui ait fourni – et de loin – la plus grande quantité et les plus grands des objets précolombiens en or trouvés au Costa Rica, la métallurgie ayant commencé à se développer dans les Andes d'Amérique du Sud pour être ensuite diffusée vers le nord. La technologie parvint probablement au sud du Costa Rica autour de 500 apr. J.-C., où l'on connaissait déjà les pièces en or colombiennes grâce à l'échange commercial.

Conclusions

D'une manière générale, nous pouvons résumer le développement culturel préhistorique au Costa Rica de la façon suivante.

Les débuts, autour de 1500 av. J.-C., virent apparaître de petites communautés sédentaires avec de la poterie et, peut-être, un modèle de subsistance sud-américain septentrional.

L'augmentation des cultures de racines fut suivie d'un accroissement rapide de la population et d'une complexité sociale, sans doute stimulée par la culture du maïs et complétée par la chasse et les cultures multiples (dans les régions aux sols fertiles en alluvions et aux précipitations abondantes).

Durant l'apogée, au commencement de notre ère, émergèrent des noyaux de population sédentaire assez grands, caractérisés par une société hiérarchisée aux connexions rituelles complexes en relation avec le réseau commercial méso-américain et, probablement, avec une hiérarchie redistributive. Dans la région de Guanacaste-Nicoya s'est produit un déplacement progressif vers les foyers côtiers, de manière plus prononcée vers 800 apr. J.-C.

Les différents liens (spirituels et commerciaux) avec la Méso-Amérique ont perduré : le passage dans cette région des styles artistiques et iconographiques « mayas » aux styles « mexicains » en constitue la preuve. Finalement, Gran Nicoya a été défini comme une zone de transition entre la Méso-Amérique et les cultures des forêts tropicales. Dans la région centrale et la sous-région de Diquís, les cinq ou six premiers siècles de notre ère furent témoins de rivalités sporadiques et de

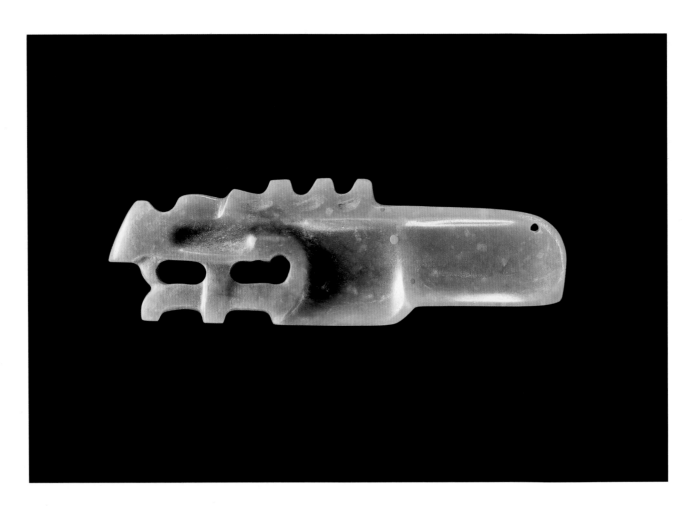

Figure 20. Cette petite cuillère en jade de l'époque olmèque, originaire du Mexique, est un objet rituel identique aux autres exemplaires trouvés au Costa Rica, importés puis imités localement. Cela démontre l'influence culturelle méso-américaine en Amérique centrale à l'époque ancienne.

guerres entre groupes pour le contrôle des ressources, accompagnées de chasses pour l'obtention de têtes et du sacrifice des prisonniers, peut-être à cause de la pression populaire. La période comprise entre 500 et 700 apr. J.-C. vit également la probable irruption de peuplades et de traditions étrangères qui eut pour conséquences un changement de forme des maisons et des tombes ainsi qu'une dégradation progressive de la céramique, même s'il n'en va pas de même pour les autres biens de prestige (l'or remplace le jade en tant que matériel symbolique le plus vénéré). La « balkanisation » de ces zones ayant eu lieu durant la période récente, il s'est alors produit une atomisation en conglomérat de petits centres politiques, commerciaux et cérémoniels afin de faciliter le contrôle politique et la stratégie défensive. Les leaders pouvaient être puissants et intégrer plusieurs centres en une hiérarchie de sites, ou constituer de brèves alliances.

Pour quelle raison le processus d'évolution au Costa Rica (et de l'aire intermédiaire en général), si semblable dans ses premières étapes à celui observé en Méso-Amérique et au Pérou, a-t-il stagné dès son commencement ? Pour quelle raison les centres « urbains » aux complexes constitués de grandes pyramides ne surgissent-ils pas ? Carneiro [187] pense que cette réalité historique démontre que l'unité sociopolitique non autonome, grande ou petite, a renoncé volontairement à la souveraineté au bénéfice de la coopération ou du « meilleur bien social ». Les États et les empires se forgent uniquement à travers la domination violente (guerre). Meggers [188] soutient que la guerre endémique dans un environnement « ouvert » comme l'Amazonie, guerre livrée ouvertement pour des raisons comme la vengeance, les ordres surnaturels ou l'obtention de partenaires pour le mariage exogamique, est en réalité un mécanisme de régulation démographique au sein d'une aire à l'équilibre écologique précaire. Au Costa Rica, la guerre a peut-être fonctionné de cette manière et a peut-être été plus intense si nous prenons en considération la grande densité de population. Pour quelle raison ce conflit n'aboutit-il pas à la création de structures sociopolitiques plus complexes, comme ce fut le cas dans certaines régions de Méso-Amérique et au Pérou ?

La réponse peut tenir dans le fait que les populations opprimées pouvaient éviter de manière satisfaisante la menace d'une domination en émigrant vers des localités semblables, au lieu de se laisser incorporer de force dans un groupe conquérant plus puissant et plus grand [189].

La plupart des écozones du Costa Rica peuvent être considérées comme « bénignes » et réceptives à l'occupation humaine [190]. Sanders et Price [191], dans leur essai sur le développement de la « civilisation » en Méso-Amérique, remarquent que ce n'est pas l'absence de potentiel productif des zones de forêt tropicale, comme celle d'Amazonie, qui empêcha le développement d'une société complexe ; bien au contraire, la présence d'énormes quantités de terres cultivables, du moins *a priori*, agit comme une stimulation pour le succès d'une migration. En Méso-Amérique comme dans les Andes, la terre habitable et cultivable agissait davantage comme un trophée, et les groupes vaincus pouvaient être expulsés vers les déserts proches, ce qui impliquait leur disparition. La juxtaposition d'environnements très différents en Méso-Amérique a produit un cycle de rivalités et de coopération entre les « régions symbiotiques » qui eut tendance à croître et à s'étendre sur toutes les « niches environnementales » respectives et à culminer en un tout sociopolitique plus grand que la somme de ses parties.

Ironie du sort, l'abondance, et non la carence, d'écozones habitables peut avoir étouffé le développement culturel de bon nombre de zones entre la Méso-Amérique et les Andes. Néanmoins, nous ne pouvons en aucune manière considérer que ce phénomène ait pu affaiblir l'expression graphique d'une « conception du monde » mythologiquement complexe au Costa Rica, laquelle combina des éléments de traditions culturelles qui pénétrèrent aussi bien de Méso-Amérique que d'Amérique du Sud.

Pourvu de divers milieux tropicaux, depuis les exubérantes forêts humides littorales (fig. 1 et 2) et montagneuses du versant atlantique et de l'est du pays jusqu'aux savanes arborées et fertiles du Pacifique central, l'étroit territoire de Panamá a été la scène d'un prospère et très ancien développement socioculturel. Quatre-vingts ans de recherches archéologiques ont peu à peu contribué à examiner minutieusement ce riche patrimoine dont les origines remontent au pléistocène, il y a onze mille ans, alors que quelques bandes de chasseurs de tradition paléo-indienne occupaient l'isthme. Les conditions tropicales modernes déjà en place à cette date permirent de varier les sources de subsistance et il est probable que les premiers cultigènes étaient déjà connus. Les recherches récentes confirment que les occupants du Panamá central, entre 5000 et 2500 av. J.-C., pratiquaient déjà une ébauche de culture du maïs, de la calebasse, du bulbe et du yucca. À partir de 1000 av. J.-C., l'intensification de la production du maïs favorisa un changement radical de la vie sociale, politique et culturelle sensible au XVIe siècle, lors de la Conquête et de la colonisation européenne. Aujourd'hui il ne subsiste de cette occupation millénaire que sept groupes amérindiens : les groupes *bribri*, *naso*, *buglé* et *ngöbé* dans la partie occidentale du pays, et les *cuna*, *waunaan* et *emberá* dans sa partie orientale. De nouvelles données concernant l'archéologie et d'autres disciplines telles que la génétique et la linguistique confirment que certains groupes ont été les descendants culturels et philogénétiques d'ancêtres communs il y a au moins trois mille ans à l'intérieur d'un territoire comprenant la « basse Amérique centrale » et la partie la plus septentrionale de la Colombie. Cette idée s'oppose à des notions traditionnellement répandues, qui considèrent la culture préhispanique panaméenne comme une zone de transition entre deux grandes sphères culturelles : méso-américaine et sud-américaine. Le fonds archéologique, bien qu'il soit fragmentaire et inconsistant en termes géographiques et chronologiques, permet toutefois de démontrer la permanence de l'occupation humaine et une continuité certaine dans l'évolution de la culture matérielle durant cette longue période. C'est sur le versant pacifique central de Panamá que se développa ce qu'on appelle aujourd'hui la tradition culturelle Gran Coclé, que nous allons détailler dans notre exposé et qui illustre particulièrement cet essor endogène auquel nous venons de faire référence.

Panamá : archéologie et évolution culturelle

Luis Alberto Sánchez

Synopsis de la recherche archéologique à Panamá

Notre connaissance actuelle des sociétés et des cultures préhispaniques, de leur origine, de leur évolution, de leur géographie culturelle et de leurs liens avec les ethnies contemporaines a bien évidemment dépendu des progrès des techniques, des méthodes et des perspectives conceptuelles de l'archéologie. Ces progrès ont contribué au développement de cette science à Panamá ; elle se mit en place, comme pratique professionnelle, dans les années trente avec le début des fouilles contrôlées. Les premières découvertes sur la

Figure 1. Durant des millénaires, les populations qui ont occupé la région de Darién ont adapté leur vie quotidienne au milieu tropical des forêts humides.

Figure 2. Forêts littorales humides, dans lesquelles il pleut toute l'année. Région de Bocas del Toro, côte atlantique.

spécificité, la richesse et la variété des anciennes cultures de l'isthme datent de cette phase initiale ; pourtant l'intérêt des archéologues semblait centré sur les aspects descriptifs de la culture matérielle, et ce aux dépens d'une idée sur l'âge, l'origine et l'évolution de ces cultures. Les travaux sur les processus d'évolution se développèrent, après les années cinquante, quand des archéologues nord-américains commencèrent des mises au point diachroniques, s'appuyant de surcroît sur la découverte de la datation au carbone 14. Ces modèles descriptifs et classifiants ont prévalu près de dix ans jusqu'à l'arrivée des nouvelles tendances archéologiques avec leurs enjeux pluridisciplinaires, ainsi que des projets régionaux planifiés qui mirent en relief l'écologie culturelle préhispanique.

Le splendide art antique de Panamá, par le symbolisme expressif de sa céramique polychrome, par l'excellente qualité de son orfèvrerie et la sobriété de son travail de la pierre, a attiré depuis le XIXe siècle l'intérêt des collectionneurs, des voyageurs et autres érudits. L'explorateur français Louis Catat, lors d'une reconnaissance dans la province de Darién en 1889, fut impressionné par les vestiges archéologiques qu'il attribua à une « ancienne civilisation ». C'est toutefois dans la partie occidentale de Panamá qu'eurent lieu les premières études systématiques de découvertes archéologiques. Holmes (1888) et plus tard MacCurdy (1911) entreprirent de classer les grandes collections de céramiques originaires de la province de Chiriquí, parmi lesquelles plusieurs pièces polychromes provenant du centre de Panamá.

Au début du XXe siècle, les premières fouilles de terrain furent entreprises et l'information sur la provenance et le contexte des divers objets fut systématiquement relevée. Sigvald Linné (1929) prit la tête d'une expédition suédoise dans les territoires du Panamá oriental, consignant et décrivant les premiers gisements dans l'archipel des Perles, et s'intéressant aux aspects de la subsistance côtière. Il vérifia également la présence dans cette région de styles céramiques semblables à ceux que Samuel Lothrop appellera plus tard « Coclé », dans la province du même nom.

Les pièces artisanales les plus remarquables de la région centrale de Panamá continuèrent à susciter l'intérêt international et très rapidement des musées nord-américains financèrent des expéditions dans les plaines orientales de Coclé. La première d'entre elles fut menée en 1925 par Hyatt Verrill, qui découvrit divers sites cérémoniels, en particulier El Caño, emplacement d'une grande envergure dans lequel les indigènes érigèrent quelques dizaines de colonnes sculptées en basalte, anthropomorphes et zoomorphes. Néanmoins, cet écrivain « excentrique » ne

Figure 3. Cerro Juan Díaz, où s'établirent quelques-uns des premiers agriculteurs sur le versant pacifique du Panamá central.

réalisa jamais de fouilles appropriées dans ce site important, se contentant d'inventer des histoires fantaisistes sur l'abandon du « temple », comme il l'appelait alors. Deux ans plus tard, le Peabody Museum of Archaeology and Ethnology, de la Harvard University, engagea Samuel Lothrop et son équipe afin d'entreprendre des fouilles intensives. Leurs succès encouragèrent un autre musée, celui de la Pennsylvania University, à poursuivre le projet. Dans le célèbre cimetière voisin furent déterrées des dizaines de sépultures profondes et élaborées contenant des personnages parés de mille objets laissés en offrande, qui constituent jusqu'à présent un des échantillons les plus complets d'art funéraire, en diversité et en qualité. Des parures ostentatoires avec des bijoux en or, ivoire, émeraude, agate et des centaines de pièces de vaisselle polychromes témoignent d'une société hautement hiérarchisée et détentrice d'un extraordinaire symbolisme se manifestant dans un style particulier, mêlant êtres surnaturels et naturels [192].

Les travaux de Lothrop à Sitio Conde ont marqué une étape importante dans l'histoire de l'archéologie panaméenne, puisque ce site constitue le premier gisement exploité avec des techniques appropriées et que les données recueillies ont été rigoureusement consignées. À côté de ses descriptions précises publiées dans deux luxueux volumes, Lothrop a proposé une judicieuse chronologie du cimetière fondée sur les changements de genre des styles céramiques. Selon lui, la culture Coclé, comme il la nomma alors, fleurit en deux cents ans, ses tombes les plus récentes (Coclé récent) étant contemporaines de l'époque de la Conquête. Ce calcul fut considéré comme erroné quand on data le cimetière à partir du carbone 14 et quand furent découverts des styles et des phases culturelles plus récents. Bien qu'alors la connaissance de la culture panaméenne fût ténue, les différences évidentes entre les objets en provenance de l'occident, du centre ou de l'orient du pays amenèrent à reconnaître quatre cultures, d'ouest en est : Chiriquí, Veraguas, Coclé et Darién. Ce modèle schématique perdura longtemps dans l'archéologie panaméenne, jusqu'à ce que Richard Cooke, dans les années soixante-dix, propose un système tripartite, que nous commenterons plus avant.

L'un des défauts majeurs de l'archéologie de cette époque a été de considérer que les cultures étaient toujours originaires d'une région particulière et que de là elles influençaient les autres ; en d'autres termes, la culture ne variait qu'en fonction de facteurs géographiques, et jamais historiques ou autres. Cette perspective synchronique fut remise en cause dans l'étape suivante, lorsque, sous l'influence de l'archéologie américaine de l'après-guerre, on a donné une profondeur historique plus importante à l'étude des cultures de l'isthme.

Excepté dans le golfe de Chiriquí, pour lequel Olga Linares établit une chronologie culturelle à la fin des années soixante, et la province de Darién – région qui est restée archéologiquement inconnue –, les recherches historico-culturelles furent centrées sur la région du Pacifique central de Panamá. Dans les plaines côtières proches de la baie de Parita, Gordon Willey et Charles R. McGimsey réalisèrent les premières fouilles stratigraphiques dans des sites domestiques bien antérieurs au cimetière de Sitio Conte. Ces entreprises furent subventionnées par le Smithsonian Institut et la National Geographic Society. À Monagrillo et Zapotal, localités contiguës à une grande lagune, Willey et McGimsey découvrirent de grossiers récipients à demi cuits en céramique parmi les détritus de coquillages [193]. Le complexe Monagrillo, nom donné à cette vaisselle primitive, constituait alors la plus ancienne du continent américain, d'après la date de 2140 ± 70 av. J.-C. obtenue au carbone 14 [194]. Plus tard, les mêmes auteurs ont décrit des complexes et des phases culturelles dont la technique et la chronologie correspondent à une étape intermédiaire entre Monagrillo et la culture Coclé de Lothrop. À Cerro Girón, ils ont identifié des tessons rouges ornés de dessins géométriques en peinture noire, gisant sous des couches domestiques contenant de la céramique à quatre couleurs semblable au style Coclé ancien et récent [195]. Cet ensemble bichrome devait être appelé Arístides par John Ladd.

Nous l'avons dit, la culture Coclé ne fut pas contemporaine du XVIᵉ siècle, puisque dans les monticules funéraires situés sur les rives du fleuve Parita, Ladd (1964) a identifié au moins deux styles polychromes plus récents, qu'il a appelés Parita et El Hatillo. Ce dernier fut daté au carbone 14 de 1535 ± 90 apr. J.-C.

McGimsey (1956, 1958) apporta de nouvelles données sur la séquence culturelle du Panamá central à la fin des années cinquante, et dans le sud-ouest de Coclé il découvrit Cerro Mangote, un site de la période Précéramique. Cependant, les similitudes entre certains objets en pierre et d'autres provenant de Monagrillo, d'usage alimentaire, indiquent que l'emploi de la céramique n'entraîna pas de changements importants dans le système de subsistance.

Dans la perspective plus large d'une longue occupation humaine dans l'isthme et en « basse Amérique centrale », étayée de surcroît par les datations au carbone 14, les premiers schémas chronologiques pour la région furent publiés [196]. En ce qui concerne le Panamá central, ces schémas ont été améliorés par des séquences chronologiques locales, notamment pour le sud de la péninsule d'Azuero et pour les plaines occidentales de Coclé, même si les données sur les étapes préagricoles étaient encore ténues. Une datation culturelle actualisée est représentée dans le tableau de la figure 9.

Dans le sud de la péninsule d'Azuero, Alain Ichon (1980), du musée de l'Homme, à Paris, découvrit un style céramique trichrome élaboré, précurseur des pièces polychromes de la culture Coclé de Lothrop, aujourd'hui connues comme les styles Conte et Macaracas. On l'appelle la céramique Tonosí ; elle se distingue par la singulière combinaison de motifs géométriques et figuratifs peints sur des récipients à double corps, préalablement enduits d'un engobe blanc « porcelainisé ». À cause de son excentricité et n'ayant pas identifié d'autres styles dans la région, Ichon a attribué cette céramique à de « nouvelles » cultures qui arrivèrent dans le Pacifique central, peut-être en provenance d'Amérique du Sud. Cette hypothèse est actuellement infirmée par l'identification d'un style polychrome plus ancien que le style Tonosí, et clairement lié à ce dernier : La Mula.

Au début des années soixante-dix, l'archéologie panaméenne expérimenta un changement fondamental fondé sur les priorités modernes de la « nouvelle archéologie ». On critiqua les modèles de classement traditionnels, en proposant une alternative plus explicative. De plus, on mit en avant d'autres axes de recherche non exclusivement liés à l'histoire culturelle mais touchant plutôt à l'évolution des systèmes économiques et sociaux dans la zone néo-tropicale : conséquences sociales et écologiques de l'adoption d'une économie agricole, apparition et développement de sociétés à classes sociales ou caciquats, et connexions historiques entre les cultures précolombiennes et les ethnies actuelles.

Le projet de O. Linares dans la partie occidentale de Panamá entre 1969 et 1972 reflète ce changement ; c'était la première réalisation d'un travail de terrain fondé sur une hypothèse préalable, et les informations recherchées étaient exclusivement en relation avec celle-ci. L'enquête sur les modes de subsistance conduisit à tracer des plans de fouilles horizontales dans des aires domestiques, à améliorer les techniques d'excavation et à récupérer – pour la première fois également – des preuves de caractère paléo-écologique.

Pour étudier quand et comment l'agriculture fondée sur le maïs se convertit en base économique des communautés occidentales, O. Linares et ses collègues durent réaliser des fouilles dans les vallées hautes de la cordillère (Sitio Pittí), mais aussi dans les basses terres de Chiriquí dans la zone pacifique (île Pitahaya) et de Bocas del Toro dans la zone atlantique (Cerro Brujo). On peut démontrer, à partir de preuves botaniques, que vers 300 apr. J.-C. diverses variétés de maïs étaient cultivées sur les hautes terres de Chiriquí par des populations originaires de la côte ou des contreforts des montagnes les plus occidentales, qui fabriquaient déjà une fine céramique gravée et possédaient des haches, des métates et d'autres ustensiles de pierre adaptés au défrichage et au traitement de la plante [197]. Il est vraisemblable que le développement de quelques variétés de maïs – résistantes à des climats froids comme à des climats humides – ait été l'un des principaux facteurs qui ont permis à des communautés « semi-agricoles »

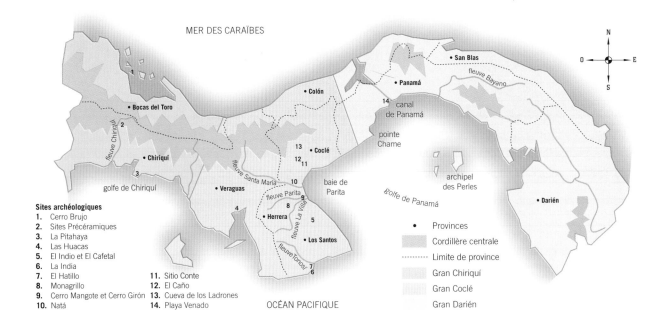

MER DES CARAÏBES

Sites archéologiques
1. Cerro Brujo
2. Sites Précéramiques
3. La Pitahaya
4. Las Huacas
5. El Indio et El Cafetal
6. La India
7. El Hatillo
8. Monagrillo
9. Cerro Mangote et Cerro Girón
10. Natá
11. Sitio Conte
12. El Caño
13. Cueva de los Ladrones
14. Playa Venado

• Provinces
Cordillère centrale
Limite de province
Gran Chiriquí
Gran Coclé
Gran Darién

OCÉAN PACIFIQUE

Figure 4. Carte des régions culturelles et des principaux sites archéologiques de Panamá. Les régions se distinguent par des caractéristiques d'occupation et des types de céramique, ainsi que par les caractères génétique et linguistique des groupes.

successives de s'établir dans d'autres milieux physiographiques. O. Linares et son équipe ont montré que ces groupes des vallées de la cordillère fusionnèrent et se répandirent vers les basses terres de Chiriquí puis, après 600 apr. J.-C., vers la zone opposée de la cordillère, sur les côtes de Bocas del Toro, dans un milieu physiographique différent afin de compléter leur agriculture par d'autres moyens de subsistance. Ce modèle a eu pour conséquence la distribution actuelle des ethnies *buglé* et *ngöbé*, agriculteurs installés sur les deux versants de la cordillère occidentale, qui, tout en maintenant entre eux diverses formes d'interaction sociale, diffèrent en plusieurs aspects, tant dans les modes de subsistance que du point de vue culturel.

De plus, le projet de O. Linares a démontré que depuis la fin du Ier millénaire avant notre ère la culture matérielle de Chiriquí était très différente de celle du Panamá central. Ce constat a servi de base à R.G. Cooke [198] pour proposer un modèle de géographie culturelle préhispanique de l'isthme dans lequel il distinguait trois régions : occidentale, centrale et orientale. Cooke observa que dans le centre de Panamá l'évolution des styles céramiques, au-delà d'une continuité temporelle, suivait une répartition géographique plus ou moins constante, laquelle coïncidait aussi avec une probable frontière linguistique à l'époque de la conquête castillane (fig. 4).

Certains aspects de cette théorie originale restent valables, mais il n'est pas possible d'admettre – les données récentes en témoignent – que ces frontières sont restées inchangées historiquement. Dans notre exposé, nous préférons utiliser les noms plus appropriés pour faire référence à ces régions : Gran Chiriquí, Gran Coclé et Gran Darién.

Au Panamá central, la nouvelle orientation de l'archéologie suscita l'intérêt de chercher d'autres sites susceptibles de proposer des éléments sur les étapes préagricoles et agricoles. Plusieurs abris rocheux des contreforts de moyenne altitude de la cordillère centrale furent fouillés, tels qu'Aguadulce et Cueva de los Ladrones [199], où des strates culturelles précéramiques et contemporaines de Monagrillo furent identifiées. La présence de céramique du style Monagrillo dans ces sites situés entre 8 et 25 km de la baie de Parita indiquait que les utilisateurs de cette céramique ne menaient pas une existence exclusivement côtière comme l'avaient supposé Willey et McGimsey. Outre la technique des éléments de pierre, déjà évoquée, caractéristique de ces phases, à laquelle on peut ajouter l'identification de microfossiles de certains cultigènes, on suggère que ces groupes anciens, à l'économie mixte, exerçaient déjà une agriculture embryonnaire [200]. Des analyses récentes d'échantillons microfossiles, menées par Piperno et Pearsall, montrent que pour l'époque Monagrillo, ou avant, il existait une pratique de systèmes de cultures rotatives qui pourraient être appelées agriculture d'essartage. Quelques sites côtiers tels que Zapotal étaient suffisamment grands pour être considérés comme des agglomérations, et sur les contreforts des cordillères de Coclé et de Veraguas on semait du maïs (*Zea mays*), du sagú (*Maranta arundinacea*), du zapallo (*Cucurbita sp.*), du camote (*Ipomoea batatas*) et du yucca (*Manihot esculenta*).

Néanmoins, il n'existe pas de preuve que le maïs ait été une plante importante jusqu'à la seconde moitié du Ier millénaire de notre ère, moment où il est peu à peu devenu le cultigène le plus abondant dans les échantillons de restes carbonisés. Cela suppose que durant le Ier millénaire avant notre ère, le maïs en Amérique centrale a subi des changements génétiques considérables, améliorant son rendement ; ces changements sont clairement liés aux innovations techniques importantes comme l'introduction de haches de pierre polie, la fabrication d'éclats pointus et de couteaux prismatiques en calcédoine et en andésite. Sur le versant pacifique central de Panamá s'établirent les premières installations d'agriculteurs dans des sites tels que La Mula-Sarigua, Sitio Sierra et Cerro Juan Díaz. À Sitio Sierra, situé sur les rives basses du fleuve Santa María, on a trouvé les premières preuves attestant la présence d'un village agricole dans les dépôts culturels les plus profonds, datés entre 300 av. J.-C. et 600 apr. J.-C. Cooke a exhumé au moins deux structures domestiques et a retrouvé les premières traces de maïs carbonisé correspondant à deux variétés différentes [201]. Au début de notre ère fut menée la colonisation agricole d'autres territoires comme dans le sud de la péninsule d'Azuero et sur les littoraux caraïbes. L'exploration de la côte nord de la province de Colón par Robert Drolet (1980) a mis en évidence des installations agricoles, dépourvues cependant de datation précise. Récemment on a avancé des datations au carbone 14 pour les régions caraïbes annexes, mais postérieures à 700 apr. J.-C. [202].

Le projet du Panamá occidental, dont il a été question plus haut, révéla la nécessité de continuer à définir l'évolution des systèmes d'adaptation précolombiens dans le tropique saisonnier.
Inspirés par cette expérience, Cooke, Ranere et O. Linares mirent au point un projet de reconnaissance systématique du bassin du fleuve Santa María, le plus étendu et le plus variable physiographiquement du

Pacifique central [203]. Sur le modèle d'investigation pluridisciplinaire, avec l'appui d'archéologues, de paléoécologues, de géomorphologues, de linguistes et de généticiens, ce projet débuté en 1983 a débouché sur une des séquences les plus complètes de l'Amérique tropicale dans une région donnée, particulièrement dans ses étapes initiales de production d'aliments.

Depuis 1992 et jusqu'à aujourd'hui, sous la direction de R.G. Cooke, le Smithsonian Tropical Research Institut, la National Geographic Society et le gouvernement panaméen mènent des fouilles intensives à Cerro Juan Díaz (fig. 3, 5, 6 et 7), immense installation agricole située sur les rives basses du fleuve La Villa [204]. Ce complexe de quelque 60 ha, objet de fouilles clandestines incontrôlables, fut occupé pour la première fois vers 400 av. J.-C., et l'activité humaine y perdura jusqu'au XVIe siècle. La colline, distante d'environ 4 km de la côte, et les ressources de l'estuaire, du marécage et de la plage étaient à la portée des populations. De plus, sa position stratégique contribua à donner à ce site, à partir de 500 apr. J.-C., une importance administrative et commerciale au niveau régional.

Par des fouilles systématiques et des analyses pluridisciplinaires, ce projet poursuit divers objectifs (fig. 6). En premier lieu, étayer la connaissance des systèmes de subsistance d'une communauté agricole dans un milieu écologique spécifique ; en deuxième lieu, rechercher la preuve funéraire et rituelle déterminant l'évolution de la complexité sociale et la bio-anthropologie des populations du Pacifique central ; enfin évaluer et préciser la chronologie de la céramique régionale.

Jusqu'ici, l'équipe d'archéologues qui travaille sans relâche à Cerro Juan Díaz a identifié lors de six fouilles différentes une diversité de vestiges domestiques et rituels : séquences profondes de dépôts de coquillages et autres détritus, structures d'habitations, ateliers lithiques, plates-formes artificielles, cimetières et ensembles peu communs de petits fours rituels (fig. 7).

Géographie culturelle du Panamá préhispanique

Comme nous l'avons mentionné, le niveau de connaissance de l'évolution et de la géographie des cultures préhispaniques de l'isthme suppose, d'après les modèles de O. Linares et de Cooke, de distinguer trois grandes traditions sémiotiques présentant des caractéristiques propres. Dans les territoires historiquement attribués à chaque tradition, ces différences se manifestent notamment dans les divers aspects de la culture matérielle, comme par exemple dans les styles artistiques façonnés pour élaborer

Figure 6. Les recherches archéologiques sur le site Cerro Juan Díaz ont mis au jour les traces d'une occupation ancienne, depuis 400 av. J.-C. jusqu'au XVIᵉ siècle. Leur étude apporte une séquence stratigraphique complète et des informations sur la complexité sociale et la bio-anthropologie des populations de la zone centrale du Pacifique de Panamá.

différents artisanats, ou dans les contenus thématiques. La comparaison des traits techniques, morphologiques et stylistiques de la céramique – un des procédés archéologiques – fait ressortir des différences notables entre ces traditions. La céramique de Gran Chiriquí exagère, depuis ses premières étapes, l'application d'une couche d'engobe rouge sur les zones périphériques, telles que les bords ou la base, et la décoration des panses avec des incisions. À partir de 500 apr. J.-C., la céramique se distingue par une gamme de techniques d'application d'éléments et de figures d'argile sur la surface.

Et même si à cette époque se développent des techniques pour peindre les pièces telles celles du style Lagarto (inv. 521-52, ill. 30), ou pour former des impressions en

Figure 7. Mise au jour archéologique d'une urne funéraire du style Macaracas, dans la tombe 68 du site Cerro Juan Díaz. Le style Macaracas, avec les autres éléments proposés par le contexte, a permis de dater l'occupation entre 800 av. J.-C et 100 apr. J.-C.

négatif, ces styles picturaux furent qualitativement différents de ceux des terres centrales. Comme il sera spécifié plus loin, vers 750 apr. J.-C. les artisans du centre de Panamá avaient découvert la manière de préparer une teinte obscure d'origine minérale, qu'ils combinèrent avec le rouge pour décorer les surfaces. Cette innovation technologique permit le développement de l'art pictographique caractéristique et durable d'une tradition qui perdura jusqu'à la Conquête. La céramique peinte n'est pas non plus le propre du style Gran Darién, où prédominèrent des techniques de modelage et de décoration avec gravure de la surface humide des pièces.

La somme d'informations fragmentaires et inégales sur ces régions ne permet pas encore de comparer en détail le développement, la répartition ni les autres aspects de la vie cognitive de ces traditions. Dans la région de Gran Darién, par exemple, l'information archéologiquement contextualisée a été minime, et on ne connaît pas non plus les chronologies culturelles régionales comme celles de Gran Coclé ou de Gran Chiriquí. Dans cette dernière, les modèles d'évolution font seulement référence à l'économie, à la subsistance et à l'organisation sociale, mais il manque des données plus précises sur l'évolution des aspects de la vie idéologique. Malgré la richesse iconographique et symbolique de l'art lapidaire et de l'orfèvrerie de Chiriquí et de Veraguas (fig. 8), cette information ne peut être évaluée ni comparée de manière adéquate, puisqu'elle provient en grande partie de fouilles clandestines.

Le développement de ces traditions culturelles ne suppose pas, bien entendu, de limites géographiques rigides ni de caractéristiques exclusives. Nous l'avons signalé, ces traditions possèdent une configuration semblable à un radar d'ondes concentriques dans lesquelles les

Figure 8. Une des manifestations du travail de la pierre est le métate, une pierre à broyer qui a souvent la forme d'un animal, avec les lombes concaves, pour moudre le grain avec une molette ou un pilon, également en pierre. Dans les métates cérémoniels, les références iconographiques unissent les mondes réel et mythique et les mettent en relation avec le pouvoir.

cercles occupant le centre accusent les traits culturels les plus fédérateurs. Cela est clairement démontré quand certaines aires de la périphérie d'un ensemble géographique partagent des traits semblables. Pourquoi historiquement telle situation géographique correspond-elle à tel centre de développement culturel, et quels facteurs socioculturels ont entraîné ce choix, tels sont les deux mystères que nous ne sommes pas encore en mesure d'éclaircir. Sur la carte de la figure 4 est indiqué le modèle de géographie culturelle selon Cooke, avec sa division tripartite, dont les limites des traditions correspondent aux cinq derniers siècles de l'époque préhispanique. Dans des temps plus reculés, les divisions entre ces cultures étaient différentes.

Le développement plus ou moins stable de ces traditions n'a pas entraîné un isolement culturel, mais diverses modalités de contacts se sont établies, soit entre ces cultures soit avec d'autres extérieures. D'autre part, de véritables réseaux commerciaux ont rendu possible l'existence de contacts culturels qui ont perduré à certaines époques. D'après les éléments écrits du XVIᵉ siècle, des routes de commerce se constituèrent entre le nord-ouest de la Colombie et l'isthme du Darién panaméen[205]. Plus que des échanges commerciaux, ces contacts permirent un flux constant de technologies et d'idées.

C'est sans doute par ce biais que se transmit la métallurgie de la Colombie à la « basse Amérique centrale » autour de 500 apr. J.-C., au moment où commencèrent à s'établir des styles métallurgiques panrégionaux depuis la Colombie jusqu'au Costa Rica, et à s'échanger technologies et iconographies. Bray définit ce phénomène comme « un modèle de chaîne » dans lequel chaque maillon possède sa propre identité, mais en même temps s'entrelace avec son voisin pour former un tout continu.

Prenant en compte ces notions très générales sur la géographie culturelle de l'isthme, la seconde partie de cet exposé va s'attacher à étudier les caractéristiques formelles et thématiques de la culture matérielle de la tradition Gran Coclé. Nous aborderons une perspective diachronique et nous mettrons en lumière les données les plus actuelles sur l'évolution des styles céramiques.

La tradition sémiotique Gran Coclé

De récentes études sur l'évolution de la céramique préhispanique à Panamá confirment le caractère stable et durable qui caractérise la tradition sémiotique Gran Coclé, dont le développement semble aller de pair avec la vie villageoise instaurée il y a au moins 2 500 ans (fig. 9). Il est

Datation, chronologie et évolution culturelle de la région de Gran Coclé

Datation régionale*	Indicateurs socioéconomiques	Avancées technologiques	Sites archéologiques	Styles céramiques
I. Paléo-indien 9000 av. J.-C.	Bandes de chasseurs de la faune pléistocène dans les forêts de rouvres et de chênes verts	Pointes de projectile Clovis et autres outils de pierre bifaciaux	Lac Alhajuela La Mula-Sarigua	Aucun
II. Précéramique ancien 9000-5000 av. J.-C.	Bandes de chasseurs-cueilleurs de la forêt tropicale moderne	Continuité de la technologie bifaciale	—	Aucun
III. Précéramique récent 5000-3000 av. J.-C.	Bandes nomades, subsistance côtière et début de l'agriculture	Disparition de la technologie bifaciale	Abri d'Aguadulce, Cueva de los Ladrones et Cerro Mangote	Aucun
IV. Céramique ancien 8000-900 av. J.-C.	Bandes nomades, subsistance côtière et agriculture naissante	Apparition de la céramique	Monagrillo, Zapotal, C. de los Ladrones et Aguadulce	MONAGRILLO
V. Céramique moyen 900 av. J.-C. 700 apr. J.-C.	Formation de villages, et culture du maïs comme base économique	Introduction de la peinture noire et début de la tradition de la céramique peinte	La Mula-Sarigua	?
			Las Huacas, Sitio Sierra, La Mula-Sarigua et Cerro Juan Díaz	LA MULA / ARÍSTIDES
			Cerro Girón, S. Sierra et C. Juan Díaz	ARÍSTIDES
			C. Juan Díaz, El Cafetal, La India, El Indio	TONOSÍ / ARÍSTIDES
			C. Juan Díaz, Playa Venado, El Cafetal et La Cañaza	CUBITÁ
VI. Céramique récent 700 apr. J.-C. jusqu'à la Conquête	Apogée de la vie des villages et développement des caciquats	Apparition de la couleur violette dans la céramique peinte	Sitío Conte, C. Juan Díaz et La Cañaza	CONTE / JOAQUÍN
			S. Conte, C. Juan Díaz, La Cañaza, El Indio et El Hatillo	MACARACAS / JOAQUÍN
			El Hatillo et C. Juan Díaz	PARITA
			El Hatillo	EL HATILLO
			Natá et El Cano	EL HATILLO / MENDOZA

* Selon le schéma proposé par ISAZA, 1993.

probable que les ferments de cette tradition furent présents dans les premiers groupes agricoles qui colonisèrent alors les terres centrales, ce qui expliquerait pourquoi le style La Mula (le premier des styles peints reconnus dans cette zone), ou la céramique avec décoration incise contemporaine, a joui d'une distribution aussi importante sur le versant pacifique, depuis Veraguas jusqu'à l'est de la ville de Panamá. Autre problème : l'absence de divers paramètres – différents de la céramique – pouvant révéler d'autres caractères cognitifs de cette tradition ; de tels paramètres sont pratiquement inconnus ou non identifiables dans le registre archéologique antérieur à la vie villageoise et au début de la céramique pictographique.

On peut néanmoins objecter que la continuité de la culture dans cette région peut avoir des antécédents qui précèdent de beaucoup l'établissement de la subsistance agricole. Certaines coutumes funéraires typiques de cette tradition, telle celle de disposer les morts, en guise d'enterrements secondaires, dans des « paquets », ont des précédents lointains dans le site de Cerro Mangote daté de 4000 av. J.-C., remontant par conséquent au Précéramique. D'autres traits de la culture matérielle paraissent avoir évolué avant que les styles peints s'établissent. Des vases cylindriques scarifiés à

Figure 9. Tableau de datation, chronologie et évolution culturelle de la région de Gran Coclé. La périodisation générale s'établit en fonction des modes de vie. La durée de chaque période peut aller de plusieurs siècles à plusieurs millénaires.

fond plat découverts dans des tombes à chambre latérale des montagnes de Coclé (autrefois appelés à tort « guacamayos ») signalent un prototype d'ustensiles cérémoniels dont l'évolution peut être tracée depuis le début du Ier millénaire de notre ère.

Débuts de la céramique peinte (750-250 av. J.-C.)

La céramique Monagrillo primitive, en dépit de son caractère strictement utilitaire – servant sans doute à faire bouillir le sel ou à cuisiner les mollusques [206] –, constitua le moyen le plus ancien connu par lequel les artisans de la région façonnèrent leur art ; peut-être porte-t-elle aussi les premiers symboles de l'art préhispanique de l'isthme d'Amérique centrale, même si ceux-ci consistaient uniquement en des dessins abstraits gravés, appliqués à l'argile et peints de couleur rouge.

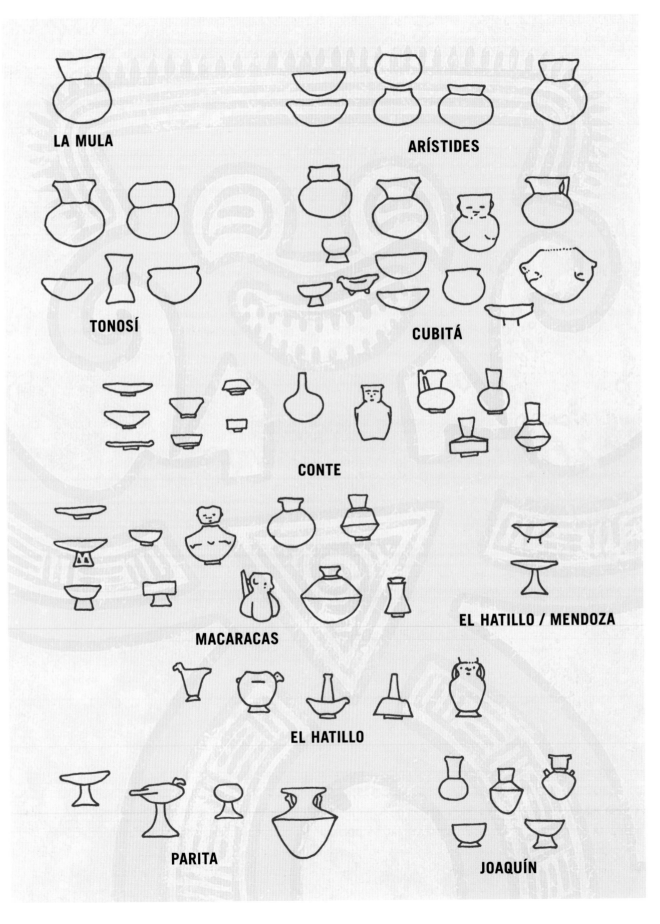

LA MULA

ARÍSTIDES

TONOSÍ

CUBITÁ

CONTE

MACARACAS

EL HATILLO / MENDOZA

EL HATILLO

PARITA

JOAQUÍN

Cette céramique jouit d'une grande longévité, et dans le laps de temps de mille cinq cents ans correspondant à sa datation au carbone 14, elle subit à peine quelques modifications. On commence à entrevoir des changements qualitatifs dans la technique, la morphologie et le style décoratif au sein d'un petit groupe de pièces trouvées à La Mula-Sarigua, datée de 750 à 260 av. J.-C. [207]. Ce qui est particulièrement remarquable dans cet échantillon fragmentaire est qu'il contient les premiers vestiges de peinture noire. Celle-ci, employée pour dessiner des lignes parallèles sur la surface claire naturelle de la poterie (bichrome), fut utilisée pour distinguer des zones préalablement peintes en rouge, constituant ainsi la première preuve de trichromie.

Style La Mula (200 av. J.-C.-150 apr. J.-C.)

L'existence de styles peints plus anciens que Tonosí et Arístides avait été pratiquement ignorée dans la chronologie céramique du Panamá central, malgré l'identification par Ichon et Cooke de tessons peints dans les composantes culturelles les plus enracinées du sud de la péninsule d'Azuero et de Sitio Sierra. Ilean Isaza (1993), remarquant des procédés technologiques et stylistiques communs entre certains échantillons, ceux de La Mula-Sarigua et ceux regroupant des récipients funéraires provenant du site Las Huacas à Veraguas [208], considéra qu'il s'agissait du premier style peint Gran Coclé, qu'elle baptisa La Mula. L'excellente finition des objets de ce groupe indique qu'ils furent réalisés avec des argiles sélectionnées, bien travaillées et cuites à des températures adéquates, ce qui témoigne, pour une phase initiale de la tradition, d'importantes avancées dans la technique et la spécialisation artisanales. La morphologie standard des pièces La Mula – grands récipients, larges goulots et hauts cols – convenait au

stockage et au transport de liquides (fig. 10). Dans le contexte des fleurissantes communautés de la zone du Pacifique central de Panamá, on peut avancer que La Mula a conçu une poterie originale, destinée peut-être aux fêtes de la *chicha*, nom donné à une bière de maïs.

Les jarres du style La Mula, préalablement recouvertes d'un engobe de couleur saumon ou blanc (ce dernier, cité de manière générique dans cet exposé, pouvait être décliné en teintes avoisinantes, par exemple crème), étaient peintes sur la panse et le col avec les dessins géométriques classiques, qui allaient caractériser les styles suivants, tels que les lignes radiales ou concentriques délimitant les espaces à décorer, certains éléments sériés comme les points et les picots, les triangles à hypoténuse concave, les franges, les espaces ou encore les figures peintes en rouge et délinéées de traits noirs. Les rares pièces complètes connues présentent les premiers thèmes figuratifs et réalistes de la tradition, parmi lesquels ressort un ophidien au corps ondulant

parcourant librement la surface extérieure du récipient (fig. 11). Ce trait peut être considéré comme archétypique, et il perdurera dans les styles postérieurs.

Une autre image ancestrale de La Mula est constituée d'une créature suspendue, au corps rectangulaire avec d'insinuantes pointes et la tête pourvue d'une crête, qui rappelle de manière surprenante l'icône représentant un oiseau aux ailes déployées. Lors de l'introduction de la métallurgie dans l'isthme, vers 500 apr. J.-C., ce thème commença à être reproduit de façon quasi systématique sur d'exceptionnels pectoraux en or dont la distribution s'étend depuis le Costa Rica jusqu'en Colombie, constituant l'un des concepts médullaires du symbolisme de cette aire. Selon toute vraisemblance, et si nos comparaisons sont justes, cette icône faisait partie depuis des siècles du répertoire cosmogonique des habitants de Panamá.

Style Arístides (200 av. J.-C.-650 apr. J.-C.)

Parallèlement à La Mula, un autre style technologiquement différent se développe à l'ouest de Coclé : le style Arístides. À l'origine décrite par Ladd à partir des collections de Cerro Girón, la classification définitive fut établie par Cooke, qui faisait la distinction entre les sous-groupes bichromes de peinture noire sur fond rouge et ceux qui combinaient la peinture noire sur les zones claires de la couleur naturelle du fond, en usage à La Mula. La longévité de ce groupe dans les dépotoirs domestiques de Sitio Sierra (100 av. J.-C.-600 apr. J.-C.) suppose que sur une durée telle une pièce de vaisselle dut subir des changements technologiques et stylistiques. C'est afin de rendre compte de cette évolution qu'Ilean Isaza chercha à subdiviser ce groupe en étapes plus spécifiques. En effet, ces étapes ont coïncidé stylistiquement avec les styles La Mula et son descendant Tonosí. Une conclusion s'impose : dans les étapes initiales de la tradition Gran Coclé il y eut deux modalités chromatiques divergentes, l'une représentée par la bichromie des motifs Arístides noir sur rouge, et l'autre par la trichromie et la diversification iconographique de La Mula, puis plus tard de Tonosí noir et rouge sur blanc.

Le style Arístides renforce le caractère géométrique de la tradition dans sa première phase – caractère qui se maintiendra jusqu'au XVIe siècle. En général, les dessins sont constitués de lignes parallèles concentriques ou verticales à partir desquelles partent divers éléments tels

que de courtes barres, des points circulaires ou elliptiques, des « T » inversés, des festons et des zigzags. Sont typiques également les espaces remplis de modèles réticulés de singulières barres parallèles séparant des triangles aux hypoténuses concaves, présents jusqu'au dernier style peint El Hatillo. De plus, sont mis en valeur certains prototypes morphologiques et certains procédés pour diviser les espaces à orner : les tasses décorées sur leurs bords évasés et les récipients globulaires à ouverture étroite dont la partie supérieure est décorée sur la surface naturelle, alors qu'à partir de la panse ils sont recouverts d'un engobe blanc (fig. 10).

Style Tonosí (400-600 apr. J.-C.)

Par opposition aux dessins redondants du style Arístides, se développe vers 400-600 apr. J.-C. le style Tonosí, graphiquement différent, qui marque l'apogée de l'art céramique dans cette phase préliminaire d'introduction de la polychromie à quatre couleurs. Dans la gamme hétéroclite d'objets qu'Ichon dénomma Tonosí, seule une partie d'entre eux présentent, selon nous, des caractéristiques plus homogènes, lesquelles paraissent avoir évolué très rapidement dans le style postérieur Cubitá.

Le principal attribut de ce luxueux style est son homogénéité technologique, qui se manifeste de diverses manières. En premier lieu, l'emploi d'argiles spéciales, parmi lesquelles les pâtes blanches de kaolin employées pour recouvrir, de manière épaisse et uniforme, la surface des récipients. En second lieu, la standardisation des objets en céramique, avec prédominance de deux types : les pots à double corps avec des motifs répartis ou séparés, et les vases aux décorations intérieures ou autour des bords (fig. 10). Associée à cela, la régularité dans le tracé des dessins indique, en somme, que la production de cette céramique était réservée à des ateliers spécifiques dans la région.

Le style décoratif Tonosí mélange des modèles récurrents avec des motifs figuratifs primaires. Les modes classiques font référence à des éléments communs déjà perceptibles dans le style Arístides, mais ils sont en

Figure 12. Vase double bichrome du style Tonosí. Figure anthropomorphe aux extrémités en angles droits et avec un masque ou un loup aux motifs d'oiseaux aux ailes déployées. Sud de la péninsule d'Azuelo, datation approximative : 400-600 apr. J.-C. Musée anthropologique de Panamá.

général mieux réalisés et combinent le noir et le rouge. Il était d'usage de souligner au moyen d'épaisses lignes noires des figures préalablement remplies de rouge, comme dans le style La Mula. Certains procédés décoratifs s'ajoutent à la tradition, tel le « faux négatif », dans lequel le dessin se cache dans le fond blanc. Parfois le négatif s'obtenait en antéposant sur la surface des trames de lignes, technique qu'Ichon a appelée « papier découpé ». Un autre recours stylistique qu'apportèrent les potiers à cette époque consistait dans l'« image divisée », par laquelle deux figures intégrées dans le même dessin étaient visibles indépendamment l'une de l'autre (fig. 12).

Les autres aspects novateurs de Tonosí résident dans le fait d'incorporer pour la première fois la figure humaine, représentée sous des formes variées. Sur l'une d'elles, la figure anthropomorphe constitue le thème central et occupe pratiquement tout le vase dans une pose typique, levant les bras en angles droits et pliant les jambes de la même manière (fig. 12). Sur une autre, il s'agit de scènes complexes au cours desquelles des hommes participent à des activités collectives, peut-être des réunions de travail, des bals ou d'autres cérémonies.

Outre l'allusion à des êtres humains, le style Tonosí montre un intérêt explicite pour faire ressortir deux icônes zoomorphes, aux traits plus ou moins récurrents : d'une part l'oiseau aux ailes déployées, d'autre part une créature envisagée de profil avec la tête dressée, les pattes repliées et la queue enroulée. Il semble que ces trois thèmes dominants ont inspiré les versatilités graphiques mises en œuvre pour représenter différentes modalités et différents niveaux d'abstraction.
L'oiseau aux ailes déployées, par exemple, est schématisé communément par des images cachées de « papier découpé » ou par la simple ébauche de deux triangles opposés par leurs sommets[209].

Il nous est impossible de préciser si la luxueuse céramique Tonosí était réservée à des activités rituelles précises. Cela a parfois été avancé. La seule chose qui est certaine, c'est que les communautés précolombiennes avaient l'habitude d'utiliser dans leur vie quotidienne des pièces de céramique peinte. Les quelques contextes funéraires archéologiquement attestés signalent que les objets Tonosí ont servi d'urnes pour enterrer les enfants, ou de récipients pour offrir des aliments. En outre, ces mêmes sépultures contiennent les premières preuves connues de méthodes artisanales différentes de la céramique, parmi lesquelles se distinguent des variétés de bijoux de serpentine, d'agate, de coquillages marins et des pièces d'orfèvrerie.

En résumé, le style Tonosí, reflète certains paramètres relatifs aux changements de la vie sociale et religieuse des villages agricoles du Pacifique central, au Vᵉ siècle de notre ère.
La normalisation technologique et stylistique suggère des changements dans l'organisation sociale, comme par exemple une augmentation de la spécialisation artisanale. La figure humaine et les scènes collectives mêlées à des symboles zoomorphes témoignent de l'importance des activités chamaniques.
Finalement, les contextes funéraires associés à ce style indiquent l'importance des rites dans les pratiques mortuaires et reflètent une plus grande prégnance de l'usage et de la possession d'objets de culte.

Style Cubitá (550-700 apr. J.-C.)

Dans sa classification initiale du groupe Tonosí, Ichon avait englobé une large gamme de types et de variétés de pièces en céramique. Dans des fouilles ultérieures à Cerro Juan Díaz, réalisées dans des aires domestiques et rituelles, nombre de ces sous-groupes coïncidaient avec un ensemble céramique stylistiquement cohérent, que Sánchez (1995) a appelé Cubitá. De plus, la céramique Cubitá se trouvait au-dessus des couches Tonosí, ce qui confirme sa postériorité.

La distinction entre le style Cubitá et ses prédécesseurs renvoie à deux aspects. D'une part, sa distribution géographique est beaucoup plus large, et d'autre part il synthétise un ensemble de traits qui le distinguent des styles La Mula, Arístides et Tonosí. En effet, Cubitá comporte des récipients peints en noir et rouge sur blanc (Tonosí), mais aussi d'autres décorés en noir sur fond rouge (Arístides). Outre ces modalités chromatiques, il existe également d'autres traits décoratifs et morphologiques plus spécifiques (fig. 10).

Alors que le niveau de production et de distribution des objets en céramique Tonosí et Arístides est, pour ce qu'on sait aujourd'hui, relativement restreint (péninsule d'Azuero et partie occidentale de Coclé), des pièces du style Cubitá furent utilisées jusque sur les littoraux orientaux du golfe de Panamá dans des lieux tels que Playa Venado, l'archipel des Perles et Gonzalo Vázquez. Ces données suggèrent une situation particulière de la géographie culturelle de Panamá, vers l'époque d'utilisation du style Cubitá, qui ne s'accorde pas avec le modèle tripartite de l'archéologie panaméenne proposé par Cooke.

Les similitudes entre les sites contemporains de cette époque du littoral pacifique de Panamá ne sont pas seulement liées à la présence du style Cubitá. Certains modèles funéraires, l'usage des mêmes bijoux avec les mêmes icônes que ceux présents sur la céramique peinte et les nouvelles techniques de décoration et de finition de la céramique en vigueur dans cette large zone signalent des implications socioculturelles plus complexes. Cerro Juan Díaz et Playa Venado (cimetière étudié dans les années cinquante), deux sites distants de 200 km, présentent des sépultures secondaires identiques dans des urnes funéraires aux couvercles et parures très similaires, contenant des pendentifs de coquillages marins du genre *Spondylus* et de l'orfèvrerie. Des contextes et des objets analogues ont été découverts dans des sites contemporains à El Indio, El Cafetal et La India, à l'extrémité de la péninsule d'Azuero [210]. Il semble qu'à cette époque les rapports culturels sur le versant pacifique étaient liés à l'acquisition et à l'échange de certains biens somptuaires comme l'or et différentes sortes de coquillages exotiques, indispensables symboles de richesse et de statut pour les communautés littorales à l'aube des caciquats. La présence dans ce contexte des objets d'orfèvrerie les plus anciens de l'isthme, présentant d'évidentes affinités avec les complexes métallurgiques du nord-ouest de la Colombie, confirme par conséquent des contacts culturels de longues distances.

Nous avons attiré l'attention sur le fait qu'au XVIe siècle fonctionnait une route commerciale qui reliait le golfe d'Urabá, dans la région atlantique de la Colombie, au Darién panaméen, à travers le fleuve Tuira.

Les bijoux en huîtres épineuses (*Spondylus*) ou perlifères (*Pinctada*) travaillés au moyen de techniques qui supposent un haut degré de spécialisation des artisans, constituèrent des objets aussi importants, voire plus, que ceux en or. La distribution de tels ornements et de la céramique Cubitá amène à suggérer que la côte centrale et les îles du golfe de Panamá telles qu'Otoque, Taboga et l'archipel des Perles étaient la source principale d'acquisition de ces huîtres. Aujourd'hui, les colonies de *Spondylus* ne sont pas facilement accessibles depuis des sites comme Cerro Juan Díaz, qui se trouve à quelque 50 km de la source la plus proche, même si l'on ignore si ces colonies étaient aussi abondantes à l'aube du Ve siècle de notre ère. Peut-être est-ce un tissu commercial fondé notamment sur ces espèces qui accéléra l'homogénéité culturelle du versant pacifique ? Nous sommes dans l'attente d'analyses isotopiques de ces objets pour connaître leur véritable provenance.

Outre la synthèse au niveau régional de certains traits stylistiques, le style Cubitá a également introduit des

innovations esthétiques : le nouvel effet de trichromie obtenu en traçant avec une épaisse argile blanche des dessins peints au préalable en noir sur fond rouge (inv. 521-50, ill. 26, et inv. 521-44, ill. 28) ; l'apparition de récipients anthropomorphes et d'effigies modelées et peintes qui faisaient office de base à une jarre dont le col portait des traits faciaux (inv. 521-49, ill. 27) ; enfin, l'introduction d'autres innovations sur d'autres types de céramiques, qui acquièrent elles aussi de semblables implications géographiques. On mit en œuvre, par exemple, une technique de fumage sur des vases modelés dotés d'incisions et de pointillés, connus traditionnellement dans la littérature sous le nom de « céramique fumée ».

À la réélaboration des thèmes médullaires du style Tonosí, Cubitá ajoute d'autres icônes qui complètent le symbolisme du Panamá central. Les spirales divergentes sont des thèmes centraux dans les jarres à fond crème ou blanc qui, sous diverses modalités, se détachent le plus souvent d'une base triangulaire. Les représentations d'amphibiens, de sauriens et de tortues (fig. 13) comme motifs primaires deviennent communes sur les vases, les jarres ou, à la manière d'effigies modelées, sur d'immenses urnes funéraires.

Il existe un lien inextricable entre les icônes obtenues dans les styles Tonosí et Cubitá et celles de l'orfèvrerie, de l'industrie des coquillages et des autres moyens artisanaux contemporains ; cela indique que, à la fin du Vᵉ siècle, les communautés agricoles de Gran Coclé disposaient d'un système idéologique très cohérent. Les icônes principales du style Tonosí, l'oiseau aux ailes déployées et le petit animal à la queue dressée, possèdent leurs équivalents dans les bijoux en coquillages et en pierres semi-précieuses. Les spirales divergentes, les amphibiens, les sauriens et les tortues figurent aussi comme thèmes centraux dans les pièces de métal et de coquillage, et certains d'entre eux dans la glyptique.

La tradition Gran Coclé postérieure à 700 apr. J.-C.

On considère généralement la période comprise entre 700 et 1500 apr. J.-C. comme l'étape durant laquelle se développent des caciquats, unités sociopolitiques fixées sur divers territoires de l'isthme panaméen au XVIᵉ siècle. D'après les informations ethnohistoriques, il semble que ces sociétés étaient hiérarchisées, gouvernées par un cacique qui jouissait d'importants privilèges sur la vie et sur la mort. Les caciquats du Panamá central entretenaient les uns avec les autres des liens d'alliance ou d'inimitié [211].

Certains indicateurs d'ordre archéologique suggèrent que des caractéristiques de ces sociétés hiérarchisées apparaissent après la première moitié du Iᵉʳ millénaire de notre ère, comme par exemple des différences évidentes dans la taille, la complexité et la fonctionnalité des installations contemporaines, un plus grand développement des infrastructures cérémonielles et une différenciation marquée dans le traitement funéraire entre des individus du même âge et du même sexe. El Caño, dans la région de Gran Coclé, et Barriles, dans la région de Gran Chiriquí, sont des exemples connus d'occupations pourvues de chaussées et d'ensembles cérémoniels en pierre. Sitio Conte (à partir de 700 apr. J.-C.) montre clairement que certaines personnes pouvaient accumuler plus de richesses que d'autres. Les personnages principaux enterrés dans ce cimetière sont parés d'une plus grande variété d'objets mortuaires, ce qui indique l'importance qu'avait prise l'accumulation des biens. La majorité de ces personnes semblent avoir été des adultes ; ainsi, un groupe spécifique – peut-être des guerriers – exerçait un pouvoir économique et politique plus grand que les autres [212].

Néanmoins, il est difficile d'élucider d'autres aspects relatifs à la nature et à l'évolution de la complexité sociale dans la région de Gran Coclé. Dans les contextes funéraires, notamment, les données précises sur l'anthropologie physique des morts – telles les identifications de sexe et d'âge – sont rares. On ne peut, dans de nombreux cas, associer des ustensiles ménagers à des âges ou à des genres spécifiques, ce qui limite par conséquent les observations fiables sur les relations sociales horizontales et verticales.

Caractérisée durant le Ier millénaire de son existence par la trichromie, la tradition Gran Coclé développa par la suite une meilleure sensibilité chromatique avec l'addition d'une quatrième couleur, le violet. Dans une vaste gamme, depuis le gris ou le bleu ciel jusqu'au pourpre, ces teintes pouvaient être obtenues par des moyens naturels. Les artisans donnèrent au violet un emploi semblable au rouge, pour peindre des dessins délinéés en noir sur un fond blanc. L'usage de cette couleur a particulièrement marqué les styles Conte et Macaracas, mais a diminué dans le style Parita pour pratiquement disparaître dans le style El Hatillo, le dernier style préhispanique.

Les styles Conte et Macaracas ne réfèrent pas seulement à la pictographie de la céramique, mais aussi à un art caractéristique qui s'attacha à l'orfèvrerie, la glyptique, l'os et d'autres matériaux. En effet, différents styles d'orfèvrerie de l'isthme, tels que les groupes Openwork et Conte, utilisant plusieurs techniques de traitement comme le repoussé ou le moulage, démontrent des analogies dans la récurrence d'icônes précises et dans la manière de les représenter. Les collections d'objets funéraires de Sitio Conte ont apporté une meilleure connaissance du style de ce nom.

Style Conte (700-850 apr. J.-C.)

Nous l'avons dit, Lothrop a proposé la première description de ce groupe céramique en distinguant deux étapes dans l'utilisation du cimetière ; il a appelé ces deux styles Polychrome ancien et Polychrome récent.
La dénomination style Conte devait être adoptée plus tard pour faire référence au premier style de Lothrop, dont l'appellation était trop restrictive pour une céramique qui avait un espace de production ne se limitant pas à la région de Coclé. Ladd inclut le Polychrome récent dans un groupe céramique plus vaste : Macaracas.

Le style Conte réunit un répertoire varié de formes de récipients parmi lesquels des écuelles à base annulaire, des petits vases classiques ou de forme quadrangulaire, des jarres globulaires ou aux panses angulaires avec d'étroits goulots cylindriques – parfois dotés de verseurs –, des bouteilles en forme de calebasse, des plaques rectangulaires et une grande diversité de récipients à effigies anthropomorphes et zoomorphes (fig. 10). L'organisation des dessins sur les céramiques de formes ouvertes Conte est variable, depuis le motif central libre jusqu'à la subdivision de l'espace circulaire en panneaux concentriques, radiaux, bilatéraux, trilatéraux ou quadrilatéraux. Certains modèles décoratifs sont caractéristiques ; le plus remarquable est constitué par la combinaison entre un « Y » et un « C » (« YC »), produisant sur le fond un corps sinueux que l'on associe fréquemment à un serpent (inv. 521-43, ill. 32). Ce même modèle, formé avec de fausses bandes de métal, compose divers

*Figure 14. Coupe polymorphe du style Macaracas,
possédant une décoration abstraite exceptionnelle dans
un style dominé par la figuration. Diamètre : 29,6 cm.
Collection Barbier-Mueller (inv. 521-58, ill. 50).*

Figure 15. Coupe en céramique avec l'icône la plus
caractéristique du style Macaracas, le saurien typifié par
les traits de sa tête. Son corps fait allusion à un être humain
ayant acquis les attributs de cet animal. Diamètre : 27,7 cm.
Collection Barbier-Mueller (inv. 521-39, ill. 48).

ornements en or évidé des pièces de métal contemporaines, dont les thèmes reproduisent, comme l'imagerie de cette céramique dont on vient de parler, des grenouilles, des hippocampes et des sauriens.

Dans le style Conte il est possible d'identifier différents thèmes figuratifs, lesquels font allusion à des espèces animales, à des êtres humains ou à des êtres mythologiques combinant des caractères zoomorphes variés. En général, les animaux en question sont déjà présents dans les styles antérieurs, mais on observe la prédominance de tortues, de sauriens, de serpents, de crustacés, d'oiseaux stylisés et de cerfs. Le serpent est représenté sous la même forme que dans le style La Mula, où il apparaissait pour la première fois. Dans le style Conte, l'ophidien a le plus souvent une tête triangulaire, circulaire ou en demi-lune, à laquelle s'ajoutent des spirales divergentes. Le prototype de la créature serpentiforme subit communément une hybridation avec d'autres animaux, par exemple une tête ou une gueule de saurien (*cf.* inv. 521-41, ill. 36) et des bois de cerf.

Outre le serpent, le motif de la créature aux traits de saurien est courant : corps étroit terminé par une queue enroulée, deux pattes aux griffes proéminentes et un museau allongé avec une extrémité incurvée, autant de caractéristiques prédominantes dans le style Macaracas. Les oiseaux, généralement dessinés de profil et dans une posture redressée, paraissent faire référence aux espèces à longues pattes représentées avec un corps semicirculaire, un bec allongé et des pattes arquées. Le crabe, comme les oiseaux, exhibe les traits les plus réalistes du style Conte, et constitue peut-être l'icône la plus novatrice par rapport aux styles précédents.

Le thème de la tortue a été mis en valeur par ce style dans de nombreuses représentations. Dans les versions réalistes en métal ou en coquillages se détachent des traits tels que les extrémités arquées, les carapaces circulaires et les moustaches proéminentes en forme de spirales divergentes (inv. 521-42, ill. 31). Ces éléments topiques vont être inséparables des dessins les plus stylisés de cet animal dans la céramique, où il est parfois combiné à un schéma humain, à la manière du style Tonosí. Il semble qu'il existe une constante depuis le style Tonosí jusqu'au style Macaracas pour l'association de l'être humain avec des symboles animaux. Dans ces trois styles on peut identifier l'icône occulte : l'oiseau inséré dans la tête de la représentation humaine, laquelle se transforme en tortue ou en saurien dans le style Conte et exclusivement en saurien dans le style Macaracas.

Le style Macaracas (850-1000 apr. J.-C.)

La transition du style Conte au style Macaracas n'est pas claire. Sur le plan décoratif, Macaracas se distingue par une profusion de dessins dans les zones peintes, qui sont elles aussi tracées délicatement. Sur le plan morphologique, se maintient la gamme étendue de pièces du premier style, avec de légères modifications. Les bases annulaires des écuelles furent peu à peu remplacées par des piétements plus longs. Il apparaît un type de récipients à panse et ceinture angulaire, au col court et aux bords recourbés, qui va devenir la tendance prédominante dans le style Parita, et va causer la disparition des jarres à col cylindrique. Les vases à effigies humaines introduits par le style Cubitá subissent eux aussi des modifications : la tête se transforme en couvercle indépendant et se trouve souvent combinée à une effigie de tortue (fig. 10). Le style Macaracas comprenait peut-être la gamme la plus variée et la plus exceptionnelle de pièces-effigies, parmi lesquelles les remarquables poissons telle la raie, et les mammifères tels le tatou et les félins.

Le modèle classique « YC », même s'il continue à être utilisé sous sa forme de base, subit des modifications, la spirale s'achevant sur une ou plusieurs pointes acérées (inv. 521-47, ill. 29). Excepté ce modèle, d'autres éléments très précis entrent dans les motifs, en particulier tous ceux qui prennent leur source dans les figures, spécialement des images de sauriens, qui semblent être des arêtes de raie (fig. 15). Une autre technique propre au style Macaracas consistait à peindre les bords des plats de franges intercalées de rouge, violet et blanc à la manière d'un « serpent corail » (inv. 521-60, ill. 34).

Il ne fait aucun doute que le saurien, dans ses différentes postures et combinaisons, constitue un des thèmes centraux du style Macaracas. Dans la manière particulière de la représenter, cette icône tient ses antécédents du style Conte et semble être un symbole très original de la tradition Gran Coclé ; elle intervient dans d'autres procédés artisanaux, et a perduré jusqu'à l'époque de la Conquête. Dans les tombes de Sitio Conte, considérées comme riches et complexes, on peut observer des objets plus sobrement réalisés, sur lesquels se développe l'icône du saurien. Sur les disques, les poignées d'armes, les casques en or repoussé, apparaît la figure centrale anthropomorphe à tête de saurien, grandes griffes, museau incurvé et proéminentes dents de scie. Sur des pièces d'os et d'ivoire de baleine furent gravées ces représentations très réalistes qu'on croit combinées avec des attributs de félin. Le saurien possédant des caractéristiques semblables a dépassé les frontières de Gran Coclé : il s'est installé dans l'orfèvrerie du sud du Costa Rica et dans le style métallurgique Veraguas-Gran Chiriquí, distribué dans la partie occidentale de Panamá. Dans des ensembles d'orfèvrerie considérés comme postérieurs à Sitio Conte, voire dans les derniers styles céramiques avant la Conquête, l'usage de cette icône subsiste, par exemple dans l'ensemble Parita, y compris sur des pièces découvertes dans des contextes funéraires ayant connu le contact européen, tel qu'El Caño.

Outre le saurien, d'autres représentations zoomorphes du style Conte – crustacés, tortues et raies – persistent dans le style Macaracas. Dans deux cimetières du sud de la péninsule d'Azuero, El Indio et La Cañaza, qui revêtirent aussi des modèles funéraires différents de ceux de Sitio Conte, Ichon a identifié des offrandes céramiques dont le style était assimilable au style Macaracas mais présentait des particularités dans l'utilisation de certains motifs décoratifs et dans la mise en relief d'autres thèmes. À ce groupe, appelé Joaquín, correspondent notamment des coupes à long piétement et des vases à col cylindrique. Les dessins obtenus sur la surface des plats dépassent souvent le bord de la pièce sans présenter, comme dans le style Macaracas, la ligne noire caractéristique qui sépare le fond blanc

Figure 16. Coupe polymorphe qui montre un thème combinant les attributs d'un crustacé avec ceux d'un scorpion. Région de Gran Coclé. Style Joaquín, diamètre : 22,8 cm. Collection Barbier-Mueller (inv. 521-59, ill. 35).

de l'extérieur rouge (inv. 521-41, ill. 36). La courbure et la prolongation des volutes ou des émanations qui partent des créatures (fig. 16) dessinées sont plus accentuées, mais les autres éléments typiques du style Macaracas sont absents, comme les projections d'arêtes de raie. Les exemplaires du style Joaquín paraissent aussi accorder une importance à d'autres icônes, les crustacés, les scorpions (fig. 16) et les oiseaux aux ailes déployées et aux crêtes allongées. L'icône du saurien, tel qu'il fut symbolisé dans ce style, ne paraît pas occuper une place importante.

À travers l'histoire de la tradition Gran Coclé, divers symboles, icônes ou thèmes peuvent être considérés comme des créations de la cosmogonie locale, tandis que d'autres sont peut-être le produit d'idées étrangères. Le prototype ancestral du serpent, qui perdura jusque dans les derniers styles, est un bon exemple d'élément autochtone. Le saurien et sa traditionnelle combinaison avec le requin ou la figure humaine illustrent l'évolution progressive d'un thème originaire du style Conte (inv. 521-18, ill. 42). Dans le style Tonosí, en revanche, la représentation humaine, dans sa pose caractéristique et ses traits faciaux, n'a pas d'antécédents connus dans la région, et on l'a comparée aux pectoraux en or anthropomorphes de la région de Tolima, en Colombie [213]. D'autres icônes originales du même style et du style Cubitá comme les spirales divergentes, la créature à la queue recourbée et la grenouille sont présentes dans les thèmes des premiers ensembles métallurgiques de l'isthme, dont les modèles technologiques et probablement stylistiques proviennent de Colombie [214].

Néanmoins, ces spéculations sur le caractère endogène ou exogène des aspects idéologiques de cette tradition restent encore très risquées tant que l'on ne connaît pas suffisamment le contenu iconographique des

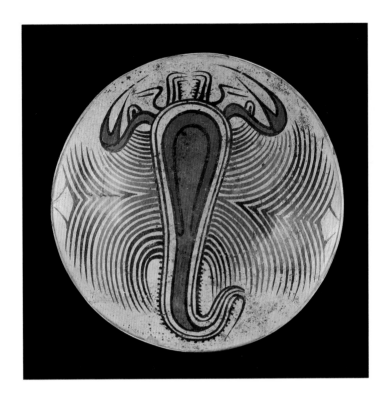

styles peints ayant précédé l'introduction de l'orfè-vrerie à Panamá, et qu'on ne dispose pas de données plus précises sur l'âge des différentes traditions métal-lurgiques de Colombie.

La mise en relief de certains thèmes aux dépens d'autres dans des époques et des styles déterminés suggère la domination d'icônes particulières, par exemple la tortue dans le style Conte, le saurien dans le style Macaracas ou la raie-requin-marteau dans le style Parita.
Néanmoins, déterminer de semblables hiérarchies requiert la réalisation d'analyses iconographiques plus détaillées, du fait que certaines icônes continuent à être utilisées à différentes époques, comme si leur importance survivait dans le système cognitif en dépit des changements de forme ou de couleur. D'autre part, les études futures devraient révéler de possibles diffé-rences géographiques dans l'usage des symboles spécifiques de la céramique. L'apparente prédominance du saurien dans le style Macaracas, par opposition à l'oiseau aux ailes déployées, ou au crabe dans le style contemporain Joaquín, suggère par exemple que de tels animaux étaient les emblèmes des clans dominants dans chaque région.

La présence d'objets en matériaux exotiques dans les tombes de Sitio Conte associés aux styles Conte et Macaracas indique une augmentation des échanges commerciaux, et sur de plus longues distances. Sur ce site, certains pendentifs en or possédaient des émeraudes colombiennes incrustées. La céramique Macaracas fut commercialisée vers des localités à l'est de la ville de Panamá comme à Miraflores, à 300 km de la baie de Parita. Dans le site Isla Pitahaya, dans le golfe de Chiriquí, parvint aussi de la céramique Conte, Macaracas et Parita. Des études archéozoologiques indiquent que les aliments d'origine animale s'obte-naient près des installations fouillées ; de même, les objets utilisés à des fins rituelles (os de *manatí*, dents de cachalots et de singes, et canines de jaguars, de pumas et de pécaris) étaient obtenus dans des lieux différents ou échangés avec des peuples venant de loin. Outre les alliances commerciales entre les caciquats et les échanges de certains articles comme le sel ou les couvertures de coton, les documents ethnohistoriques font mention de rivalités et de fréquents conflits. O. Linares (1977), dans une étude sur le symbolisme relatif aux thèmes de la céramique Gran Coclé, conclut que les créatures représentées (scorpions, requins, sauriens, etc.), mais aussi leurs gestes et leurs attitudes, reflètent l'agressivité et la force physique des sociétés qui étaient en compétition pour le contrôle des meilleures terres et pour l'acquisition de femmes et de biens somptuaires.

Le style Parita (1000-1300 apr. J.-C.)

Durant les cinq derniers siècles de l'époque préhispanique, la tradition céramique Gran Coclé expérimente une tendance différente qui tend à l'abstraction des motifs, à la lente substitution des tracés rectilignes aux curvilignes et à un abandon du violet, c'est-à-dire au retour à la trichromie originelle. Bien sûr, ces changements ne doivent pas être interprétés comme une régression, la céramique conservant et même améliorant ses qualités technologiques et artistiques. Le style Parita coïncide avec cette transition. D'après la description de Ladd, qui se fonde sur les collections exhumées des monticules funéraires de la région du fleuve Parita, ce style préserve la diversité des types de pièces : parmi celles-ci, les remarquables jarres à col exagérément évasé et aux piétements plus longs comparés à ceux du style Macaracas, lesquels furent incorporés à d'autres types d'objets céramiques, comme par exemple les récipients aplatis (fig. 10).

Dans le style Parita subsistent encore des éléments traditionnels, aujourd'hui modifiés, et apparaissent des icônes différentes de celle du saurien du style précédent. Du motif « YC » n'est resté qu'un schématique dessin, tandis que commencent à se généraliser d'autres modèles tels que la spirale en forme de « S » et des panneaux continus de zigzags. On a également recours aux vieux éléments sériels de base, comme les points elliptiques et le « T » renversé. L'aspect le plus frappant quant au contenu thématique reste la place peu importante accordée par les artisans à la figure du saurien par rapport à celle qu'il occupait dans le style Macaracas. Il ne subsiste que quelques représentations isolées, en particulier dans une version simplifiée de l'« image divisée » caractéristique du style Macaracas (inv. 521-46, ill. 45, et inv. 521-40, ill. 46).

Les divisions typiques de l'espace décoratif des plats Conte et Macaracas disparaissent, et l'unique thème central développé semble être celui d'une créature qui combine les attributs d'une raie et d'un requin-marteau. Diverses représentations réalistes d'un vautour en vol s'imposent à partir du style Parita – le plus typique est le vautour royal, appelé également roi des vautours, *cacicón* ou *urubutinga* (en langue tupi « cacique des urubus », *Sarcornamphus papa*) ; ces représentations se retrouvent sur différents types d'objets céramiques. En outre, les jarres à effigies de tortues perdurent et les amphibiens multicolores prennent de l'importance, appliqués fréquemment entre les panses et le col des récipients.

Le style El Hatillo (1300 apr. J.-C. jusqu'à la Conquête)

Au crépuscule de la tradition Gran Coclé l'art figuratif décoratif se perd, les dessins deviennent abstraits et on cesse d'utiliser le violet. Ces caractéristiques de base, qui contrastent fortement avec le style traditionnel

Figure 17. Jarre carénée avec la forme stylisée d'une tortue. Style Parita, 1000-1300 apr. J.-C. Labbé (1995, p. 118).

de la région, ont servi à Ladd pour définir un nouveau style qu'il a appelé El Hatillo. Comparé au style Parita, il maintient les représentations modelées de vautour entrant dans la décoration d'autres types d'objets comme les jarres et les vases à bord modifié (fig. 10). D'autres pièces furent transformées en hiboux et on connaît des exemplaires anthropomorphes qui maintiennent le modèle traditionnel. Néanmoins, les bouteilles à corps modelés en forme d'oiseau ou de crocodile réaliste sont nombreuses.

La permanence de bon nombre des icônes principales des époques antérieures, qui se transformèrent en modèles décoratifs extrêmement simplifiés, est un des traits les plus intéressants du style El Hatillo. La figure humanisée qui apparut combinée avec la tortue, l'oiseau ou plus souvent le saurien, est représentée avec une simple silhouette à tête rectangulaire et aux extrémités en forme de volutes carrées. La tête du saurien du style Macaracas, doté de ses traits typiques, fut elle aussi schématisée de manière carrée. Un dessin triangulaire divisé par l'emplacement des yeux paraît être la stylisation de la tête d'un requin-marteau.

De nombreux dessins aux caractéristiques indissociables de la définition du style El Hatillo durent survivre jusqu'à l'époque de la Conquête. Dans les travaux archéologiques réalisés dans les plaines de Coclé et dans les sites des hautes terres de Veraguas, Cooke découvrit la preuve d'autres catégories du style El Hatillo que Ladd n'avait pas pris en compte. Les nouvelles variétés, appelées Mendoza (fig. 10), renvoient à des plats au piétement élevé, aux panneaux concentriques avec des lignes de points, ayant la forme d'un saurien stylisé, et un dessin bordé de longueurs de triangles analogues à l'ancien Girón, type caractéristique du style Arístides. Cela prouve une fois de plus la continuité stylistique de cette tradition. Ces catégories Mendoza furent majoritaires à Natá et dans d'autres sites des hautes terres de Veraguas, qui pouvaient correspondre aux occupations des principaux caciquats au temps de la Conquête. Natá, siège du principal caciquat, fut aussi vers 1522 l'une des premières villes fondées par la couronne espagnole.

Figure 18. Bouteille polychrome du style El Hatillo avec des dessins géométriques. Région de Gran Coclé, datation approximative : 1300-1500 apr. J.-C.

La contemporanéité du style El Hatillo avec l'occupation européenne est confirmée par l'association directe d'objets autochtones et européens dans des enterrements secondaires réalisés dans des monticules funéraires. Dans l'un de ces emplacements, à El Caño, ont été découvertes des urnes céramiques analogues à celles d'El Hatillo, qui contenaient des pièces d'orfèvrerie de style classique avec des colliers de verre italiens (millefiore) [215]. Un de ces pendentifs de métal montre en un unique thème la fusion de deux symboles traditionnels de l'orfèvrerie de l'isthme – dans sa partie inférieure les cuisses très stylisées d'un amphibien et dans sa partie supérieure deux têtes opposées d'un saurien.

Décorations des céramiques précolombiennes de la région centrale de Panamá*

Planche 1

Éléments formels du style Tonosí

a. Élément de clepsydre
b. Ovoïde concentrique ou élément en forme de losange
c. Élément de panneau rectangulaire avec des lignes parallèles
d. Élément cruciforme
e. Élément d'une ligne crantée
f. Méandre de lignes parallèles et de galons alternés de lignes parallèles qui paraissent avoir évolué depuis les prototypes en serpentin
g. Figure mythique
h. Oiseau à long bec et à longues pattes
i. Figure hiératique debout avec des éléments formels de clepsydre sur la poitrine, l'abdomen et de longues queues enveloppant des oiseaux à longs becs

Motifs formels Cubitá-Conte dans le sud-est de Veraguas

j-n. Éléments pleins formels de la transition du style Montijo
o. Crocodile ou saurien chamanique
p. Grenouille chamanique ou mythique
q. Animal mythique, représentant vraisemblablement une constellation
r. Serpent mythique, représentant vraisemblablement la Voie lactée

Motifs formels du style Conte

s-aa. Variantes de l'élément patte avec griffes du style Conte
bb-ff. Variantes de l'élément œil du style Conte
gg-ii. Variantes de l'élément aile du style Conte

Planche 2

Motifs formels du style Conte

a. Figure chamanique ou hiératique
b. Figure chamanique saurique anthropomorphe
c. Chaman anthropomorphique avec accoutrement, probablement une version panaméenne du chaman « fertilisateur »
d. Homme-oiseau chamanique
e-f. Homme-oiseau chamanique avec queue en serpentin
g. Animal chamanique composé incorporant des bois de cerf, une bouche de saurien et un corps en forme d'oiseau avec l'élément aile du détail gg de la planche 1
h. Animal chamanique composé incorporant une bouche de saurien et un corps en forme d'oiseau avec l'élément aile du détail hh de la planche 1
i. Oiseau chamanique
j. Homme-oiseau chamanique
k. Créature chamanique avec effluves (*tingunas*)
l. Créature chamanique composée incorporant des ailes d'insecte, un corps segmenté semblable à un mille-pattes, un visage humain, des pattes pourvues de griffes et des effluves partant de la tête
m. Motif de crabe incorporant le symbole de la vulve à forme de diamant sur ses lombes et le symbole du « vagin denté » en guise de bouche
n. Motif de crabe incorporant le « vagin denté » en guise de bouche
o. Motif de crabe aux connotations de vulve

*Dans Labbé, 1995, pp. 61-66.

Planche 3

Éléments formels du style Conte

a. Élément en forme d'os cunéiforme
b. Élément segmenté de corps
c. Élément ovoïde avec apex recourbé qui stylise le bec d'un oiseau
d. Élément aux connotations de vulve en forme de diamant
e. Élément « vagin denté »
f-h. Formes d'abdomen ou de poitrine placées dans le rouleau « YC »
f-i. Formes d'abdomen et de poitrine du style Conte

Éléments formels du style Macaracas

j. Élément de l'épine dorsale de la raie venimeuse
k. Élément en zigzag signifiant la fertilité et la force vitale
l-p. Formes d'abdomen et de poitrine du style Macaracas
q. Saurien courant
r. Saurien courant
s. Saurien à tête de poisson avec des effluves d'oiseaux et de saurien
t. Tête de saurien au corps abstrait
u. Oiseau chamanique au corps volumineux
v. Colibri chamanique
w. Iguane chamanique avec « embryon » visible. L'« embryon » est composé en rouleau « YC » qui aboutit dans le détail du type des éléments pattes avec griffes de la planche 1
x. Poisson chamanique avec têtes d'oiseau/saurien en guise d'yeux
y. Saurien embryonnaire

Planche 4

Style Macaracas

a-c. Figures, de face, de la transformation chamanique
a. Figure aux effluves de saurien (*tingunas*)
b. Figure aux effluves de tête d'oiseau/saurien (*tingunas*) et bras ailés
c. Figure avec épines dorsales de raies venimeuses émanant de la tête, bras ailés et jambes aux extrémités sauriennes
d-f. Figures de sauriens anthropomorphes illustrant le thème du chaman au combat

Planche 5

Éléments formels du style Parita

a-e. Motifs formels du style Parita
f. Raie venimeuse stylisée
g. Poisson chamanique
h. Motif de croix circulaire abstraite
i. Motif de croix circulaire réaliste
j-n. Formes d'oiseaux illustrant la transformation progressive depuis les formes stylisées jusqu'aux formes extrêmement abstraites (l-n)
o-p. Comparaison du motif de face de poisson bilatérale du style Macaracas (o) avec la variante du même motif dans le style Parita (p)

Planche 6

Éléments formels du style El Hatillo

a-d. Motifs formels du style El Hatillo
e. Grenouille
f. Tortue incorporant le profil de deux oiseaux

a b c d e f

g   h   i

j k l m n

o p q r

s t u v w x y z aa

bb cc dd ee ff gg hh ii

Planche 1

142

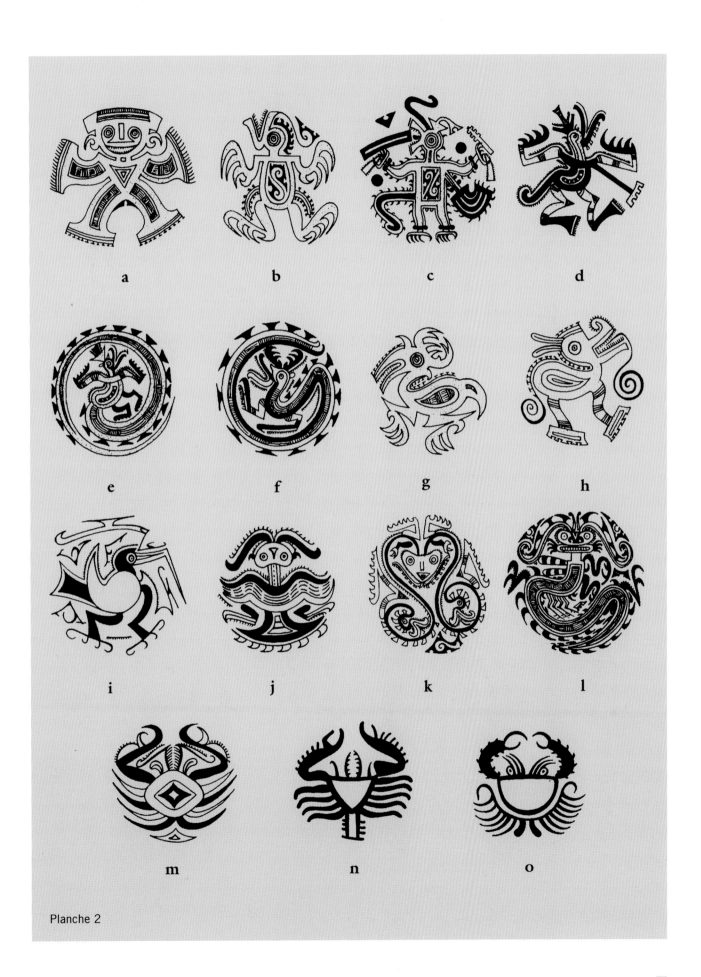

a   b   c   d

e   f   g   h

i   j   k   l

m   n   o

Planche 2

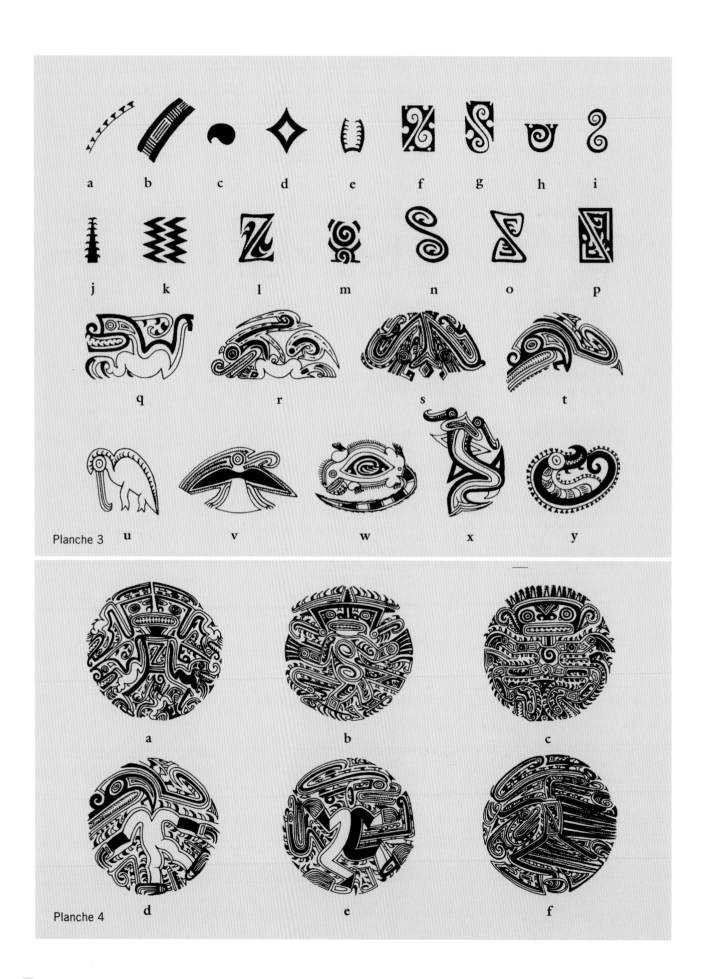

a b c d e f g h i

j k l m n o p

q r s t

Planche 3   u v w x y

a b c

Planche 4   d e f

144

a

b

c

d

e

f

g

h

i

j

k

l

m

n

o

p

Planche 5

a

b

c

d

e

f

Planche 6

145

NICARAGUA

lac de
Nicaragua

COSTA RICA

golfe de Nicoya

MER DES CARAÏBES

Bocas del Toro

PANAMÁ

golfe de Panamá

golfe de Chiriquí

OCÉAN PACIFIQUE

N
O   E
S

Catalogue

Il s'agit d'un exemplaire du type Luna polychrome, un type récent datant de la période Ometepe, même si sa découverte auprès d'objets espagnols laisse supposer qu'il était toujours fabriqué au début de la période coloniale.

Le style Luna polychrome se trouve essentiellement dans l'île d'Ometepe, où il fut sans doute réalisé, et de manière beaucoup moins abondante dans presque toute la région pacifique du Nicaragua et le nord-ouest du Costa Rica.

La forme d'écuelle bipode de cette pièce est commune du type, la forme aplanie des supports l'est moins. Les supports comportant des représentations zoo-morphes et anthropomorphes sont eux aussi typiques. Le style Luna possède une décoration exécutée à partir de lignes noires très fines, qui parfois se trouvent remplies de couleurs rouge, café et gris sur le fond à engobe crème. Les motifs figurés sur le style Luna sont communs aux autres types récents et incluent la silhouette du jaguar, comme sur la paroi intérieure de cette écuelle, et d'autres représentations telles que le serpent et les visages humains.

1. Écuelle bipode
Céramique, style Luna polychrome
Nicaragua, région sud-ouest
Période Ometepe (1350-1522 apr. J.-C.)
Hauteur 13 cm
Diamètre 23,5 cm
Inv. 521-67
Ancienne collection Émile Deletaille

Cette pièce appartient au type céramique appelé Pataky polychrome. Les spécialistes considèrent que le style Pataky et les autres types polychromes à engobe blanc furent fabriqués au Nicaragua et sont parvenus au Costa Rica par le biais de l'échange.

L'objet est périforme, avec des motifs peints en trois couleurs. La tête du félin est réaliste, mais ce n'est pas le cas de la posture de la composition. Les pattes avant, longues et droites pour former une base solide, sont creuses et la fente garantit la cuisson complète de la pièce. La queue forme le troisième pied du support tripode. Les supposées pattes avant ont la forme de bras humains reposant sur ce qui pourrait être des genoux, faisant perdre son réalisme à l'ensemble. Nous nous trouvons face au phéno-mène courant de représentation d'une personne, probablement un chaman, avec les atours d'une divi-nité zoomorphe.

Les motifs peints aux extrémités, sur la queue et autour de la tête appartiennent au jaguar[215], et la croix représente les quatre points cardinaux. Les bandes sur le cou montrent le serpent à plumes et le jaguar, très stylisés. Le thème est le cycle diurne, dans lequel chaque soir le jaguar se lance et dévore le soleil, produisant la nuit. Le serpent à plumes le ressuscite, créant un nouveau lever du jour. Il s'agit d'un des mythes et des motifs méso-américains qui caractérisent la région.

2. Jarre effigie
Céramique, style Pataky
polychrome
Nicaragua, région
de Gran Nicoya
Période VI
(1000-1350 apr. J.-C.)
Hauteur 34 cm
Inv. 521-63
Ancienne collection
Ivan Vajda

Sculpture répertoriée comme siège de pierre, avec décoration basée sur le motif du lézard ou du crocodile. Des objets similaires ont été trouvés durant les fouilles du site Papagayo, sur la côte du Pacifique nord du Costa Rica, où ils étaient associés à des soubassements circulaires, une statuaire et d'autres matériels datés entre 850 et 1350 de notre ère.

Ces sièges montrent une tête représentant la crête et le museau du lézard, ainsi que la texture rugueuse et les protubérances de sa peau. Au niveau stylistique, ils gardent des analogies avec les encensoirs en céramique du type Potosí appliqué (voir inv. 521-48, ill. 10), variété Potosí du Polychrome moyen. Ce type céramique se caractérise par le traitement de la surface par applications en forme de protubérances coniques et les représentations d'effigies de lézard sur les couvercles des encensoirs.

3. Siège
Roche volcanique
Nicaragua et Costa Rica,
région de Gran Nicoya
Périodes V
(1000-1500 apr. J.-C.)
et VI (1000-1500 apr. J.-C.)
Hauteur 43 cm
Diamètre 26 cm
Inv. 521-74

Il s'agit d'un des métates-effigies fabriqués dans le nord-ouest du Costa Rica et la région pacifique du Nicaragua durant la période que les archéologues appellent Bagaces (300-800 apr. J.-C.). La technique sculpturale de bas-relief et ajourée montre la *maestria* des artistes précolombiens. La figure, un lézard stylisé, fut débitée dans un seul bloc de roche volcanique.

Le plateau est peu épais et légèrement concave, décoré de motifs géométriques en bas relief sur les extrémités et les côtés. Les supports et la tête effigie ont été sculptés en bas relief et ajour. La tête montre la gueule ouverte avec des détails de la dentition, ainsi que d'autres éléments de la face. Le lézard est un motif récurrent dans la céramique de la période Bagaces, tout au moins dans la variété Lagarto du type Galo polychrome.

Même si le plateau de ce type de métate présente souvent des traces d'usure, de nombreux chercheurs affirment, vu leur niveau d'élaboration, que ces pièces durent être utilisées pour un usage cérémoniel, voire comme sièges pour des personnages d'un haut rang social.

4. Métate ou pierre à broyer
Andésite
Nicaragua et Costa Rica,
sous-région de
Gran Nicoya
Fin de la période IV-
période V
(300-800 apr. J.-C.)
Longueur 85,5 cm
Hauteur 46 cm
Inv. 521-9

Métate ou pierre à broyer en roche volcanique. Celui-ci est un exemple de métate-effigie représentant un jaguar. Le plateau est décoré en bas relief non seulement sur les extrémités et les côtés, mais aussi sur la partie inférieure. Les traits de la tête du jaguar, les oreilles, les yeux et le nez ont été travaillés en bas relief, de même que les taches sur la peau, représentées au moyen de filières circulaires. Comme pour la pièce 521-63 (ill. 2), la gueule est ouverte, montrant les crocs et les autres éléments de la dentition.

Le jaguar est un important motif iconographique représenté sur la vaisselle d'usage en céramique de diverses périodes précolombiennes dans la zone pacifique du Nicaragua, telle que l'illustre la pièce 521-63. Dans de nombreuses cultures de l'Amérique tropicale, le jaguar est associé au Monde inférieur et à l'obscurité ; il compte aussi parmi les attributs des chamans qui ont le pouvoir de se transformer en cet animal et de posséder ses prestiges.

5. Métate ou pierre à broyer
Andésite
Nicaragua et Costa Rica,
sous-région de
Gran Nicoya
Fin de la période IV-
période V
(300-800 apr. J.-C.)
Longueur 60 cm
Hauteur 29 cm
Inv. 521-10

Cette statue, qui représente une figure féminine nue, assise et les mains reposant des deux côtés de son thorax, diffère beaucoup du style traditionnel de la statuaire précolombienne de Chontales. Les statues de cette zone sont monumentales, et nombre d'entre elles atteignent plus de quatre mètres de hauteur. La technique en haut relief employée sur cette pièce contraste avec l'usage du bas-relief sur bloc cylindrique ou rectangulaire, base des statues de Chontales. Dans ces dernières domine la figure humaine représentée vêtue, ornée et/ou tatouée, tandis que la nudité de cette représentation est plus caractéristique des statues découvertes dans les îles du lac de Nicaragua.

Les aspects sus-mentionnés font penser ici à un cas atypique, ou peut-être la statue fut-elle le produit d'échange ou de commerce. Néanmoins, il faut noter qu'à Chontales les statues n'ont pas été exhumées au cours de fouilles archéologiques mais ont été volées et sorties de leur contexte d'origine par des amateurs. Il est possible qu'il existe des statues qui n'aient pas encore été découvertes dans les occupations précolombiennes.

6. Figure anthropomorphe
Roche volcanique
Nicaragua, Chontales
Fin de la période V-
période VI
(après 800 apr. J.-C.)
Hauteur 42 cm
Inv. 521-53
Ancienne collection
Josef Mueller, acquise en
1956 à la galerie Motte,
Genève

Représentation anthropomorphe en position assise, avec le visage sur les bras pliés reposant sur les jambes. Les traits génitaux ne sont pas visibles, ce qui empêche de déterminer s'il s'agit d'une image masculine ou féminine. Les ornements s'observent uniquement sur les bras et sur les jambes à hauteur des chevilles. De même, la figure présente une coiffure ou un chapeau de profil rectangulaire couronné d'une forme circulaire. Les traits du visage sont clairement définis, avec un nez trapézoïdal et plat, des yeux et une bouche protubérants de forme semi-ovale.

La statue possède une sorte de manche dans la partie inférieure, que l'on retrouve dans la majorité de la statuaire précolombienne nicaraguayenne, et dont la fonction était de fixer et de maintenir ces pièces dressées sur la surface du terrain. Bien que sa provenance ne soit pas déterminée, la technique sculpturale en haut relief rattache cette statue à la tradition de la région pacifique du Nicaragua.

7. Figure anthropomorphe
Roche volcanique
Nicaragua
Fin de la période V-période VI
(après 800 apr. J.-C.)
Hauteur 20 cm
Inv. 521-15
Ancienne collection
Maurice Saclier d'Arquian

Ces deux figures anthropomorphes sont répertoriées au sein de la séquence potière de la région de Guanacaste-Nicoya dans le type Polychrome Guabal (800-1000 apr. J.-C.). La majorité des pièces représente un type féminin à larges hanches, sans négliger les représentations masculines. Ces figures sont plus réalistes dans les styles récents Rosales en zone/gravé et Guinea incisé (voir inv. 521-16, ill. 12). L'invariable aplatissement du visage et de la coiffure suggère l'intentionnelle déformation crânienne pratiquée parmi les sujets de l'élite.

Nous savons que ces figures représentent des individus de l'élite par les emblèmes d'autorité symbolisés : a) l'élargissement exagéré des oreilles, b) les grands ornements nasaux, c) les motifs, en rouge et noir sur un engobe crème, qui sont des variations du dessin de la petite natte de roseau tressé, apparu lors du Préclassique récent méso-américain comme symbole de l'aristocratie. Dans l'iconographie maya il s'agit d'un signe d'autorité légitime signifiant « seigneur » ou « celui qui est assis sur la petite natte [216] ». Ces deux figures peuvent représenter un homme (inv. 521-71), avec une couverture pubienne stylisée, et une femme (inv. 521-64) qui ne montre pas sa poitrine. Même si la plupart des figurines de ce style paraissent être féminines, des couples mixtes ont également été découverts.

8 et 9. Figures anthropomorphes
Céramique, style Mora polychrome
Costa Rica, sous-région de Guanacaste-Nicoya
Période V récente-période VI ancienne
(800-1000 apr. J.-C.)
Hauteur 22,2 cm et 10 cm
Inv. 521-71 et 521-64

Composées d'une partie inférieure hémisphérique et d'un couvercle pourvu d'aérateurs soigneusement décoré, ces pièces ont été conçues pour favoriser une combustion réduite et contrôlée. Le crocodile constitue le motif ornemental dominant. Les bandes avec application de petites boules symbolisent les écailles sur la peau de l'animal.

Dans la céramique Potosí appliquée on peut déterminer une séquence chronologique. L'exemplaire présenté ici compte parmi les plus anciens (vers 400-500 apr. J.-C.), sur lesquels les crocodiles sont réalisés avec plus de réalisme. Les petites boules superposées sont lisses et rondes, disposées de manière à laisser un espace entre elles ; un engobe rouge est clairement visible sur les bords extérieurs et le dessin en croix est également évident (voir la pièce 521-16, ill. 12). Les encensoirs les plus récents possèdent des bandes de petites boules grossières et pointues, sur lesquels étaient ajoutés des pigments après la cuisson ; ils sont engobés en marron et blanc, et exhibent des crocodiles fantastiques à la tête exagérée, généralement couronnée de diverses auréoles hérissées.

10. Encensoir
Céramique, style Potosí appliqué
Costa Rica, sous-région de Guanacaste-Nicoya
Période IV récente-période V
(400-800 apr. J.-C.)
Hauteur 39,4 cm
Diamètre 25,9 cm
Inv. 521-48

Récipient rectangulaire en céramique avec têtes de crocodiles et chauves-souris modelées et ailes gravées. Cette pièce en terre cuite présente un engobe intentionnellement noirci (cuit dans une atmosphère confinée afin que la suie pénètre la surface). Elle repose sur trois pieds modelés en forme de têtes de crocodiles identiques à celles qui apparaissent à chaque extrémité. À partir de motifs symboliques encore inconnus, les gueules des crocodiles sont habituellement représentées au moyen d'étirements invraisemblables ou de sinueux enroulements. Les bandes d'application incisées représentent, selon toute probabilité, les écailles du crocodile.

Sur les panneaux latéraux ont été appliquées des têtes modelées de chauves-souris. Elles sont flanquées de motifs incisés avec peinture blanche au symbolisme inconnu, servant à composer les ailes déployées de l'animal. Sans doute l'un des éléments représente-t-il sa « gueule ouverte ». De toute évidence la fonction de cet objet était cérémonielle et non d'usage quotidien, selon ce qu'il nous est permis d'interpréter aujourd'hui.

11. Récipient rectangulaire tripode
Céramique
Costa Rica, sous-région de Guanacaste-Nicoya
Période V récente-période VI ancienne
(800-1200 apr. J.-C.)
Longueur 17 cm
Hauteur 24,5 cm
Inv. 521-36
Ancienne collection Maurice Ratton

Figure féminine modelée en céramique, à engobe
rouge et ornements sgrafittes. Cette figurine en argile
représentant une femme debout comporte des caractéristiques formelles typiques de la céramique
Guinea incisée et Galo polychrome (coiffure distinc-
tive à la manière d'une auréole, traits faciaux et bras
sur les hanches modelés), même si l'épais engobe
rouge n'est pas fréquent durant cette période. La
bouche grimaçante et les yeux plissés semblent indiquer la douleur comme sur les têtes-trophées, bien
que cette interprétation ne paraisse pas compatible
avec la posture rigide, arrogante et défiante. La figurine porte une petite jupe, ou ceinture – peut-être
une couverture pubienne –, et des bandes ou des
tatouages sur la partie supérieure des bras.

Récemment, Snarskis[217] a décrit une figure semblable taillée en jade avec une moue descendante de
la bouche, une jupe identique et un tour de taille
important suggérant une représentation de femme
dans un état de grossesse avancée ou sur le point de
donner le jour. Les ornements circulaires concentriques pourraient symboliser un concept similaire à
celui de la « force vitale basique » ou « pouvoir insai-
sissable[218] » ; énigmatique pour nous, ce concept
était à coup sûr familier au créateur de cette pièce.
La croix symétrique qui entoure les cercles est un
autre ornement typique de cette période et représente
peut-être les quatre points cardinaux, d'une grande
importance dans l'iconographie méso-américaine. Certaines pièces du type Galo polychrome, qui constitue
une réminiscence de quelque poterie du Maya classique provenant du Honduras, la possèdent aussi[219].

12. Figure féminine
Céramique
Costa Rica, sous-région
de Guanacaste-Nicoya
Période IV récente-
période V ancienne
(400-700 apr. J.-C.)
Longueur 18 cm
Hauteur 23 cm
Inv. 521-16

Récipient en céramique tripode, avec engobe rouge, lignes gravées et peinture résistante. Les récipients à bord recourbés vers l'extérieur sur le col et la base, ici avec des supports « mammiformes » creux, sont habituels dans le type Zoila rouge gravé [220] ; des formes similaires sont apparues durant la période Maya classique. Les supports bulbeux ont été perforés pour permettre une cuisson uniforme et complète, et contiennent fréquemment de petites boules d'argile en guise de grelots. La disposition en file des perforations et des lignes incisées sans aucun soin peuvent correspondre à un symbolisme zoomorphe inconnu. La décoration par le procédé résistant ou la peinture en négatif est une application à la céramique de la technique du « batik ». À cet égard est utilisé un fin engobe d'argile ou une cire liquide pour couvrir certaines zones ou certains dessins peints sur des surfaces déjà cuites, engobées et lustrées ; plus tard, la vaisselle d'usage était traitée à l'aide d'une vapeur chaude saturée de suif qui teignait les zones non recouvertes d'une teinte noire grisâtre. Ce second engobe écailleux était immédiatement lustré pour obtenir un poncif en négatif. Cette technique est habituelle dans la région de Gran Chiriquí et dans le nord de l'Amérique du Sud, à travers Panamá. Sa prédominance sur le versant atlantique du Costa Rica coïncida avec la diffusion de la métallurgie à l'intérieur du pays, en provenance du sud. Les ornements avec crocodiles et les dessins en spirale symbolisant l'eau sont les plus récurrents dans ce type de céramique.

13. Écuelle tripode
Céramique
Costa Rica, sous-région atlantique
Période IV récente-période V ancienne
(400-700 apr. J.-C.)
Longueur 19,8 cm
Hauteur 12 cm
Inv. 521-51
Ancienne collection Josef Mueller, acquise en 1956 à la galerie Motte, Genève

Masse cérémonielle en pierre avec figure zoomorphe sculptée. Les masses cérémonielles de cette période ont été récupérées dans le nord-ouest, dans la vallée centrale et dans les basses terres de la région atlantique du Costa Rica. Elles paraissent avoir eu une importance symbolique considérable associée à l'élite et aux filiations déifiques, au même titre que les métates élaborés en pierre et les pendentifs de jade de la même période. Les trois éléments se retrouvent souvent ensemble dans des tombes de personnages de rang élevé.

Bien qu'elles aient été considérées, il y a quelques décennies, comme des gourdins guerriers, la majorité des masses cérémonielles pourvues d'effigies sont trop petites et légères pour avoir servi d'armes. Elles étaient réalisées pour être placées sur des bâtons, probablement en bois et d'usage rituel, comme enseigne de charge.

Cette masse cérémonielle montre des images composées d'animaux. Les oreilles, les yeux, les fosses nasales, ainsi que les trois lignes courbes gravées de chaque côté en guise de moustaches et la mâchoire indiquent qu'il s'agit d'un jaguar. Ces lignes gravées sont plus intéressantes encore quand on les observe de profil : elles peuvent alors être interprétées comme un serpent avec la queue enroulée. De la gueule ouverte du félin surgit ce qui semble être une maigre langue divisée. Le segment inférieur peut figurer tantôt la langue du serpent, tantôt une jambe humaine dévorée. Un tel imaginaire double est caractéristique de nombreux autres colliers de jade et masses cérémonielles.

14. Masse cérémonielle
Pierre
Costa Rica, sous-région
de Guanacaste-Nicoya
Période IV récente
(100 av. J.-C.-
500 apr. J.-C.)
Hauteur 18 cm
Longueur 11 cm
Inv. 521-62

Masse cérémonielle en pierre avec images animales gravées. De même que pour l'exemple précédent, cette masse cérémonielle présente un imaginaire à double, voire à triple signification. En premier lieu, la grande mâchoire ouverte avec dents, les grandes et profondes orbites oculaires et les deux protubérances jumelles sur le haut (les oreilles ?) pourraient être représentatives du jaguar. Néanmoins, il y a aussi les jambes incurvées en bas relief dans la partie perforée et sphérique, dans laquelle on peut reconnaître une grenouille ou un crapaud dont les yeux globuleux seraient les protubérances supérieures, qui figurent également des yeux perforés, des bouches et des corps tordus suggérant une représentation de serpent.

Nota bene. Pour les probables significations symbolique et fonctionnelle, de même que pour les techniques de réalisation et le reste des ustensiles associés aux têtes des bâtons en général, se reporter à la notice de la pièce 521-62 (ill. 14).

15. Masse cérémonielle
Pierre
Costa Rica, sous-région de Guanacaste-Nicoya
Période IV récente
(100 av. J.-C.-
500 apr. J.-C.)
Hauteur 8,7 cm
Longueur 21,5 cm
Inv. 521-32
Ancienne collection Josef Mueller, acquise à Paris avant 1939

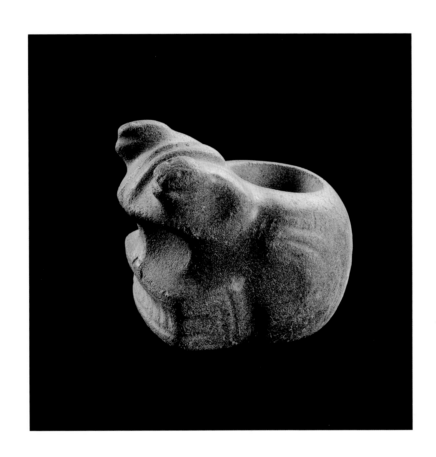

Métate ou plateau en pierre à la forme de double figure de crocodile. De même que la pièce 521-61 (ill. 17), cet objet a pu être soit un métate/mortier pour préparer une substance quelconque, soit un contenant en forme de plateau. Sa taille importante plaide en faveur de la première hypothèse, ainsi que la plus grande courbure de la surface plane de la pièce vers la queue, alors que la protubérante tête de la figure et la queue, chacune à une extrémité de l'objet, le rendent apte à être soulevé des deux mains. Selon toute probabilité, cet ustensile était utilisé pour préparer une substance particulière dans une cérémonie rituelle. C'est en tout cas rituellement qu'il a été brisé.

Les écailles du crocodile sont symbolisées par des motifs en relief sur la tête et par des ornements arrondis en relief, en forme de petites boules, apparaissant le long des côtés du plateau.

16. Métate ou plateau
Roche volcanique
Costa Rica, région centrale
ou de Gran Chiriquí
Période VI
(1000-1400 apr. J.-C.)
Hauteur 11 cm
Longueur 49 cm
Inv. 521-12
Ancienne collection
Olivier Le Corneur.
Reproduit dans le
catalogue de la vente
de l'hôtel Drouot du
17 au 21 décembre 1927,
pl. IV, cat. n° 135

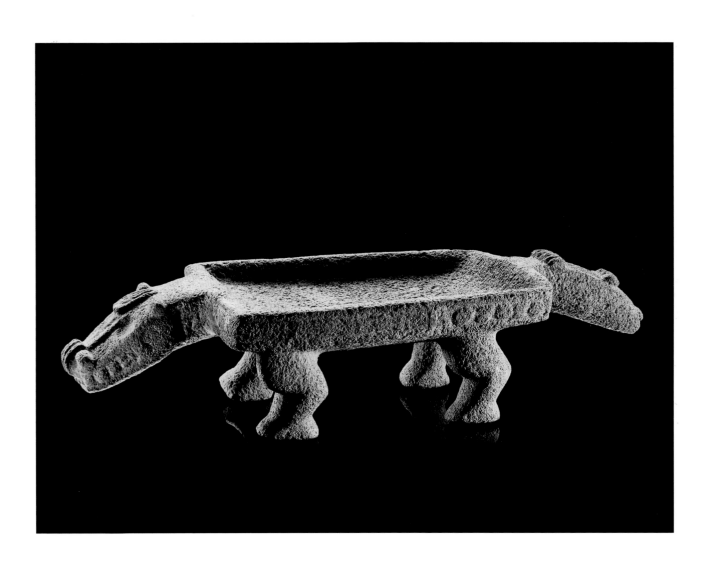

Mortier ou plateau en pierre en forme de jaguar. Les ustensiles de ce type ont pu être soit une sorte de mortier ou source creuse utilisée dans la préparation d'une substance particulière inconnue, soit un récipient soigneusement travaillé, d'importance symbolique. Les côtés latéraux excluent qu'il puisse s'agir d'un métate, même si on peut observer des érosions par abrasion.

La tête de jaguar est réaliste, avec des traits proportionnés, des moustaches en bas relief et des dents qui indiquent le rugissement. Un dessin ornemental symbolisant les taches noires du jaguar est gravé sur les pattes extérieures et sur la queue. Celle-ci, repliée et collée à l'une des pattes arrière, ainsi que les entailles sur la partie supérieure du plateau suggèrent que cet ustensile fut réalisé pour être suspendu et utilisé au cours de cérémonies inconnues jusqu'alors. La queue recourbée en contact avec une patte est une caractéristique qui apparaît aussi sur quelques-unes des grandes tables/métates quadrupèdes de cette période dans la région de Gran Chiriquí.

17. Mortier ou plateau
Roche volcanique
Costa Rica, région centrale
Période VI
(1000-1400 apr. J.-C.)
Hauteur 10,5 cm
Longueur 27,5 cm
Inv. 521-61

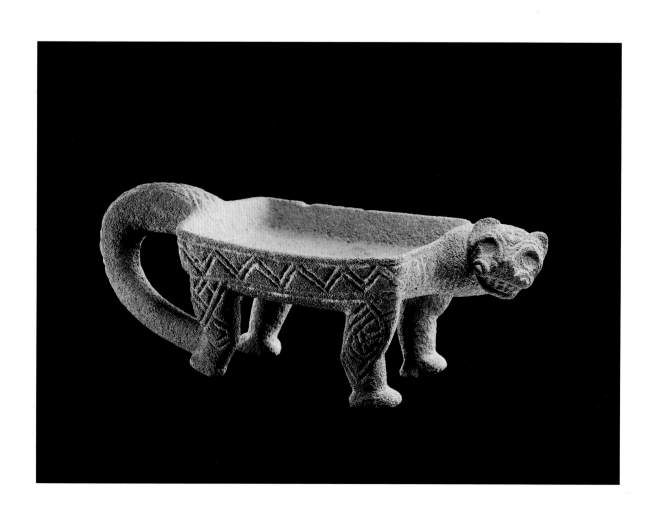

Récipient en pierre en forme de crocodile. Autour de 1000 apr. J.-C., des jattes, des plateaux et des mortiers en pierre de petite taille commencèrent à être produits dans la région centrale. Ils avaient sans doute une utilisation rituelle, pour la préparation de certaines substances (quelques-uns présentent une légère usure par broiement) ou comme simples réceptacles d'objets ou de substances nécessaires aux rites d'une cérémonie. Quelques rares spécimens ont été sculptés spécialement comme offrandes pour des enterrements particuliers. La plupart possèdent quatre pattes, mais certains sont à supports tripodes avec des figures ou des bases circulaires d'atlantes anthropomorphes ou zoomorphes.

Cette pièce représente un crocodile avec la gueule béante, de grandes mâchoires et la peau ondulée. Le motif en forme de « 8 » gravé en bas relief sur la partie supérieure de la tête peut symboliser un crocodile ou, peut-être, une créature du monde ténébreux – monde qui, dans la mythologie des peuples indigènes historiques de cette région, contient l'idée de l'eau.

18. Récipient
Roche volcanique
Costa Rica, région centrale
Période VI
(1000-1400 apr. J.-C.)
Hauteur 8,5 cm
Longueur 21,9 cm
Inv. 521-29
Ancienne collection
Josef Mueller, acquis
à Paris avant 1939

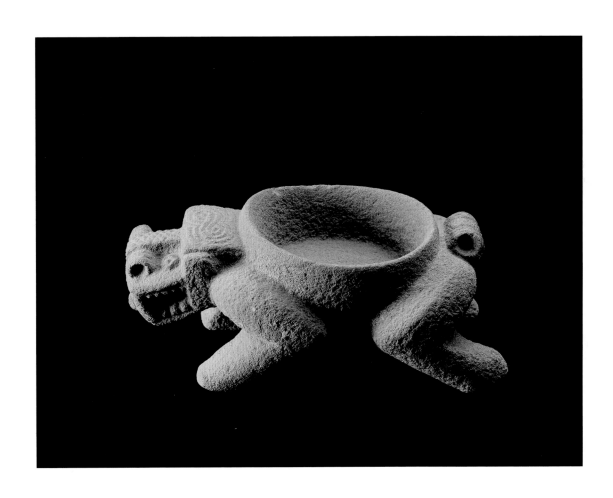

Métate en pierre volcanique poreuse avec décoration en bas relief. Les métates tripodes à plateau courbé, aux pattes cylindriques pointues, furent fabriqués dans le nord-ouest du Costa Rica et dans l'intérieur du Nicaragua au cours des premiers siècles de notre ère. Même si l'on connaît des exemplaires sans ornements, la majorité d'entre eux possèdent un liséré gravé (guillochage) ou des motifs tressés autour du plat. Les archéologues ont découvert ces types de métates dans des tombes, parfois à côté de jades et de masses cérémonielles [221], deux objets associés à une haute position politico-religieuse et aux rituels liés à la fertilité agricole.

La figure qui apparaît sur la surface inférieure de ce métate porte un masque et un déguisement de chauve-souris (probablement *Desmodus rotundus*) et un grand panache de plumes. Les échelons entrelacés des deux côtés du corps peuvent représenter une cōuche d'ailes de chauve-souris. L'élément horizontal qui apparaît sur le triangle inversé rappelle les pendentifs horizontaux de jade « aile de chauve-souris ». La haute chevelure montre ce qui semble être quatre plumes ou les feuilles enroulées d'une jeune plante, d'entre lesquelles surgit un énigmatique triangle inversé plein de chaînons entrelacés. Cette coiffe peut avoir un symbolisme semblable à celui de l'iconographie olmèque, surtout quand elle est, comme ici, incorporée à un métate pour broyer le maïs.

19. Métate ou pierre à broyer
Roche volcanique
Costa Rica, sous-région de Guanacaste-Nicoya
Période IV récente
(200 av. J.-C.-
400 apr. J.-C.)
Hauteur 36 cm
Longueur 74 cm
Inv. 521-11

Monolithe en forme de table rectangulaire. La décoration se concentre dans la partie frontale, sur laquelle sont sculptées huit figures distinctes combinant des traits anthropomorphes et zoomorphes, dans le cas présent des singes dans différentes postures dressées. La partie supérieure présente trois figures sculptées. L'image centrale a des traits avimorphes sur le visage et ses bras sont exagérés (peut-être des ailes déployées).

Ce type de monolithe a été associé à trois fonctions possibles. La première, comme pierre mortuaire d'une tombe de ciste ou caisson de personnages de haut rang, telles celles qui ont été découvertes à la fin du XIXᵉ siècle sur le site de Guayabo de Turrialba. La deuxième renvoie à ce qu'ont écrit Christophe Colomb et ses compagnons, parcourant la partie caraïbe du Costa Rica, lorsqu'ils observèrent un cadavre sur une espèce de table. Devant la situation de figures dressées dans le même sens et le manque de décoration de la partie inférieure, on pense que l'objet était utilisé en position droite : c'est la troisième possibilité. Néanmoins, la rareté de ce type d'objets et le peu de données contextuelles rendent hasardeuse toute interprétation définitive.

20. Monolithe
Roche volcanique
Costa Rica, région centrale, versant atlantique
Période VI, La Cabaña (800-1500 apr. J.-C.)
Hauteur 101 cm
Largeur 51 cm
Inv. 521-84

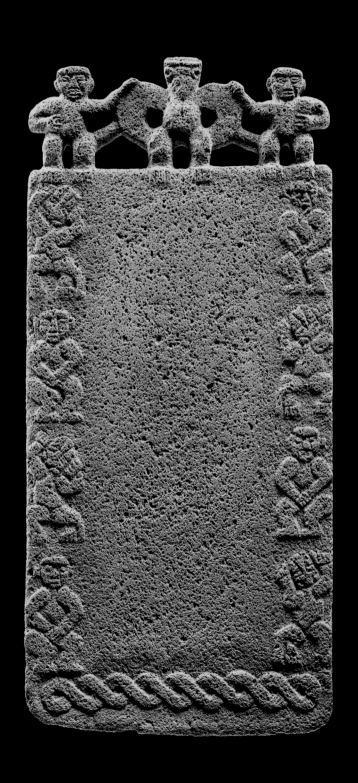

Autour de 500 apr. J.-C. des changements s'opèrent dans les modes d'occupation, dans la forme des maisons et des tombes ainsi que dans les coutumes funéraires. Les céramiques évoluent et les matériaux somptuaires à connotation symbolique tels que le jade sont peu à peu remplacés par l'or. Durant cette période apparaissent les premières sculptures libres travaillées en pierre et réellement significatives, puisque auparavant le travail de la pierre à signification rituelle avait été incorporé à la forme de la métate.

Dans le cas présent, il s'agit de la tête-portrait d'un personnage réel de haut rang. Les têtes-portraits en pierre volcanique ou en argile sont reconnaissables à leurs expressions éveillées, arrogantes ou sereines, ainsi qu'à leurs ornements aristocratiques, comme ici le grand élargissement des oreilles et une coiffure soigneusement enroulée avec une longue queue de cheval. Les têtes-portraits se distinguent des têtes-trophées : ces dernières ont une expression d'agonie, leurs ornements sont très petits ou inexistants, elles exhibent leur dentition dans un rictus sardonique, et enfin elles ont les yeux et la bouche cousus.

21. Tête-portrait
Gabro altéré
Costa Rica, sous-région atlantique
Période V
(500-700 apr. J.-C.)
Hauteur 36 cm
Inv. 521-8
Ancienne collection Josef Mueller, acquise au début des années cinquante de Earl Stendahl

Exécutée dans une roche volcanique légère et poreuse mais non exempte de dureté, cette figure de guerrier adopte une pose classique, avec la hache levée dans une main et la tête-trophée humaine réduite dans l'autre. La ceinture peut symboliser sa filiation tribale ou une divinité zoomorphe protectrice.

Cette représentation et d'autres poses guerrières analogues (parfois la tête-trophée est transportée au bout d'une corde pendue à l'épaule, attachée à la ceinture ou à la main) ont un aspect cérémonieux et rigide. Elles semblent figurer un « stéréotype guerrier » idéalisé et non un individu réel. Des attitudes types semblables existent également pour les femmes (debout, avec les mains collées à la poitrine, parfois dans une pose symbolique de fertilité ou de réceptivité sexuelle) et, selon toute probabilité, pour les figures de chamans (assis, avec les bras entourant leurs genoux, jouant de la flûte ou fumant, ou simplement avec une expression absorbée ou dans une transe due aux drogues). Même s'il existe des sculptures libres en pierre plus naturelles qui représentent des personnes réelles, en particulier des chefs, dans cette région, vers 1000 apr. J.-C., on utilisait exclusivement des stéréotypes pour représenter la plupart des rôles sociaux [222].

22. Figure de guerrier
Basalte
Costa Rica, région centrale
Période V récente-
période VI ancienne
(800-1200 apr. J.-C.)
Hauteur 83 cm
Inv. 521-4
Ancienne collection
Josef Mueller, acquise
au début des années
cinquante de Earl Stendahl

Les remarquables différences stylistiques de la sculpture en pierre de Diquís sont parfaitement illustrées par cet objet quasi bidimensionnel et d'une stylisation rigide. Lorsqu'on le compare aux sculptures anthropomorphes de la région centrale, comme la pièce 521-4 (ill. 22), on est surpris de voir que des traditions sculpturales aussi différentes aient pu coexister à la même époque et distantes de seulement 130 km. Tout au long de l'ère précolombienne, la sous-région de Diquís au Costa Rica fut toujours la plus intimement liée à la sphère culturelle de l'Amérique du Sud septentrionale. La sévérité de la pose et des lignes de cette statue est une réminiscence des figures des pendentifs en or Muisca et Calima de Colombie. La rigidité du style ne doit pas nous abuser : le meilleur des sculptures de Diquís se trouve dans la transmission d'une puissante présence totémique.

Ici, la posture droite et les proportions du corps sont humaines, même si la tête est un masque de jaguar trahi par la bouche souriante/rugissante aux crocs prononcés. Un serpent venimeux à deux têtes (notez le dessin du crotale) surgit de la bouche, et une tête humaine, symbolisant peut-être une tête-trophée, sert de couverture pubienne. Les bras et les jambes sont attachés par des liens.

**23. Sculpture
d'homme-jaguar**
Andésite ferrugineuse
Costa Rica, sous-région
de Diquís
Période VI
(1000-1500 apr. J.-C.)
Hauteur 48 cm
Inv. 521-5
Ancienne collection
Josef Mueller, acquise au
début des années vingt de
Joseph Brummer à Paris

Sculpture anthropomorphe ornée d'un bâton et d'un pendentif. Elle fut réalisée en pierre, avec une base de fixation. Cette figure présente une énigme pour les archéologues ; si on l'envisage globalement, aucune sculpture connue au Costa Rica n'entretient de relations avec elle. Cependant ses éléments, séparés, livrent un éclairage sur sa possible origine.

La figure est sculptée dans une roche semblable à celle utilisée dans les sculptures de Diquís et de Chiriquí. Néanmoins, le traitement de la figure humaine dans les statues du style Diquís consiste en une rigide stylisation, quasi bidimensionnelle, avec une séparation des extrémités du corps au moyen d'espaces ouverts. Comparée à la pièce 521-5 (ill. 23), cette statue est plus arrondie, même si toutes deux présentent une base de fixation.

Le collier au pendentif en forme de pointe de lance, avec une figure humaine gravée, apparaît aussi sur une figure anthropomorphe en pierre provenant du site Barriles, à Panamá. La figure de Barriles est tridimensionnelle, possède un chapeau conique et est assise sur les épaules d'une autre personne, sans doute un esclave, dépourvu d'ornements. Elle est datée de 300-500 apr. J.-C. Seules de futures investigations pourront apporter plus d'informations.

24. Sculpture anthropomorphe
Pierre
Costa Rica, région de Gran Chiriquí
Période IV récente-période V ancienne
(300-700 apr. J.-C.)
Hauteur 90 cm
Inv. 521-65

Cette jarre décorée en noir et rouge sur blanc représente la transformation de la typique « jarre double » du style Tonosí (pièce de vaisselle composée de deux corps globulaires de taille identique) en une jarre au col plus court et resserré, propre au style Cubitá.

L'iconographie de cette céramique présente quelques-uns des traits caractéristiques du style Tonosí, illustrant l'usage de bandes et de lignes de peinture noire sur fond blanc qui permettent d'obtenir un dessin symétrique. La figure anthropomorphe masquée est plus élaborée que sur d'autres exemples du style Tonosí, même si on y retrouve la posture bras ouverts et certains symboles qui mettent en relief l'oiseau et donnent ce caractère au personnage. Les symboles avimorphes se trouvent : a) sur les figures opposées de son masque, représentant des oiseaux à larges cous ; b) sur les éléments en forme de triangles opposés ou les stylisations d'oiseaux aux ailes déployées dessinées sur son corps ; c) sur les échassiers qui se promènent entre les corps allongés des spirales.

Malgré le corps peint en noir, la couleur rouge du bec et les pattes de l'oiseau font allusion à l'ibis blanc (*Pristis perottetis*), espèce très commune à Panamá.

25. Jarre globulaire trichrome
Céramique, style de transition Tonosí-Cubitá
Panamá, région de Gran Coclé
Période V
(500-700 apr. J.-C.)
Hauteur 36 cm
Diamètre 38,1 cm
Inv. 521-83
(Col restauré)

La figure centrale circonscrite dans cette céramique fait allusion à l'un des principaux et plus vieux thèmes de la tradition céramique de Gran Coclé, celui de « l'aigle aux ailes déployées ». Que ce soit dans la céramique ou dans d'autres formes d'artisanat de cette région, en particulier la métallurgie, ce fut là l'une des icônes prédominantes, dotée de son schéma conventionnel : ailes ouvertes, griffes suggérées et queue triangulaire. On suit le développement de cette figure dans d'autres styles métallurgiques à travers différentes régions archéologiques qui vont du Costa Rica à la Colombie ; on peut donc la considérer comme un emblème international.

Cette coupe a été décorée en trichromie ; celle-ci consistait à délinéer d'une épaisse argile blanche des bandes, des dessins ou des figures préalablement peints en noir sur une base d'engobe rouge ou d'une tonalité avoisinante. D'autres exemplaires de la même époque s'attachèrent moins à faire ressortir les silhouettes avec du blanc, préférant employer cette couleur à remplir les espaces à l'aide de petits points circulaires. De telles variantes trichromes ne sont pas les plus communes de cette tradition céramique, où prédominèrent les combinaisons chromatiques de noir et rouge sur blanc.

26. Coupe trichrome
Céramique, style Cubitá
Panamá, région
de Gran Coclé
Période V
(550-700 apr. J.-C.)
Hauteur 5,7 cm
Diamètre 21 cm
Inv. 521-50

Ce vase-effigie fut réalisé en modifiant simplement le corps supérieur ou col ; on y modela les traits du visage et on y appliqua des bouts d'argile pour former les oreilles du personnage. Cette façon de transformer un vase en une forme animale ou humaine est typique de la tradition Gran Coclé et semble avoir commencé avec le style Cubitá.

La décoration à la peinture noire fut appliquée pour faire ressortir les traits du visage. Le corps présente un ordre fluide de dessins primitifs en « YC », contrairement à la pièce 521-43 (ill. 32) ; sur ces dessins les spirales sous-jacentes ne ressortent pas clairement. De plus, la forme du « Y » est angulaire plutôt que curviligne, ce qui peut constituer un antécédent évolutif du « YC », développé par la suite dans le style Conte.

27. Vase-effigie bichrome
Céramique, style Cubitá
Panamá, région
de Gran Coclé
Période V
(550-700 apr. J.-C.)
Hauteur 24 cm
Diamètre 16,5 cm
Inv. 521-49

Ce vase, par la trichromie en noir et blanc sur rouge, présente une version particulière, peut-être primitive, du modèle « YC » du style Conte (voir les pièces 521-49, ill. 27, et 521-43, ill. 32). Contrairement à la pièce 521-43, la spirale, peut-être en forme de serpent, n'a pas été obtenue grâce au fond rouge mais grâce à la peinture noire.

À remarquer également les différents éléments en forme semi-circulaire et en forme de « T » inclus dans les dessins verticaux qui font ressortir les spirales.

Excepté le dessin central, cette pièce révèle un trait commun aux styles Cubitá et Tonosí : celui de séparer les espaces décorés à l'aide de bandes appliquées à la circonférence ou horizontalement, alternant dans le cas présent le blanc et le noir. Les cols de ces vases, de hauteur modérée, contrastent avec les cols cylindriques et allongés des styles successifs Conte, Macaracas et Joaquín.

28. Vase trichrome
Céramique, style Cubitá
Panamá, région
de Gran Coclé
Période V
(550-700 apr. J.-C.)
Hauteur 19 cm
Diamètre 24 cm
Inv. 521-44

Ce vase présente comme thème central des êtres aviphormes, à l'attitude statique, alignés autour de sa panse. Comme l'icône du saurien, ces figures montrent des attributs pratiquement standardisés dans le style Macaracas : le col arqué, la tête levée, les lignes caractéristiques du « plumage » sur leur tête et leur dos, et notamment le symbole modifié du « YC » sur leur ventre. Un autre élément toujours récurrent consiste en un petit arc denté dans la zone génitale, ce qui attribue à cette créature des facultés fécondatrices.

Lorsque les pièces Macaracas sont pourvues de cols moyens ou hauts, ceux-ci sont décorés de préférence selon le modèle « YC », ce qui n'est guère une innovation concernant le style Conte (voir la pièce 521-43, ill. 32). Les bords plus ou moins évasés de ces vases sont ornés de lignes concentriques, desquelles pendent de petits éléments géométriques, en général en forme de « T » inversé.

29. Vase polychrome
Céramique, style
Macaracas
Panamá, région
de Gran Coclé
Période V
(850-1000 apr. J.-C.)
Hauteur 26 cm
Diamètre 23 cm
Inv. 521-47

Ce récipient en céramique provenant du sud-ouest du Costa Rica est classé par les archéologues comme Polychromie Buenos Aires, un type de poterie récente résultant probablement des tentatives locales de copier les polychromies Papagayo et Pataky de Gran Nicoya, ô combien plus magnifiques et plus brillantes. L'application des pigments rouge et noir sur engobe crème fut réalisée de façon plus stylisée et plus ordinaire, généralement sous forme d'ornements triangulaires ou rectangulaires qui symbolisent l'alligator/crocodile.

Dans la sous-région de Chiriquí, la même céramique est connue sous le nom de céramique lézard (alligator) et a été trouvée à côté d'ustensiles européens. Si nous savons que ce style a perduré jusqu'à l'arrivée des Espagnols, nous ignorons la date exacte de ses origines.

Les atlantes aux formes de jaguar sur la base circulaire sont simplement modelés. Cependant certains détails sont peints, comme les points et les cercles sur la tête symbolisant la peau mouchetée du jaguar.
L'ornement rectangulaire rouge et noir sur le côté extérieur du récipient est peut-être une figure zoomorphe stylisée vue de face, probablement un jaguar ou un crocodile. Une pièce de vaisselle très semblable contenant des restes d'encens brûlé de la période Copal est exposée au Musée national du Costa Rica.

30. Coupe soutenue par des jaguars sur une base annulaire
Céramique, style Cubitá
Panamá, sous-régions de Diquís et de Chiriquí
Période VI
(1000-1550 apr. J.-C.)
Hauteur 9,6 cm
Diamètre 14,5 cm
Inv. 521-52

Sur ce plat, l'organisation des dessins correspond à un schéma quadrilatéral, avec un petit panneau concentrique. La figure centrale ne semble faire allusion à aucune espèce particulière, bien que sa position et ses caractéristiques indiquent, en d'autres cas, des créatures sauriennes. En revanche, les êtres qui l'entourent ont les éléments basiques des représentations de tortue. Certaines pièces moulées en or ou taillée en ostrons de *Spondylus*, caractéristiques de la région, comportent des traits plus réalistes de tortue marine, où l'on peut repérer les attributs distinctifs du reptile. Tout d'abord, on remarque des extrémités angulaires pourvues de griffes, figurées ici en forme de peigne, trait standardisé du style Conte. Ensuite, on peut apprécier le corps circulaire de la carapace, souligné ici en violet, et qui entoure un dessin dont le fond ressemble à un trèfle à quatre feuilles.

Deux spirales divergentes dessinées de façon linéaire sortent du museau.

31. Écuelle polychrome
Céramique, style Conte
Panamá, région
de Gran Coclé
Période V
(700-850 apr. J.-C.)
Hauteur 6 cm
Diamètre 32 cm
Inv. 521-42

Ce plat révèle l'un des moyens décoratifs les plus représentatifs du style Conte et de la tradition Gran Coclé : le modèle « YC ». Pour son développement, ici, la surface circulaire a été réalisée avec des panneaux radiaux ; dans d'autres cas, ils sont disposés de façon bilatérale, trilatérale, quadrilatérale ou concentrique.

Le modèle « YC » produit un double effet visuel : le premier est dû à l'alternance d'éléments noirs en forme de « Y » et de « C », tandis que le deuxième est rendu par le fond blanc du plat, le tout formant un assemblage continu de spirales ou de volutes. Ce schéma fut appliqué par les artisans de ce style dans plusieurs compositions créatives et versatiles, allant de la figure simple basique illustrée par cet exemplaire jusqu'aux constructions complexes de figures ou de visages.

Les spirales, ainsi qu'il a été suggéré, peuvent être des allusions au serpent ou à ses qualités. Ici on remarque tout particulièrement les « spirales divergentes », symbole standardisé dans les artisanats de la céramique et de l'or.
On observera que, sur chaque panneau, il y a au moins un jeu complet de spirales divergentes (identifiable au centre des panneaux situés aux extrémités), lequel a été répété alternativement sur les extrémités des panneaux centraux.

32. Écuelle trichrome
Céramique, style Conte
Panamá, région
de Gran Coclé
Période V
(700-850 apr. J.-C.)
Hauteur 4,1 cm
Diamètre 30,5 cm
Inv. 521-43

Cette pièce représente, de manière réflexive, une créature imaginaire, même si la construction basique en forme de « W » fut utilisée dans d'autres exemplaires pour la représentation d'animaux ailés ou de chauves-souris. La barre rouge qui divise les dessins, typique des styles Conte et Macaracas, représente ici une configuration très particulière, et n'est pas unie à une circonférence rouge. De plus, les lignes qui l'entourent sont des traits négligés, ce qui n'est pas commun à ces styles. D'autres traits stylistiques caractérisent davantage le style Joaquín comme une variante technologique et artisanale possible contemporaine des styles Conte et Macaracas. Pour réaliser la construction de la figure, le noir n'a pas été employé pour délinéer les zones rouges et violettes, mais pour exécuter tout le dessin (excepté la tête). Par conséquent, le rouge avait un usage différent, étant employé linéairement et entre les lignes noires.

33. Coupe trichrome
Céramique, style Joaquín
Panamá, région
de Gran Coclé
Période V
(700-1000 apr. J.-C.)
Diamètre 26,5 cm
Inv. 521-45

Même si dans le style Conte les dessins très réalistes et standardisés de crabes sont communs, ils figurent peu souvent comme thème central, contrairement aux styles Macaracas et Joaquín polychromes, tel qu'on peut l'observer sur cette petite coupe. Le bord décoré alternativement de zones violettes, rouges et blanches, toujours séparées par le noir, constitue également un indicateur stylistique de Macaracas. Il faut en outre observer les différentes barbes et projections qui émanent de l'animal. On a spéculé sur les connotations sexuelles et reproductives du crabe en transposant ces modifications à l'appareil génital féminin [223]. La particularité de ce style, comparé au style Conte, se laisse aussi voir sur les éléments pleins placés des deux côtés de la figure : spirales à angle droit ou angulaires, une tendance évolutive des derniers styles Gran Coclé.

34. Coupe polychrome
Céramique, style
Macaracas
Panamá, région
de Gran Coclé
Période V
(850-1000 apr. J.-C.)
Hauteur 6,5 cm
Diamètre 17,2 cm
Inv. 521-60

Cette pièce montre un thème qui combine les attributs du crustacé et ceux du scorpion. Comme souvent dans le style Joaquín, les dessins furent peu souvent circonscrits aux lignes appliquées à la circonférence ou aux divisions d'espace blanc et rouge sur le bord. Les longues barbes divergentes, de forme latérale, dépassent du corps allongé de la créature, qui semble également renvoyer au génital féminin. Un autre aspect qui différencie la décoration de cet exemplaire Joaquín, si on le compare aux autres représentations de style Macaracas (voir la pièce 521-60, ill. 34), est l'emploi inhabituel du rouge et du violet utilisés librement, c'est-à-dire sans être délinéés par le noir, comme c'est le cas pour les barbes. De plus, ces couleurs se combinent rarement de façon aussi particulière.

35. Coupe polychrome
Céramique, style Joaquín
Panamá, région
de Gran Coclé
Période V
(700-1000 apr. J.-C.)
Hauteur 12,5 cm
Diamètre 22,8 cm
Inv. 521-59

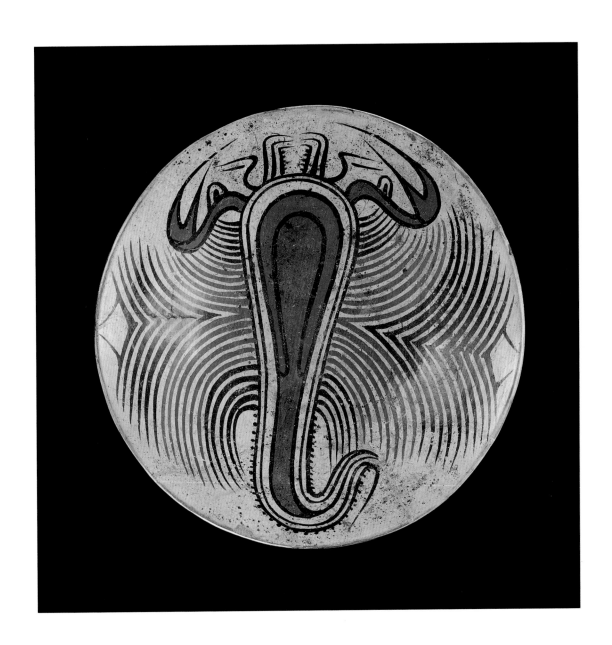

Le thème central qui parcourt toute la circonférence de cette coupe est celui d'une créature hybride au corps en forme de serpent, pourvue de griffes suggérées et d'une gueule démesurée. La figure, autant que la manière de la représenter, suit un schéma déjà connu dans le style Conte, bien qu'elle possède certains éléments secondaires distinctifs comme les barbes, les pointes recourbées sortant de la gueule ainsi que la forme et la coloration alternée des griffes des pattes. Ces attributs, ajoutés à l'absence, sur la bouche de la vaisselle, de la ligne noire séparant le blanc du rouge – permanente dans les styles Conte et Macaracas –, classent cet exemplaire dans le style Joaquín.

La gueule allongée, ses dents sériées, la langue projetée et les symboles de l'œil et du bec d'oiseau (voir la pièce 521-18, ill. 42) confèrent à cette créature les qualités d'un saurien.

36. Coupe polychrome
Céramique, style Joaquín polychrome
Panamá, région
de Gran Coclé
Période V
(700-1000 apr. J.-C.)
Hauteur 15 cm
Diamètre 28 cm
Inv. 521-41

Plat à décoration polychrome sur la surface intérieure et sur le bord. Ce modèle élaboré représente
une figure zoomorphe très stylisée peinte en noir,
rouge et violet sur fond crème. Elle présente le motif
du lézard dressé qui occupe tout l'intérieur du plat,
ce motif étant l'une des icônes les plus courantes de
la céramique polychrome et de la métallurgie du
Panamá central. Dans les sépultures du site Conte
exhumées par Lothrop ont été trouvés des objets
manufacturés polychromes avec ce motif, associés à
de la métallurgie ainsi qu'à d'autres biens luxueux
comme des pierres précieuses et un os taillé.

37. Plat polychrome
Céramique, style Conte
ancien
Panamá, région
de Gran Coclé
Période V
(750-850 apr. J.-C.)
Hauteur 9 cm
Diamètre 20 cm
Inv. 521-75

Plat polychrome décoré avec une grande symétrie à partir de la combinaison de peinture noire, rouge et violette. Ce plat correspond au style Conte dans sa phase récente, baptisée à l'origine par S. Lothrop « Late Polychrome ». Des pièces de vaisselle de ce type étaient des offrandes qui accompagnaient les élites dans leurs tombes ; on en a trouvé dans le cimetière connu du site Conte.

La décoration montre l'original et complexe mimétisme dont nombre d'animaux étaient pourvus. Les créatures à tête d'oiseau et à longue queue, qui s'ajoutent aux autres êtres du côté opposé, ont d'inhabituels becs dentés ainsi que quatre griffes volumineuses. Sur ce plat les figures opposées semblent représenter un prototype du poisson-scie. Lorsque la tête du poisson se divise en deux, un autre motif conventionnel ressort, celui du saurien, dont la présence sera plus éloquente dans le style postérieur Macaracas ; et à son tour ce saurien dissimule une tête d'oiseau au bec épais.

38. Plat polychrome
Céramique, style
Conte récent
Panamá, région
de Gran Coclé
Période V
(700-850 apr. J.-C.)
Hauteur 5 cm
Diamètre 29,5 cm
Inv. 521-85b

Plat polychrome largement décoré de peinture noire, rouge et violette sur fond crème, dont la combinaison a permis de créer un riche et complexe dessin basé sur des éléments zoomorphes. Cet objet montre avec un grand art le sens esthétique ainsi que la richesse iconographique fondée sur le monde animal et les conceptions et transformations liées au monde chamanique. Comme dans la pièce 521-85b (ill. 38), le plat présente un dessin divisé en deux motifs centraux organisés en panneaux quadrilatéraux, qui à leur tour sont entremêlés d'émanations linéaires. L'un des motifs est celui du saurien dressé à la bouche ouverte et aux griffes prononcées ; de ce saurien surgit une queue qui s'unit au dessin du poisson-scie.

L'introduction de la tête d'une autre créature rappelant la tortue stylisée appartenant aux débuts du style Conte déséquilibre la composition. La protubérante projection du poisson-scie semble littéralement venir heurter cette tête.

39. Plat polychrome
Céramique, style
Conte récent
Panamá, région
de Gran Coclé
Période V
(700-850 apr. J.-C.)
Hauteur 5 cm
Diamètre 29,5 cm
Inv. 521-85a

La façon particulière de représenter cette figure anthropomorphe en englobant les éléments décoratifs de la tête, des extrémités et du corps avec la volute (spirale), caractérise le style Conte. La posture et les caractéristiques du personnage ressemblent à celles de la tortue marine, dessinée de façon plus figurative sur d'autres vaisselles contemporaines provenant du site Conte (voir inv. 521-42, ill. 31). La tortue a revêtu un symbolisme magique ou politique entre les peuples du Pacifique central panaméen, pour le moins entre 550 et 850 apr. J.-C.

40. Coupe polychrome
Céramique, style Conte
Panamá, région
de Gran Coclé
Période V
(700-850 apr. J.-C.)
Diamètre 26,7 cm
Inv. 521-69

Vase globulaire à col haut dont les bords sont évasés. Il présente une base de peinture crème sur laquelle ont été appliquées, de long en large, des bandes de peinture rouge et violette. Il est composé d'une bande sinueuse rouge délinéée de peinture noire qui parcourt toute l'épaule de la vaisselle. À l'intérieur de chaque courbe ont été placées des volutes de couleur violette, qui à leur tour ont été délinéées de noir. Le col et le bord de la pièce présentent un engobe fin et poli de couleur café tirant sur le rouge.

Cette pièce de vaisselle, comme les autres objets manufacturés en céramique polychromes du Panamá central et datés entre 750 et 950 apr. J.-C., fait partie de contextes funéraires et cérémoniels dans le style Conte. L'association de ce style avec des objets en or au contenu iconographique important, ainsi que d'autres matériaux somptuaires comme l'os ou les possibles tissus, suggère une production spécialisée et une consommation de biens de grande élaboration.

41. Vase globulaire
Céramique, style
Conte récent
Panamá, région
de Gran Coclé
Période V
(850-950 apr. J.-C.)
Hauteur 30 cm
Diamètre 30 cm
Inv. 521-76

Le poisson représenté sur cette ample écuelle dont la base est annulaire décrit les attributs d'un requin-marteau et d'un poisson-scie. Si l'on fait une mise au point unilatérale sur la tête, deux nouvelles figures ressortent.

En premier lieu, on remarque l'icône classique du saurien (voir les pièces 521-46, ill. 45, et 521-40, ill. 46) et, associés à celui-ci, l'œil et la bouche d'un perroquet. Cet exemplaire constitue sans doute l'une des représentations les plus anciennes et les plus réalistes de l'archétype associant le saurien au requin ; ce sont là des thèmes fondamentaux dans la cosmogonie qui perdurent dans les styles de céramique postérieurs, Macaracas et Parita.

Une caractéristique de cette tradition céramique est la coexistence de modèles décoratifs latents et de recours thématiques innovants, illustrée à travers cet objet par la projection qui sort de la gueule du poisson, projection réussie grâce à une combinaison d'éléments littéralement copiés de l'ancien style Tonosí (200 av. J.-C.-500 apr. J.-C.). La ligne rouge entourant le bord est typique du style Conte ; celle-ci fut utilisée pour séparer la surface intérieure blanche de l'extérieur rouge.

42. Écuelle polychrome
Céramique, style Conte
Panamá, région
de Gran Coclé
Période V
(700-850 apr. J.-C.)
Hauteur 8 cm
Diamètre 42 cm
Inv. 521-18

Coupe polychrome avec piétement. À l'instar de la coupe 521-17 (ill. 47), cette pièce de vaisselle est consacrée au thème du « saurien anthropomorphe ». Ici les dessins figurent autant sur la surface intérieure qu'à l'extérieur de la coupe. Les attributs du « crocodile » qu'adopte ce personnage sont exacerbés par les têtes que projette son corps, et toute sa partie inférieure suggère son caractère viril. La figure porte un tablier doté de l'emblème de la spirale. Sur l'avers fut dessiné un arrangement bilatéral sur lequel chacune des quatre têtes du reptile se perçoit sous deux angles.

43. Coupe polychrome
Céramique, style
Macaracas
Panamá, région
de Gran Coclé
Période V
(850-1000 apr. J.-C.)
Hauteur 12,5 cm
Diamètre 20 cm
Inv. 521-68

Vase globulaire à col haut dont le bord est évasé. La surface est polychrome ; elle combine une décoration géométrique minutieuse et détaillée, basée sur des carrés et des rectangles, avec une association symétrique de couleurs et de tailles. Elle présente un panneau au motif central zoomorphe très stylisé, accompli à partir de la séquence d'ensembles aux lignes pleines rouge et violette, de volutes des mêmes couleurs ainsi que d'effets et de cercles concentriques figurant les yeux. La gueule allongée montre de multiples dents, dont le dessin paraît semblable à la queue dentée d'une raie.

L'utilisation du violet combiné au rouge et au noir sur fond crème, dans l'élaboration des figures géométriques et des figures zoomorphes stylisées (poissons, oiseaux et crocodiles, entre autres), caractérise la tradition de la polychromie au Panamá central et illustre l'une des industries de production de céramiques les plus spécialisées d'Amérique.
Au Panamá central, des vaisselles semblables ont été trouvées dans des contextes funéraires, à côté d'objets élaborés en métal.

44. Vase globulaire
Céramique, style Macaracas
Panamá, région de Gran Coclé
Période V
(950-1100 apr. J.-C.)
Hauteur 20 cm
Diamètre 30 cm
Inv. 521-78

Cette pièce présente le thème du saurien dans sa version d'image divisée : la créature figurée ici exprime la dualité entre deux entités, représentées par le saurien si on le visualise de manière unilatérale, par le requin si on l'apprécie de manière intégrale. Ce symbolisme souligne également la continuité des images dominantes des trois derniers styles de la tradition Gran Coclé. Si on compare ce dessin avec celui de la pièce 521-40 (ill. 46), on observe des différences particulières dans la forme des griffes et sur les dents de l'animal. Ici l'image divisée est isolée du reste des dessins du vase, parmi lesquels ressortent également les têtes classiques du saurien.

Le couvercle de la pièce, un petit bol polychrome, présente des espaces divisés sur lesquels furent dessinées des figures analogues au moyen de traits linéaires noirs.

45. Vase et couvercle polychromes
Céramique, style Macaracas
Panamá, région de Gran Coclé
Période V
(850-1000 apr. J.-C.)
Hauteur 14 cm
Diamètre 16 cm
Inv. 521-46

Sur cette pièce se trouve représenté le saurien dans sa version d'« image divisée ». Cependant, dans sa forme intégrale, cette figure devient le schéma du « requin-marteau », qui aura une plus grande répercussion dans le style Parita, successeur du style Macaracas. D'autres représentations classiques de la tête du saurien figurent sur les côtés opposés de ce même dessin ; les corps en forme de serpent, en bandes alternées rouges, noires et violettes, sortent des yeux de l'image divisée.

Sur le col de cette pièce une large bande rouge sert à atténuer l'effet percutant de la monstrueuse créature par le biais d'un modèle « YC » ordinaire courant sur toute la circonférence. Ce dernier dessin a subi des modifications : le bord étendu a été décoré de franges radiales alternées de rouge, blanc ou violet, toujours entourées de noir.

L'engobe rouge de l'intérieur du col contraste avec les tonalités opposées de blanc à l'extérieur ; cet effet, ainsi que son contraire, est un autre trait stylistique basique de la tradition céramique Gran Coclé.

46. Vase polychrome
Céramique, style
Macaracas
Panamá, région
de Gran Coclé
Période V
(850-1000 apr. J.-C.)
Hauteur 25 cm
Diamètre 26 cm
Inv. 521-40

La décoration de cette pièce est une variante du thème de l'homme transformé en saurien (voir la pièce 521-39, ill. 48). Ici le personnage regarde en face, peut-être en un geste d'attaque. Les « bâtons » denticulés ouvrant les deux côtés de sa coiffe montrent à nouveau l'aspect ambivalent de ce thème ; en effet, si on l'associe à son œil, on obtient le profil du saurien. Il faut noter l'emphase des projections en forme d'arête de raie ainsi que la manière alternée de les agencer en tons violets et rouges.

Il ne fait aucun doute que les arêtes sont empreintes d'un symbolisme très spécial (elles ont été associées à des instruments de guerre). Dans les tombes relatives à ce style, les arêtes de raie étaient des objets fréquemment offerts aux personnalités privilégiées ou aux guerriers enterrés sur le site Conte.

Une autre caractéristique qui différencie le style Macaracas des styles qui l'ont précédé est l'utilisation d'un haut piétement qui parfois était décoré. Cet exemplaire montre un agencement commun, qui consiste à former des dessins romboïdaux à l'aide de couleurs contrastées.

D'autres céramiques représentant le même thème du saurien furent ornées sur les surfaces intérieures et extérieures.

47. Coupe polychrome à pied
Céramique, style
Macaracas
Panamá, région
de Gran Coclé
Période V
(850-1000 apr. J.-C.)
Hauteur 9,4 cm
Diamètre 28,3 cm
Inv. 521-17
Acquis en 1968 du
Museum of the American
Indians, Heye Foundation,
New York

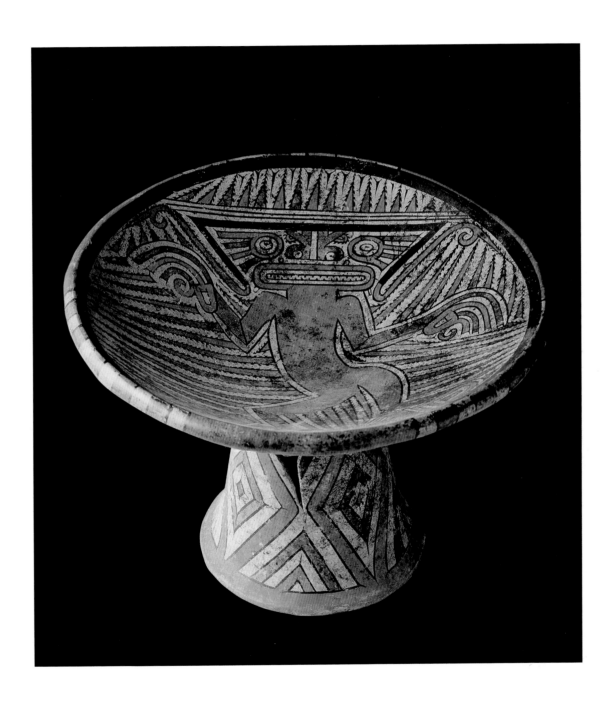

Cette coupe présente l'icône la plus classique du style Macaracas, le saurien typifié par les traits composant sa tête. Sur cet objet, son corps fait allusion à un être humain ayant acquis les attributs de cet animal et à l'attitude contorsionnée ou dynamique. On observe ici plusieurs des caractéristiques principales de ce style sobre : la circonférence aux couleurs alternées, le style baroque, bien qu'équilibré, de la décoration et la fréquente alternance chromatique entre les éléments rouges et violets. Ce dernier aspect est clairement visible dans les tracés formant la coiffe allongée, les griffes suggérées ainsi que les projections pointues en forme d'arête de raie qui émanent de cet être mythique. On a donné à cette figure humaine, combinée dans d'autres styles à des tortues ou à des oiseaux, des connotations chamaniques ou guerrières. On suppose que les attitudes agressives de ces personnages renvoient aux relations de concurrence et de conflit entre les différentes peuplades organisées en caciquats du Panamá central.

48. Coupe polychrome à pied
Céramique, style
Macaracas
Panamá, région
de Gran Coclé
Période V
(850-1000 apr. J.-C.)
Hauteur 12,5 cm
Diamètre 27,7 cm
Inv. 521-39

Ce vase présente une combinaison artistique de peinture noire, utilisée pour délimiter le dessin, et dont l'intérieur fut peint de couleur pourpre et rouge. Tout le dessin polychrome s'établit sur fond crème. Une surface finement polie et une peinture magnifiquement exécutée démontrent ici le haut niveau d'élaboration technique de la céramique précolombienne, destinée sans doute à l'usage funéraire et cérémoniel du Panamá précolombien.

49. Vase globulaire
Céramique, style
Macaracas
Panamá, région
de Gran Coclé
Période V
(950-1100 apr. J.-C.)
Hauteur 24 cm
Diamètre 25 cm
Inv. 521-79

Ce dessin abstrait simplifié en forme de zigzag, qui contraste avec l'élaboration sophistiquée et minutieuse d'autres thèmes, montre la versatilité des ressources artistiques attribuées au style Macaracas.

Ce motif apparaît déjà représenté comme thème unique dans le style Conte précédent, mais les proportions et la combinaison chromatique semblent plus typiques de ce style. De plus, il convient de souligner l'intention évidente d'alterner et de contraster les couleurs caractéristiques rouge et violet, et d'élever le blanc, la véritable couleur du fond, au rang d'élément décoratif supplémentaire.

50. Coupe polychrome
Céramique, style
Macaracas
Panamá, région
de Gran Coclé
Période V
(850-1000 apr. J.-C.)
Hauteur 4,8 cm
Diamètre 29,6 cm
Inv. 521-58

Notes

1. Steward, 1948.
2. Willey, 1955.
3. Lange et Stone, 1984, p. 3.
4. Lange et Stone, 1984.
5. Lange et Stone, 1984, pp. 3-12 et 33-60.
6. Lange *et al.*, 1992.
7. Guerrero, 1998.
8. Voorhies, 1978.
9. Linares, 1977b ; Linares et Ranere, 1980.
10. Lange, 1978 ; Norr, 1978.
11. Drolet, 1980.
12. Cooke, 1987, p. 265.
13. Quilter et Blanco, 1995.
14. West, 1964a, p. 81.
15. Magnus, 1976 et 1978.
16. Nietschmann, 1973.
17. Tamayo, 1964, pp. 97-98.
18. MacLeod, 1973.
19. Kennedy, 1976.
20. Snarskis, 1978, 1981 et 1984.
21. Lothrop, 1942 ; Stone, 1949 ; Laurencich de Minelli, 1977.
22. Tamayo, 1964, p. 99.
23. Linares, 1977b ; Linares et Ranere, 1980.
24. Drolet, 1980.
25. Vivo Escoto, 1964, pp. 210-212.
26. Snarskis, 1978, 1981 et 1984.
27. Lathrap, 1970.
28. Coe, 1979.
29. Drolet, 1980.
30. Puleston, 1968.
31. Snarskis, 1978 et 1984 ; Blanco, 1995.
32. West, 1964a, p. 80.
33. West, 1964a, p. 81.
34. Linares, 1968b.
35. Murray, 1969 ; Lange, 1964b, p. 169.
36. Healy, 1980a.
37. Baudez, 1967.
38. Lothrop, 1963.
39. Drolet et Markens, 1981.
40. Vivo Escoto, 1964, pp. 202-213.
41. Stevens, 1964, p. 268.
42. Voir aussi Lange *et al.*, 1992.
43. Abel-Vidor, 1981a et 1981b ; Ibarra, 1995.
44. Linares, 1936a ; Baudez, 1967 ; Hoopes, 1979 ; Guerrero et Solís, 1997.
45. Sheets, 1979.
46. Snarskis, 1978 et 1998b.
47. Bien qu'Ibarra et Snarskis, entre autres, contestent cette affirmation.
48. Willey, 1970, p. 850.
49. Travaux publiés d'Aguilar, 1981 ; Blanco, 1986 ; Guerrero, 1981 ; Snarskis, 1984a, 1984b et 1992 ; Snarskis et Blanco, 1978 ; Valerio, 1989 ; Vázquez, 1981, 1989.
50. Miranda, 1959.
51. West, 1964a, p. 76.
52. Sapper, 1913.
53. Sheets, 1979 et 1984.
54. Moreau, 1978.
55. Snarskis et Salgado, 1996.
56. Cependant, voir Ibarra, 1995.
57. Guerrero, Vázquez et Solá, 1991.
58. West, 1964b, p. 364.

59. Linares et Ranere, 1980.
60. Cependant, voir aussi Snarskis et Ibarra, 1985.
61. Denevan, 1993.
62. Abel-Vidor, 1981.
63. Snarskis, 1976, 1978 et 1981.
64. Corrales et Quintanilla, 1992.
65. Ibarra, 1995, pp. 66-67.
66. Lothrop, 1926.
67. Bozzoli, 1979 et 1982 ; Ibarra, à paraître.
68. Carmack, 1993.
69. Ibarra, à paraître.
70. Earle, 1982.
71. Hodder, 1982 ; Ibarra, à paraître.
72. Helms, 1988, 1992 et 1993.
73. Helms, 1988 ; Ibarra, à paraître.
74. Osborn, 1995.
75. Bozzoli, 1979, pp. 41-49 et 151-154 ; Ibarra, à paraître.
76. Osborn, 1995 ; Ibarra, à paraître.
77. Ibarra, à paraître.
78. Snarskis, 1978, 1984a et 1984b.
79. Snarskis, 1984a et 1984b ; Quilter et Blanco, 1995.
80. De Santo Tomás, 1908.
81. Fernández de Oviedo, 1944, p. 84.
82. Ibarra, 1995, p. 82.
83. Ibarra, 1995, pp. 76-77.
84. Cooke et Bray, 1985.
85. Falchetti, 1995.
86. Ibarra, 1995, p. 92.
87. Magnus, 1974 et 1978.
88. Magnus, 1978.
89. Gorin, 1990.
90. Magnus, 1978.
91. Hoopes, 1992.
92. Service, 1975, pp. 14-16.
93. Hartman, 1907a.
94. Hartman, 1907b.
95. Coe et Baudez, 1961 ; Baudez et Coe, 1962 ; Baudez, 1967.
96. Haberland, 1955, 1959, 1960, 1961a et 1961b.
97. Stirling, 1969.
98. Kennedy, 1968 et 1976.
99. Aguilar, 1972b.
100. Holdridge, 1947.
101. Lange, 1971a, 1971b, 1975 et 1976.
102. Snarskis, 1975, 1976a, 1976b, 1977, 1978, 1979a, 1981, 1982, 1983, 1984a, 1984b, 1985, 1986a, 1987, 1992a, 1992b, 1998a et 1998b ; Lange 1975, 1976, 1977, 1978, 1980a, 1980b, 1984, 1992 et 1996.
103. Swauger et Mayer-Oakes, 1952.
104. Sheets, 1984.
105. Snarskis, 1978, 1981 et 1984a.
106. Complexe Loma B, site Vidor ; Lange, 1980a.
107. Odio, 1992.
108. Complexe Tronadora, site de Tronadora Vieja ; Hoopes 1985, 1987, 1994.
109. Snarskis, 1978, 1981 et 1984a.
110. Hoopes, communication personnelle.
111. Hoopes, 1995, p. 187, fig. 15.2.
112. Snarskis, 1978, pp. 107-125 ; Hoopes, 1995, p. 187.
113. Snarskis, 1978, pp. 115 et 123.
114. Guerrero et Solís, 1997.
115. Lange, 1980.
116. Lange, 1971.

117. Musée national du Costa Rica.
118. Guerrero, Vázquez et Solano, 1992.
119. Snarskis, 1981, 1982 et 1998.
120. Graham, 1981 et 1992 ; Snarskis, 1981, 1992, 1998a et 1998b.
121. Easby, 1968, pp. 81-97.
122. Lange, Bishop et Van Zelst, 1981.
123. Jones, 1998, pp. 97-III.
124. Snarskis, 1979a.
125. Hartman, 1907a.
126. Snarskis et Blanco, 1978 ; Snarskis et Ibarra, 1985.
127. Herrera, s.f.
128. Baudez, 1971, p. 35.
129. Accola, 1977 et 1978.
130. Lothrop, 1926, pp. 227-234.
131. Guerrero et Blanco, 1987.
132. Day et Abel-Vidor, 1980.
133. Salgado, communication personnelle ; 1998.
134. Lange, 1971.
135. Stone, 1977.
136. Knowlton, 1996, pp. 143-176.
137. Lange et Accola, 1979.
138. Grelot du type IA3 dans la classification de David Pendergast, dans Wallace et Accola, 1980.
139. Baudez, 1992.
140. Acuña, 1983.
141. Période II, dans Linares et Ranere, 1980.
142. Snarskis, 1978, 1981 et 1984.
143. Hoopes, 1987 et 1994.
144. Shepard, 1954, p. 191.
145. La forme calebasse est un vase globulaire aux bords incurvés vers l'intérieur, de manière marquée, et au profil en forme de virgule.
146. Voir aussi Acuña, 1985.
147. Université du Costa Rica.
148. Robert McK. Bird, communication personnelle.
149. Lawrence Kaplan, communication personnelle.
150. Snarskis, 1979a et 1998a, p. 91.
151. Snarskis, 1998a, p. 91 ; Graham, 1998, pp. 48-50.
152. Snarskis, 1978 et 1984a.
153. Snarskis et Guevara, 1987, p. 38.
154. Findlow, Snarskis et Martin, 1979.
155. Aguilar, 1972b ; Fonseca, 1981.
156. Hurtado de Mendoza et Gómez, 1985.
157. Chávez, 1994.
158. Vázquez et Pleasants, 1997.
159. Corrales et Quintanilla, 1996.
160. Solís et Herrera, 1992.
161. Aguilar, 1972.
162. Valerio, 1989.
163. Blanco, 1986.
164. Bray, 1981 ; Snarskis, 1986 et 1992b.
165. Easby, 1968.
166. Herrera et Corrales, 1997.
167. Snarskis, 1978, 1984a.
168. Haberland, 1984, p. 255.
169. Drolet et Markens, 1980 et 1981.
170. Holmes, 1888 ; MacCurdy, 1911.
171. Paulsen, 1977.
172. Laurencich de Minelli et Minelli, 1973, p. 222.
173. Snarskis, 1998b, p. 26, fig. 8a.
174. Stone, 1977, p. 106 ; Drolet et Markens, 1980 ; Haberland, 1984.

175. Quintanilla, dans Callejo, 1998, p. 98.
176. Lothrop, 1963.
177. Linares et Ranere, 1980.
178. Haberland, 1984.
179. Haberland, 1961a.
180. Quilter et Blanco, 1995 et 1996.
181. Quilter et Blanco, 1995 et 1996.
182. Haberland, 1976 et 1984.
183. Céramique Ligne rouge et blanche. Stone, 1943.
184. Quintanilla, 1987, pp. 122-134.
185. Voir Quintanilla, dans Muñoz, 1992.
186. Voir Zapp, dans Callejo, 1998, pp. 96-97.
187. Carneiro, 1961 et 1970.
188. Meggers, 1971, p. 159.
189. Carneiro, 1970, p. 735.
190. Snarskis, 1981 et 1984.
191. Sanders et Price, 1968, p. 130.
192. Lothrop, 1937 et 1942 ; Hearne, 1992.
193. Willey et McGimsey, 1954.
194. Deevey, Gralenski et Hoffren, 1959.
195. Willey et Stoddard, 1954.
196. Lothrop, 1959 ; Baudez, 1963 ; Ladd, 1964.
197. Linares et Ranere, 1980 ; Shelton, 1984.
198. Cooke, 1976a.
199. Ranere et McCarthy, 1976 ; Bird et Cooke, 1978.
200. Piperno et al., 1992.
201. Cooke, 1979.
202. John Griggs, communication personnelle.
203. Cooke et Ranere, 1984 et 1992a.
204. Cooke et al., 1994, s.f. ; Sánchez, 1995.
205. Bray, 1978.
206. Cooke, 1995.
207. Hansell, 1988 ; Cooke, 1995.
208. Casimir de Brizuela, 1971.
209. Sánchez et Cooke, s.f.
210. Ichon, 1980 ; González, 1971.
211. Cooke, 1993.
212. Briggs, 1989 et 1993.
213. Sánchez et Cooke, s.f.
214. Cooke et Bray, 1985 ; Bray, 1992.
215. L'archéologue Samel K. Lothrop a appelé ce motif « jaguar silhouette » dans son ouvrage intitulé Pottery of Costa Rica and Nicaragua (1926).
216. Graham, 1995, p. 24.
217. Snarskis, 1998b.
218. Ces motifs circulaires, presque toujours réalisés en bas reliefs, apparaissent sur de nombreuses autres céramiques et pendentifs de jade de cette période, généralement dans la partie la plus basse du torse des figures anthropomorphes ; sur quelques jades elles apparaissent parfois seules, comme unique décoration (Easby, 1981, ill. 79).
219. Snarskis, 1981, p. 192, n° 85.
220. Snarskis, 1978.
221. Guerrero, 1998 ; Snarskis, 1979.
222. Snarskis, 1998a.
223. Labbé, 1995.

Bibliographie

ABEL-VIDOR, S. (1980)
« Dos hornos precolombinos en el Sitio Vidor, Bahía Culebra, Guanacaste », *Vínculos*, 6 (2), San José, Musée national du Costa Rica, pp. 43-50.

ABEL-VIDOR, S. (1980b)
« The historical sources for the Greater Nicoya archaeological subarea », *Vínculos*, 6 (1-2), San José, Musée national du Costa Rica, pp. 155-186.

ABEL-VIDOR, S. (1981)
« Ethnohistorical approaches to the archaeology of Greater Nicoya », in *Between Continents / Between Seas : Precolumbian Art of Costa* Rica, E. Benson (éd.), New York, The Detroit Institute of Arts, Harry N. Abrams, pp. 85-92.

ACCOLA, R.M. (1977)
« Análisis de la difracción de rayos-X : Su aplicacción experimental en el estudio de la cerámica policromada de Nicoya, Costa Rica », *Vínculos*, 3 (1), San José, Musée national du Costa Rica, pp. 37-45.

ACCOLA, R.M. (1978)
« Revisión de los tipos de cerámica del periodo Policromo Medio en Guanacaste », *Vínculos*, 4 (2), San José, Musée national du Costa Rica, pp. 80-105.

ACUÑA, V. (1983)
« Florencia-1 : Un sitio precerámico en la Vertiente Atlántica de Costa Rica », *Vínculos*, 9 (1-2), San José, Musée national du Costa Rica, pp. 1-14.

ACUÑA, V. (1985)
« Artefactos líticos de Turrialba relacionados con el procesamiento de tubérculos », *Vínculos*, 11 (1-2), San José, Musée national du Costa Rica, pp. 31-45.

AGUILAR, C. (1972b)
« Contribución al estudio de las secuencias culturales en el area central de Costa Rica », *Ninth International Congress of Anthropological and Ethnological Sciences*, Chicago.

AGUILAR, C. (1972a)
Guayabo de Turrialba, San José, Editorial Costa Rica.

AGUILAR, C. (1975)
« El Molino : Un sitio de la fase Pavas en Cartago », *Vínculos*, 1 (1), San José, Musée national du Costa Rica, pp. 18-56.

AGUILAR, C. (1976)
« Relaciones de las culturas precolombinas en el intermontano central de Costa Rica », *Vínculos*, 2 (1), San José, Musée national du Costa Rica, pp. 75-86.

ARIAS, T., INABA, T., COOKE R.G., JORGE, L. (1988)
« A preliminary note on the transient polymorphic oxidation of sparteine in the Ngawbé Amerindians : A case of genetic divergence with a tentative phylogenetic time-frame for the pathway », *Journal of Clinical Pharmacology and Therapeutics*, 44, pp. 343-352.

ARREA, F.M. (1987)
« Introducción a la arqueología de Santo Domingo de Heredia », thèse de licence, San José, Université du Costa Rica.

BARRANTES, R., SMOUSE, P.E., MOHRENWEISER, H.W., GERSHOWITS, H., AZOFEIFA, J., ARIAS, T., NEL, J.B. (1990)
« Microevolution in Lower Central America : Genetic characterization of the Chibcha-speaking groups of Costa Rica and Panama and a taxonomy based on genetics, linguistics and geographics », *American Journal of Human Genetics*, 46, pp. 63-84.

BAUDEZ, C.F. (1963)
« Cultural Development in Lower Central America », in *Aboriginal Cultural Development in Latin America*, B.J. Meggers et C. Evans (éds), Smithsonian Miscellaneous Collections, 146 (1), Washington.

BAUDEZ, C.F. (1967)
« Recherches archéologiques dans la vallée du Tempisque, Guanacaste, Costa Rica », *Travaux et Mémoires de l'Institut des hautes études de l'Amérique latine*, 18, Paris.

BAUDEZ, C.F. (1971)
« Commentary on : inventory of some Pre-Classic traits in Highlands and Pacific Guatemala and adjacent areas », in *Observations of the Emergence of Civilization in Mesoamerica*, R.F. Heizzer et J.A. Graham (éds), Berkeley, Université de Californie, Archaeological Research Facility, contribution 11.

BAUDEZ, C.F., COE, M.D. (1962)
« Archaeological sequences in northwestern Costa Rica », *Akten des 34. Internationalen Amerikanisten Kongresses*, Horn, Vienne, pp. 366-373.

BAUDEZ, C.F. (aut. prin. et dir.), BORGNINO, N., LALIGANT, S., LAUTHELIN, V. (1992)
Papagayo : un hameau précolombien du Costa Rica, Paris, Mexico, Éditions Recherche sur les civilisations, Centre d'études mexicaines et centraméricaines.

BIRD, J.B., COOKE, R.G. (1978)
« La Cueva de Los Ladrones : datos preliminares sobre la ocupación Formativa », in *Actas del V Simposio Nacional de Antropología, Arqueología y Etnohistoria de Panamá*, Panamá, Institut national de la culture, pp. 283-304.

BLANCO, A. (1986)
« Arqueología de salvamento del sitio C39-El Cristo », in *Prehistoric Settlement Patterns in Costa Rica, Journal of the Steward Anthropological Society*, 14, F.W. Lange et L. Norr, (éds), Urbana, IL, Steward Anthropological Society, pp. 269-280.

BLANCO, A., MORA, G. (1995)
« Plantas silvestres y cultivadas según la evidencia arqueobotánica en Costa Rica », *Vínculos*, 20 (1-2), San José, Musée national du Costa Rica, pp. 53-77.

BOZZOLI, M.E. (1975)
Birth and Death in the Belief System of the Bribri Indians of Costa Rica, Ph.D. Dissertation, Athens, GA, Université de Géorgie.

BOZZOLI, M.E. (1979)
El nacimiento y la muerte entre los Bribri, San José, Université du Costa Rica.

BOZZOLI, M.E. (1982)
Especialistas en la medicina aborigen bribri, Informe preliminar, San José, Université du Costa Rica, département d'anthropologie.

BRAY, W. (1981)
« Gold work », in *Between Continents / Between Seas : Precolumbian Art of Costa Rica*, E. Benson (éd.), New York, Detroit Institute of Arts, Harry N. Abrams, pp. 152-166.

BRAY, W. (1990)
« Cruzando el Tapón del Darién : Una visión de la arqueología del Istmo desde la perspectiva colombiana », *Boletín del Museo del Oro*, 29, Bogota.

BRAY, W. (1992)
« Sitio Conte metalwork in its Panamerican context », in *River of Gold : Precolumbian Treasures of Sitio Conte*, P. Hearne et R. Sharer (éds), Philadelphie, University Museum, pp. 32-46.

BRIGGS, P.S. (1989)
Art, Death and Social Order : the Mortuary Arts of Pre-Conquest Central Panama, Oxford, British Archaeological Reports International Series, p. 550.

BRIGGS, P.S. (1993)
« Fatal attractions : interpretation of prehistoric mortuary remains from Lower Central America », in *Reinterpreting Prehistory of Central America*, M.M. Graham (éd.), Colorado, University Press, pp. 141-168.

BRUHNS, K.O. (1982)
« Monumental sculpture as evidence of hierarchical societies », in *Wealth and Hierarchy in the Intermediate Area*, F.W. Lange (éd.), Washington, DC, Dumbarton Oaks, pp. 331-356.

BULL, T. (1958)
« Excavations at Venado Beach », *The Archaeological Society of Panama*, 1949-1958, pp. 6-17.

BULL, T. (1961)
« An Urn Burial in Venado Beach, Canal Zone », *Panama Archaeologist*, 4 (1), pp. 42-47.

CANOUTS, V., GUERRERO, J.V. (1988)
« Vallejo and Jicote ceramic codes : The case for stylistic analogy in the Late Polychrome Period », in *Costa Rican Art and Archaeology : Essays in Honor of Frederick R. Mayer*, F.W. Lange (éd.), Boulder, Johnson Publishing, pp. 213-259.

CARMACK, R.M. (1993)
« La conquista de Mesoamérica desde la perspectiva de una teoría mundial », *Revista de Historia*, 28 (juillet-décembre), CIH-UNA et Université du Costa Rica, Heredia, Editorial EUNA.

CARNEIRO, R.L. (1961)
« Slash-and-burn cultivation among the Kuikuru and its implications for cultural development in the Amazon basin », in *The Evolution of Horticultural Systems in Native South America*, J. Wilbert (éd.), Caracas, Sociedad de Ciencias Naturales La Salle.

CARNEIRO, R.L. (1970)
« A theory of the origin of the state », *Science*, 169, pp. 733-738.

CASIMIRO DE BRIZUELA, G. (1971)
« Informe preliminar de las excavaciones en el sitio arqueológico Las Huacas, distrito de Soná, Veraguas », in *Actas del II Simposio Nacional de Antropología y Etnohistoria de Panamá*, Panamá, Institut national de la culture.

CATAT, L. (1889)
« Les habitants du Darién méridional », *Revue d'ethnographie*, 7, Paris.

CHAPMAN, A.M. (1960)
Los Nicarao y los Chorotega según las fuentes históricas, San José, Publications de l'Université du Costa Rica (série histoire et géographie, 4).

CHÁVEZ, S. (1994)
« Hacia una historia regional de la zona de San Ramón », in *Antología de la Historia de San Ramón, 150° Aniversario (1844-1994)*, San José, Editorial Guayacán, pp. 9-43.

COE, M.D. (1981)
« Gift of the river : Ecology of the San Lorenzo Olmec », in *The Olmec and their Neighbors*, E. Benson (éd.), Washington, DC, Dumbarton Oaks, pp. 15-20.

COE, M.D., BAUDEZ, C.F. (1961)
« The Zoned Bichrome Period in northwest Costa Rica », *American Antiquity*, 26 (4), pp. 505-515.

COE, M.D., DIEHL, R.A. (1980)
In the Land of the Olmec, Austin, Texas.

CONSTENLA, A. (1991)
Las lenguas del Área Intermedia : Una introducción a su estudio areal, San José, Éditions universitaires.

CONSTENLA UMAÑA, A. (1994)
« Las lenguas de la Gran Nicoya », *Vínculos*, 18-19 (1992-1993),
San José, Musée national du Costa Rica, pp. 191-208.

COOKE, R.G. (1972)
The Archaeology of the Western Coclé Province of Panama,
Ph.D. Dissertation, Université de Londres.

COOKE, R.G. (1976a)
« Una nueva mirada a la evolución de la cerámica de las Provincias
Centrales », in *Actas del IV Simposium Nacional de Antropología
de Panamá*, Panamá, Institut national de la culture, pp. 309-365.

COOKE, R.G. (1976b)
« Rescate arqueológico en El Caño (NA-20), Coclé », in *Actas
del IV Simposium Nacional de Arqueología, Antropología y
Etnohistoria de Panama*, Panamá, Institut national de la culture,
pp. 447-482.

COOKE, R.G. (1979)
« Los impactos de las comunidades agrícolas precolombinas sobre
los ambientes del trópico estacional : datos del Panamá
prehistorico », in *Actas del IV Simposio Internacional de Ecología
Tropical*, t. III, Panamá, Institut de la culture, pp. 917-973.

COOKE, R.G. (1984)
« Archaeological research in central and eastern Panama, A review
of some problems », in *The Archaeology of Lower Central America*,
F.W. Lange et D.Z. Stone (éd.), Albuquerque, The University of
New Mexico Press, pp. 263-302.

COOKE, R.G. (1985)
« Ancient painted pottery from Central Panama », *Archaeology*,
juillet-août, pp. 33-39.

COOKE, R.G. (1993)
« Alianzas y relaciones comerciales entre indígenas y españoles
durante el periodo de contacto : El caso de Urracá, Esquegua y los
vecinos de Natá », *Revista Nacional de Cultura*, 25, pp. 111-122.

COOKE, R.G. (1995)
« Monagrillo, Panama's first pottery : Summary of research (1948-
1993), with new interpretations of chronology, subsistence and
cultural geography », in *The Emergence of Pottery*, W.K. Barnett
et J. Hoopes (éds), Smithsonian Institution Press, pp. 169-184.

COOKE, R.G., CAMARGO, M. (1977)
« Coclé y su arqueología : Una breve historia crítica », *La Antigua*,
9, Panamá, pp. 115-172.

COOKE, R.G., RANERE, A.J. (1984)
« The Proyecto Santa María : A multi-disciplinary analysis of
prehistoric adaptations to a tropical watershed in Panama »,
in *Recent Developments in Isthmian Archaeology*, F.W. Lange
(éd.), Oxford, British Archaeological Reports (International Series,
212), pp. 3-30.

COOKE, R.G., BRAY, W.M. (1985)
« The goldwork of Panama : an iconographic and chronological
perspective », in *The Art of Precolumbian Gold : the Jan Mitchell
Collection*, J. Jones (éd.), Londres, Weidenfield and Nicholson,
pp. 35-49.

COOKE, R.G., RANERE, A.J. (1992a)
« Prehistoric human adaptations to the seasonally dry forests of
Panama », *World Archaeology*, 24, pp. 114-130.

COOKE, R.G., RANERE, A.J. (1992b)
« The origin of wealth and hierarchy in the Central Region of
Panama (12,000-2,000 BP), with observations on its relevance to
the history and phylogeny of Chibchan-speaking polities in Panama
and elsewhere », in *Wealth and Hierarchy in the Intermediate Area*,
F.W. Lange (éd.), Washington, DC, Dumbarton Oaks, pp. 243-316.

COOKE, R.G., SÁNCHEZ, L.A., PÉREZ, A., ISAZA, I., SOLÍS, O.,
BADILLA, A. (1994)
Investigaciones arqueológicas en el Sitio Cerro Juan Díaz,
Panamá Central, rapport sur les travaux réalisés entre janvier 1992
et juillet 1994 pour l'Instituto Smithsonian de Investigaciones
Tropicales y la Dirección de Patrimonio Histórico del Instituto
de Cultura de Panamá.

COOKE, R.G., SÁNCHEZ, L.A., PÉREZ, A., ISAZA, I. (à paraître)
« Rasgos mortuorios inusuales y artefactos de Cerro Juan Díaz, una
aldea precolombina en la región cultural de Panamá Gran Coclé »,
La Antigua, Colombie.

COOKE, R.G., SÁNCHEZ, L.A.
« Coetaneidad de metalurgia, artesanías de concha y cerámica
pintada en Cerro Juan Díaz, Gran Coclé, Panamá », *Boletín del
Museo del Oro*, Banco de la República, Bogota, Colombie.

CORRALES, F. (1989)
« La ocupación agrícola temprana del sitio arqueológico Curré,
Valle del Diquís », thèse de licence, San José, Université
du Costa Rica.

CORRALES, F. (1990)
*La ocupación precolombina del valle de Jacó durante la Fase
Pavas*, rapport pour le musée national du Costa Rica, San José.

CORRALES, F. (1996)
« The archaeology of the Central Pacific coast of Costa Rica »,
in *Paths to Central American Prehistory*, F. W. Lange (éd.),
pp. 93-117.

CORRALES, F., QUINTANILLA, I. (1986)
*Investigaciones arqueológicas en la zona de Gran Coyolar y Carara
en el Pacífico Central de Costa Rica*, rapport pour le département
d'anthropologie, San José, Musée national du Costa Rica.

CORRALES, F., QUINTANILLA, I. (1992)
« El Pacifico Central y el intercambio regional », *Vinculos*, 16
(1990) [1-2], San José, Musée national du Costa Rica, pp. 11-126.

DAY, J.S., ABEL-VIDOR, S. (1980)
The Late Polychrome Period, Guanacaste, Costa Rica, présenté
au 79e meeting annuel de l'American Anthropological Association,
Washington, DC.

DEEVEY, E.S., GRALENSKI, L.J., HOFFREN, V. (1959)
« Yale natural Radio-Carbon Measurements, IV », *American Journal
of Science, Radiocarbon Supplement*, 1, pp. 142-172.

DENEVAN, W. (cité par W. Kramer, G. Lovell et C. Lutz, 1993)
« La conquista española de Centroamérica », in *Historia General
de Centroamerica : El Régimen Colonial*, Madrid, FLACSO,
Editorial Siruela, pp. 76-78.

HERRERA, DIEGO DE (1875)
*Carta a su Magestad del Licenciado Diego de Herrera, acerca de la
Residencia tomada a Don Rodrigo de Contreras (1545)*, in *Colección
de documentos inéditos... de las Indias*, 24, 397 ff, Madrid.

DROLET, R. (1980)
*Cultural Settlement along the Moist Caribbean Slopes of Eastern
Panama*, Ph.D. Dissertation, Ann Arbor, Université de l'Illinois.

DROLET, R.P. (1984)
« A note on southwestern Costa Rica », in *The Archaeology of Lower
Central America*, F.W. Lange et D.Z. Stone (éds), Albuquerque,
The University of New Mexico Press, pp. 254-262.

DROLET, R.P., MARKENS, R. (1980)
*Investigaciones arqueológicas en el sitio P-107-Murciélago y el
valle intermedio del Río Térraba, Diquís*, manuscrit du rapport
du Musée national du Costa Rica, San José.

DROLET, R.P., MARKENS, R. (1981)
Informe finale : Rescate arqueológico, Proyecto Boruca, manuscrit
du Musée national du Costa Rica et de l'Institut costaricien
d'électricité, San José.

EARLE, T.K. (1982).
« Prehistoric economies and the archaeology of exchange »,
in *Contexts for Prehistoric Exchange*, New York, Academic Press.

EASBY, E.K. (1968)
Pre-Columbian Jade from Costa Rica, New York, André Emmerich.

ESPINOSA, G. de (1913)
« Relación del Proceso quel Licenciado Gaspar de Espinosa,
alcalde mayor, hizo en el viaje mandado por el muy magnífico
señor Pedrarías Dávila... desde esta ciudad a las provincias
de Natá e París e a las otras provincias Comarcanas »,
in *El Descubrimiento del Océano Pacífico : Vasco Núñez de
Balboa, Fernando de Magallanes y sus Compañeros*, J.T. Medina
(éd.), Santiago du Chili, Éditions universitaires, pp. 154-183.

ESPINOZA PÉREZ, E., RIGAI, D. (1994)
« Gran Nicoya y la región de Chontales, Nicaragua », *Vínculos*, 18-19
(1992-1993), San José, Musée national du Costa Rica, pp. 139-156.

ESPINOZA PÉREZ, E., FLETCHER, L., SALGADO GALEANO, R.
(1996)
Arqueología de Las Segovias, Una secuencia cultural preliminar,
Managua, Institut national de la culture, Organisation des
États américains.

FALCHETTI, A.M. (1995)
*El oro del Gran Zenú : Metalurgia prehispánica en las llanuras
del Caribe Colombiano*, Bogota, Banco de la República.

FALK, P., FRIBERG, L. (1993)
Nicaraguan Stone Statues, Stockholm, Swedish National Museum
of Antiquities.

FERNÁNDEZ DE OVIEDO Y VALDÉS, G. (1944)
Historia General y Natural de las Indias, J. Natalico (éd.),
Asunción, Paraguay.

FERRERO, L. (1977)
Costa Rica precolombina, San José, Editorial Costa Rica.

FINDLOW, F.J., SNARSKIS, M.J., MARTIN, Ph. (1979)
« Un análisis de zonas de explotación relacionadas con algunos
sitios prehistóricos de la Vertiente Atlántica de Costa Rica »,
Vínculos, 5 (2), San José, Musée national du Costa Rica,
pp. 53-72.

FONSECA, Ó. (1981)
« Guayabo de Turrialba and its significance », in *Between
Continents / Between Seas : Precolumbian Art of Costa Rica*,
E. Benson (éd.), trad. M.J. Snarskis, New York, Harry N. Abrams,
pp. 104-111.

GONZÁLEZ, R. (1971)
« Informe preliminar de las investigaciones arqueológicas
realizadas en El Cafetal, distrito de Tonosí, Provincia de
Los Santos, Panamá », in *Actas del II Simposium Nacional
de Antropología, Arqueología y Etnohistoria de Panamá*,
pp. 143-174, Centro de Investigaciones Antropológicas,
Universidad de Panamá e Instituto Nacional de Cultura y Deporte,
Dirección del Patrimonio Histórico.

GORIN, F. (1990)
« Archaeologie de Chontales, Nicaragua », thèse de doctorat, Paris,
université de la Sorbonne.

GRAHAM, M.M. (1981)
« Traditions of stone sculpture in Costa Rica », in *Between
Continents / Between Seas : Precolumbian art of Costa Rica*,
E. Benson (éd.), New York, Detroit Institute of Arts,
Harry N. Abrams.

GRAHAM, M.M. (1992)
« Art-tools and the language of power in the early art of the
Atlantic Watershed of Costa Rica », in *Wealth and Hierarchy
in the Intermediate Area*, F.W. Lange (éd.), Washington, DC,
Dumbarton Oaks, pp. 165-206.

GRAHAM, M.M. (1998)
« Mesoamerican jade and Costa Rica », in *Jade in Ancient Costa Rica*, J. Jones (éd.), New York, The Metropolitan Museum of Art, pp. 39-57.

GUERRERO, J.V. (1981)
« Informe preliminar sobre el proyecto de rescate arqueológico en el sitio La Fabrica, Grecia », manuscrit, San José, Musée national du Costa Rica.

GUERRERO, J.V. (1998)
« The archaeological context of jade in Costa Rica », in *Jade in Ancient Costa Rica*, J. Jones (éd.), New York, The Metropolitan Museum of Art, pp. 23-38.

GUERRERO, J.V., BLANCO, V.A. (1987)
« La Ceiba : Un asentamiento del Policromo Medio en el valle del Tempisque con actividades funerarias », thèse de licence, Université du Costa Rica.

GUERRERO, J.V., VÁZQUEZ, R., SOLANO, F. (1992)
« Entierros secundarios y restos orgánicos de c. 500 a.C. preservados en un área de inundación marina, Golfo de Nicoya, Costa Rica », *Vínculos*, 17 (1-2) (1991), San José, Musée national du Costa Rica, pp. 17-51.

GUERRERO, J.V., SOLÍS, F. (1997)
Los pueblos antiguos de la zona Cañas-Liberia de 300-1500 después de Cristo, San José, SENARA, Musée national du Costa Rica.

HABERLAND, W. (1955)
« Preliminary report on the Aguas Buenas complex, Costa Rica », *Ethnos*, 20 (4), Stockholm, The Ethnographical Museum of Sweden, pp. 224-230.

HABERLAND, W. (1959)
« Archaeologische Untersuchungen in Sudost Costa Rica », *Acta Humboldtiana* (séries géographie et ethnographie, 1), Wiesbaden, Franz Steiner Verlag.

HABERLAND, W. (1960)
« Península de Osa : Anotaciones geográficas y arqueológicas », in *Informe semestral del Instituto Geográfico de Costa Rica* (janvier-juin), San José, pp. 75-85.

HABERLAND, W. (1961a)
Archaeologische Untersuchungen in der Provinz Chiriquí, Panama, *Acta Humboldtiana* (séries géographie et ethnographie, 3), Wiesbaden, Franz Steiner Verlag.

HABERLAND, W. (1961b)
« Arqueología del valle del río Ceiba, Buenos Aires », *Informe semestral del Instituto Geográfico de Costa Rica* (janvier-juin), San José, pp. 31-62.

HABERLAND, W. (1962)
« The scarified ware in the early cultures of Chiriquí, Panama », in *Akten des 34 Internationalen Amerikanisten Kongresses*, Vienne, pp. 381-389.

HABERLAND, W. (1969)
« Early phases and their relationship in Southern Central America », *Verhandlungen des 38. Internationalen Amerikanisten Kongresses*, 1, pp. 229-242, Munich, Klaus Renner.

HABERLAND, W. (1976)
« Gran Chiriquí », *Vínculos*, 2 (1), San José, Musée national du Costa Rica, pp. 115-121.

HABERLAND, W. (1984)
« The archaeology of Greater Chiriquí », in *The Archaeology of Lower Central America*, F.W. Lange et D.Z. Stone (éds), Albuquerque, University of New Mexico Press, pp. 233-254.

HABERLAND, W. (1992)
« The culture history of Ometepe Island, Preliminary sketch (survey and excavation, 1962-1963) », in *The Archaeology of Pacific Nicaragua*, F.W. Lange, P. Sheets, A. Martínez et S. Abel Vidor (éds). Alburquerque, University of New Mexico Press, pp. 63-113.

HANSELL, P. (1988)
The Rise and Fall of an Early Formative Community : La Mula-Sarigua, Central Pacific Panama, Ph.D. Dissertation, Philadelphie, Temple University.

HARTE, N. (1966)
« El Sitio Guacamayo », *Boletín del Museo Chiricano*, 3, pp. 3-7.

HARTMAN, C.V. (1901)
Archaeological Researches in Costa Rica, Stockholm, The Royal Ethnographical Museum.

HARTMAN, C.V. (1907a)
« Archaeological researches on the Pacific coast of Costa Rica », *Memoirs of the Carnegie Museum*, 3 (1), Pittsburgh, pp. 1-188.

HARTMAN, C.V. (1907b)
« The alligator as a plastic decorative motif in Costa Rican pottery », *American Anthropologist, new series*, 9 (2), pp. 307-314.

HEALY, P.F. (1980)
The Archaeology of the Rivas Region, Nicaragua, Waterloo, Ontario, Wilfrid Laurier University Press.

HEALY, P.F. (1980a)
The Prehistory of Northeast Honduras : Cultural Change on a Precolumbian Frontier, Washington, DC, National Geographic Research Reports (1975).

HEALY, P.F. (1980b)
Archaeology of the Rivas Region, Nicaragua, Waterloo, Ontario, Wilfrid Laurier University Press.

HEARNE, P. (1992)
« The story of the river of gold », in River of Gold : Precolumbian Treasures from the Sitio Conte, P. Hearne et R.J. Sharer (éds), Philadelphie, The University Museum, pp. 1-21.

HELMS, M.W. (1979)
Ancient Panama : Chiefs in Search of Power, Austin, University of Texas Press.

HELMS, M.W. (1988)
Ulysses' sail : An Ethnographic Odyssey of Power, Knowledge and Geographical Distance, Princeton, NJ, Princeton University Press.

HELMS, M.W. (1992)
« Long-distance contacts, elite aspirations and the age of discovery in cosmological context », in Resources, Power and Interaction, E. Schortman et P. Urban (éds), New York, Londres, Plenum Press.

HELMS, M.W. (1993)
Craft and the Kingly Ideal : Art, Trade and Power, Austin, University of Texas Press.

HERRERA, A., CORRALES, F. (1997)
Rescate arqueológico del sitio Ni Kira (P-331NK), Corredores de Puntarenas, Costa Rica, San José, Musée national du Costa Rica, département d'anthropologie et d'histoire.

HERRERA, A. (1998)
« Espacio y objetos funerarios en la distinción de rango social en Finca Linares », Vínculos, 22 (1-2), San José, Musée national du Costa Rica, pp. 125-156.

HODDER, I. (1982)
« Toward a contextual approach to prehistoric exchange », in Contexts for Prehistoric Exchange, New York, Academic Press.

HOLDRIDGE, W. (1947)
Life Zone Ecology, San José, Tropical Science Center.

HOLMES, W.H. (1888).
« Ancient Art of the province of Chiriqui », in Smithsonian Institution, Bureau of American Ethnology 6th. Annual Report, 1884-1885, Washington, DC, Government Printing Office, pp. 13-186.

HOOPES, J.W. (1979)
« Recent Archaeological Excavations at the Site of La Guinea, Tempisque River Valley, Guanacaste, Costa Rica », B.A. thèse, New Haven, Yale University.

HOOPES, J.W. (1985)
« El complejo Tronadora : Cerámica del periodo Formativo en la cuenca de Arenal, Guanacaste, Costa Rica », Vínculos, 11 (1-2), San José, Musée national du Costa Rica, pp. 111-118.

HOOPES, J.W. (1987)
Early Ceramics and the Origin of Village Life in Lower Central America, Ph.D. Dissertation, Ann Arbor, MI, Cambridge, MA, Harvard University.

HOOPES, J.W. (1992)
« Early Formative Cultures in the Intermediate Area : A background to the emergence of social complexity », in Wealth and Hierarchy in the Intermediate Area, F.W. Lange (éd.), Washington, DC, Dumbarton Oaks, pp. 43-83.

HOOPES, J.W. (1994)
« The Tronadora Complex : Early Formative ceramics in northwestern Costa Rica », Latin American Antiquity, 5 (1), pp. 3-30.

HOOPES, J.W. (1996)
« Settlements, subsistence and the origens of social complexity in Greater Chiriquí. A reappraisal of the Aguas Buenas Tradition », in Paths to Central America Prehistory, F.W. Lange (éds), Colorado, University Press of Colorado.

HUBBS, C.L., RODEN, G.T. (1967)
« Oceanography and marine life along the Pacific coast », in Handbook of Middle American Indians, 1, R.C. West (éd.), Austin, University of Texas Press.

HURTADO DE MENDOZA, L., GÓMEZ, J. (1985)
« Breve descripción comparativa de dos regiones arqueológicas en Costa Rica : Guayabo de Turrialba y Ta'lari de Pacuare », Vínculos, 11 (1-2), San José, Musée national du Costa Rica, pp. 67-100.

IBARRA, E. (1994)
« Los matagalpas a principios del siglo XVI : Aproximación a las relacones interétnicas en Nicaragua (1522-1581) », Vínculos, 18-19 (1992-1993), Musée national du Costa Rica, pp. 229-243.

IBARRA, E. (1995)
« Historia de Nicaragua y Nicoya, Costa Rica, durante la conquista española : Una perspectiva desde la dinámica interétnica », thèse de M.S., San José, Musée national du Costa Rica.

IBARRA, E. (à paraître, 2001)
Intercambio, política y sociedad en el siglo XVI : Historia indígena de Panamá, Costa Rica y Nicaragua, Washington, DC, Dumbarton Oaks.

ICHON, A. (1975)
Tipos de sepultura precolombina en el sur de la península de Azuero (Panamá), La Editora de la Nación.

ICHON, A. (1980)
L'Archéologie du sud de la péninsule d'Azuero, Panamá, Mexico (Études méso-américaines, série II, Mission archéologique et ethnologique française au Mexique).

ISAZA, I. (1993)
« Desarrollo estilístico de la Cerámica Pintada del Panamá Central con énfasis en el Período V (500 a.C.-500 d.C.) », thèse de licence, Mexico, université autonome de Guadalajara.

JONES, J. (1998)
« Introduction », in *Jade in Ancient Costa Rica*, J. Jones (éd.),
New York, The Metropolitan Museum of Art, pp. 10-21.

KENNEDY, W.J. (1968)
*Archaeological investigations in the Reventazón river drainage
area, Costa Rica, Unpublished Ph.D. Dissertation*, La Nouvelle-
Orléans, Tulane University.

KENNEDY, W.J. (1976)
« Prehistory of the Reventazón river drainage area, Costa Rica »,
Vínculos, 2 (1), San José, Musée national du Costa Rica, pp. 87-100.

KNOWLTON, N.E. (1996)
« Luna Polychrome », in *Paths to Central American Prehistory*,
F.W. Lange (éd.), Niwot, CO, University Press of Colorado, pp. 143-176.

LABBÉ, A. (1995).
*Guardians of the Life Stream : Shamans, Art and Power in
Prehispanic Central Panama*, Cultural Art Press, The Bowers
Museum of Cultural Art.

LADD, J. (1964)
*Archaeological Investigations in the Parita and Santa Maria Zones
of Panama*, Washington, DC, Smithsonian Institution Bureau of
American Ethnology, Bulletin, 193.

LANGE, F.W. (1971a)
« Cultural history of the Sapoa river valley, Costa Rica », *Logan Museum
of Anthropology Occasional Papers in Anthropology*, 4, Beloit, WI.

LANGE, F.W. (1971b)
« Northwestern Costa Rica : Pre-Columbian circum-Caribbean
affiliations », *Folk*, 13, Copenhague, pp. 43-64.

LANGE, F.W. (1975)
« Excavaciones de salvamento en un cementerio del Periodo
Bicromo en Zonas, Guanacaste, Costa Rica », in *Vínculos*, 1 (2),
San José, Musée national du Costa Rica, pp. 92-98.

LANGE, F.W. (1976)
« Bahías y valles en la costa de Guanacaste », *Vínculos*, 2 (1),
San José, Musée national du Costa Rica, pp. 92-98.

LANGE, F.W. (1977)
« Estudios arqueológicos en el valle de Nosara, Guanacaste,
Costa Rica », *Vínculos*, 3 (1), San José, Musée national du
Costa Rica, pp. 27-36.

LANGE, F.W. (1978)
« Coastal settlement in Northwestern Costa Rica », in *Prehistoric
Coastal Adaptations*, B.L. Stark et B. Voorhies (éds), New York,
Academic Press, pp. 109-119.

LANGE, F.W. (1979)
« Theoretical and descriptive aspects of frontier studies »,
Latin American Research Review, 14, pp. 221-227.

LANGE, F.W. (1980a)
« The Formative Zoned Bichrome Period in Northwestern
Costa Rica (800 B.C. to A.D. 500), based on excavations at
the Vidor site, Bay of Culebra », *Vínculos*, 6 (2), San José,
Musée national du Costa Rica, pp. 33-42.

LANGE, F.W. (1980b)
« Una ocupación del Policromo Tardío en sitio Ruiz, cerca de
Bahía Culebra », *Vínculos*, 6 (2), pp. 81-96, San José, Musée
national du Costa Rica.

LANGE, F.W. (1984)
« The Greater Nicoya Archaeological Subarea », in *The Archaeology
of Lower Central America*, F.W. Lange et D.Z. Stone (éds),
Albuquerque, University of New Mexico Press, pp. 165-194.

LANGE, F.W. (1992)
« The search for elite personages and site hierarchies in Greater
Nicoya », in *Wealth and Hierarchy in the Intermediate Area*,
F.W. Lange (éd.), Washington, DC, Dumbarton Oaks.

LANGE, F.W. (1996)
Paths to Central American Prehistory, F.W. Lange (éd.), Niwot,
University Press of Colorado.

LANGE, F.W. [éd.] (1995)
Descubriendo las huellas de nuestros antepasados, Managua,
Alcaldía de Managua.

LANGE, F.W. [éd.] (1996)
*Abundante cooperación vicinal : La segunda temporada del
proyecto*, « Arqueología de la zona metropolitana de Managua »,
rapport, Managua, Alcaldía de Managua.

LANGE, F.W., ACCOLA, R.M. (1979)
« Metallurgy in Costa Rica », *Archaeology*, 32, pp. 26-33.

LANGE, F.W., BISHOP, R., VAN ZELST, L. (1981)
« Technical Appendix : Perspectives on Costa Rican jade :
Compositional analyses, and cultural implications », in *Between
Continents / Between Seas : Precolumbian Art of Costa Rica*,
E. Benson (éd.), New York, Harry N. Abrams, pp. 167-175.

LANGE, F.W., SHEETS, P.D., MARTÍNEZ, A., ABEL VIDOR, S.
[éds] (1992)
The Archaeology of Pacific Nicaragua, Alburquerque, University
of New Mexico Press.

LANGE, F.W., SHEETS, P.D., MARTÍNEZ, A., ABEL-VIDOR, S.
(1992)
The Archaeology of Pacific Nicaragua, Albuquerque, University
of New Mexico Press.

LANGE, F.W., STONE, D. (1984)
The Archaeology of Lower Central America, Alburquerque,
University of New Mexico Press.

LATHRAP, D.W. (1970).
The Upper Amazon, New York, Praeger.

LATHRAP, D.W. (1973)
« Gifts of the Cayman : Some thoughts on the subsistence basis of Chavín », in *Variations in Anthropology*, D.W. Lathrap et J. Douglas (éds), Urbana, Illinois Archaeological Survey.

LAURENCICH DE MINELLI, L. (1979)
« Informe preliminar sobre investigaciones arqueologicas en Barra Honda, Costa Rica », *Indiana*, 5, Berlin, pp. 177-191.

LAURENCICH DE MINELLI, L., MINELLI, L. (1973)
« La Fase Aguas Buenas en la región de San Vito de Java, Costa Rica. Informe preliminar », in *Atti del XL Congresso Internazionale degli Americanisti*, I, Genève, Tilgher, pp. 219-224.

LINARES, O.F. (1968a)
« Ceramic phases for Chiriquí, Panama, and their relationship to neighboring sequences », *American Antiquity*, 33, pp. 216-225.

LINARES, O.F. (1968b)
« Cultural chronology in the Gulf of Chiriquí, Panama », *Smithsonian Contributions to Anthropology*, 8, Washington, DC, Smithsonian Institution.

LINARES, O.F. (1977a)
« Adaptive strategies in Western Panama », *World Archaeology*, 8, pp. 304-319.

LINARES, O.F. (1977b)
« Ecology and the arts in ancient Panama : On the development of social rank and symbolism in the central provinces », *Dumbarton Oaks Studies in Pre-Columbian Art and Archaeology*, 17, Washington, DC, Dumbarton Oaks.

LINARES, O.F., RANERE, A.J. [éd.] (1980)
Adaptative Radiations in Prehistoric Panama, Cambridge, Peabody Museum of Archaeology and Ethnology, Harvard University Press.

LINNÉ, S. (1929)
Darién in the Past, Göteborg, Göteborgs Kungl. Vetenskapsoch Vitterhets Samhälles Handlingar, Femmte Földjen, Sèrie A, Band A, n° 3.

LOTHROP, S.K. (1926)
Pottery of Costa Rica and Nicaragua, New York, Museum of the American Indian (Heye Foundation Contribution, 8).

LOTHROP, S.K. (1937)
« Coclé : An Archaeological Study of Central Panama, Part 1 », *Memoirs of the Peabody Museum of Archaeology and Ethnology*, 7, Cambridge, Harvard University.

LOTHROP, S.K. (1942)
« Coclé : An Archaeological Study of Central Panama, Part 2 », *Memoirs of the Peabody Museum of Archaeology and Ethnology*, 8, Cambridge, Harvard University.

LOTHROP, S.K. (1942)
« The Sigua : Southernmost Aztec outpost », in *Proceedings of the Eighth American Scientific Congress*, 2, pp. 109-116.

LOTHROP, S.K. (1950)
« Archaeology of Southern Veraguas, Panama », *Memoirs of the Peabody Museum of Archaeology and Ethnology*, 9 (3), Cambridge, Harvard University.

LOTHROP, S.K. (1954)
« Suicide, Sacrifice and Mutilations in Burials at Venado Beach, Panama », *American Antiquity*, 19, pp. 226-234.

LOTHROP, S.K. (1959)
« A Reappraisal of Isthmian Archaeology », in *Americanistiche Miszellen, Mitteilungen aus dem Museum für Völkerkunde in Hamburg*, 25, Hambourg, Museum für Völkerkunde, pp. 85-91.

LOTHROP, S.K. (1963)
« Archaeology of the Diquis Delta, Costa Rica », *Papers of the Peabody Museum of Archaeology and Ethnology*, 51, Cambridge, MA, Harvard University.

MAcCLOUD, M.J. (1973)
Spanish Central America : A Socioeconomic History, 1520-1720, Berkeley, University of California Press.

MAcCURDY, G.G. (1911)
« A Study of Chiriquian Antiquities », *Memoirs Connecticut Academy of Arts and Sciences*, 3, New Haven.

MAGNUS, R.W. (1974)
« The Prehistory of the Moskito Coast of Nicaragua : Study in cultural relationships », thèse de doctorat, New Haven, Yale University.

McGIMSEY, Ch.R. III (1956)
« Cerro Mangote : A preceramic site in Panama », *American Antiquity*, 22 (2), pp. 151-161.

McGIMSEY, Ch.R. III (1958)
« Further data and date from Cerro Mangote, Panama », *American Antiquity*, 23 (4), pp. 434-435.

MAGNUS, R.W. (1976)
« La costa atlántica de Nicaragua », *Vínculos*, 2 (1), San José, Musée national du Costa Rica, pp. 67-74.

MAGNUS, R.W. (1978)
« The prehistoric and modern subsistence patterns of the Atlantic Coast of Nicaragua : A comparison », in *Prehistoric Coastal The Economy and Ecology of Maritime Middle America*, B.L. Stark et B. Voorhies (éds), New York, Academic Press.

MEGGERS, B.J. (1971)
Amazonia : Man and Culture in a Counterfeit Paradise, Chicago, Aldine.

MIRANDA, F. (1959)
« Estudios acerca de la vegetación », in *Estudios Particulares*, 2, E. Beltrán (éd.), Mexico, DF, Instituto Mexicano de Recursos Naturales Renovables.

MOREAU, J.-P. (1978)
« Some paleoecological consequences of two volcanic eruptions as evidenced by a Costa Rican shell midden », *43rd Annual Meeting of the Society for American Archaeology*, Tucson, AZ.

MURRAY, Th.A. (1969)
« Report on the Río Antiguo locality of the Río Sapoa valley », in *1969 Río Sapoa Valley Field Report*, Chicago, Associated Colleges of the Midwest.

NIETSCHMANN, B. (1973)
Between Land and Water : The Subsistence Ecology of the Miskito Indians, Eastern Nicaragua, New York, Seminar Press.

NORR, L. (1978)
« Excavations of a stone burial mound, Costa Rica », *First Annual Meeting of Midwestern Mesoamericanists*, Urbana, University of Illinois.

NORWEB, A.H. (1964)
« Ceramic stratigraphy in southwest Nicaragua », *Actas del 35. Congreso Internacional de Americanistas*, I, Mexico, pp. 551-561.

ODIO, O.E. (1992)
« La Pochota : Un complejo cerámico temprano en las tierras bajas de Guanacaste, Costa Rica », *Vínculos*, 17 (1991), San José, Musée national du Costa Rica, pp. 1-16.

OSBORN, A. (1995)
Las cuatro estaciones : Mitología y estructura social entre los U'wa, Bogota, Banco de la República.

PAULSEN, A.C. (1977).
« Patterns of maritime trade between south coastal Ecuador and western Mesoamerica 1500 B.C. 600-A.D. », in *The Sea in the Pre-Columbian World*, E. Benson (éd.), Washington, DC, Dumbarton Oaks.

PIPERNO, D., BUSH, M.B., COLLINVAUX, P.A. (1992)
« Patterns of Articulation of culture and the Plant World in Prehistoric Panama : 10500 BP – 3000 BP », in *Archaeology and Environment in Latin America*, O.R. Ortiz-Troncoso et T. Van der Hammen (éds), Amsterdam, Institut Albert Eggs Van Gliffen, pp. 109-127.

PIPERNO, D., PEARSALL, D.M. (1998)
The Origins of Agriculture in the Lowland Tropics, San Diego, Academic Press.

PULESTON, D.E. (1968)
« Brosimum alicastrum as a Subsistence Alternative for the Classic Maya of the Central Southern Lowlands », M.A. thèse, Université de Pennsylvanie.

QUILTER, J., BLANCO, A. (1995)
« Monumental architecture and social organization at the Rivas site, Costa Rica », *Journal of Field Archaeology*, 22 (2), Boston University, pp. 203-221.

QUILTER, J., BLANCO, A. (1996)
Research at the Rivas site (SJ-148-RV) from 1994-1996, rapport du Musée national du Costa Rica, San José.

QUINTANILLA, I. (1987)
« Paso Real : Un sitio indo-hispánico en el valle del Diquís », *Vínculos*, 12 (1-2), San José, Musée national du Costa Rica, pp. 121-134.

RANERE, A., McCARTHY, R. (1976)
« Informe preliminar sobre la excavación de un sitio precerámico en Coclé, Panamá », in *Actas del IV Simposium Nacional de Antropología y Etnografía de Panamá*, Panamá, Institut national de la culture.

SALGADO GONZÁLEZ, S. (1996)
« The Ayala Site : A Bagaces Period site near Granada, Nicaragua », in *Paths to Central American Prehistory*, F.W. Lange (éd.), Niwot, University Press of Colorado, pp. 191-219.

SALGADO GONZÁLEZ, S. (1996)
« Social Change in a Region of Granada, Pacific Nicaragua », thèse de doctorat, université d'État de New York à Albany.

SALGADO GONZÁLEZ, S., ZAMBRANA HERNÁNDEZ, J. (1994)
« El sector norte de la Gran Nicoya : Nuevos datos en la provincia de Granada, Pacífico de Nicaragua », *Vínculos*, 18-19 (1992-1993), San José, Musée national du Costa Rica, pp. 139-156.

SÁNCHEZ, L.A. (1995)
« Análisis estilístico de dos componentes cerámicos de Cerro Juan Díaz : Su relación con el surgimiento de las sociedades cacicales en Panamá (400-700 d. C.) », thèse de licence, Université du Costa Rica, département d'anthropologie.

SÁNCHEZ, L.A., COOKE, R. (à paraître)
« ¿Quién presta y quién imita? Orfebrería e iconografía en Gran Coclé, Panamá », *Boletín del Museo del Oro*, Bogota, Banco de la República.

SANDERS, W.T. (1956)
« The central Mexican symbiotic region : A study in prehistoric settlement patterns », in *Prehistoric Settlement Patterns in the New World*, Viking Fund Publications in Anthropology, 23, G.R. Willey (éd.), New York, Wenner-Gren Foundation, pp. 115-127.

SANDERS, W.T., PRICE, B. (1968)
Mesoamerica : The evolution of a civilization, New York, Random House.

SANTO TOMÁS, Fray Adrián de (1908)
« Reducción del Guaymí y el Darién y sus indios », in *Relaciones Histórico-Geográficas de América Central*, 104, Madrid, Librería General de Victoriano Suárez.

SAPPER, K.T. (1913)
Die mittelamerikanischen Vulkane, Petermanns Geographische Mitteilungen, Erganzungsheft, n° 178, Gotha, Justus Perthes.

SCHUCHERT, C. (1935)
Historical Geology of the Antillean-Caribbean Region, New York, John Wiley and Sons.

SERVICE, E.R. (1975)
Origins of the State and Civilization, New York, W.W. Norton and Co.

SHEETS, P.D. (1979)
« Environmental and cultural effects of the Ilopango eruption in Central America », in *Volcanic Activity and Human Ecology*, P.D. Sheets et D. Grayson (éds), New York, Academic Press.

SHEETS, P.D. [éd.] (1984)
« Investigaciones arqueológicas en la Cordillera de Tilarán, Costa Rica », *Vínculos*, 10 (1-2), San José, Musée national du Costa Rica.

SHEETS, P., HOOPES, J., MELSON, W., McKEE, B., SEVER, T., MUELLER, M., CHENAULT, M., BRADLEY, J. (1991)
« Prehistory and volcanism in the Arenal area, Costa Rica », *Journal of Field Archaeology*, 18, pp. 445-465.

SHELTON, C. (1984)
Formative Settlement in Western Chiriqui, Panama : Ceramic, Chronology and Phase Relationships, Ph.D. Dissertation, Philadelphie, Temple University, département d'anthropologie.

SHEPARD, A.O. (1954)
« Ceramics for the Archaeologist », *Carnegie Institution of Washington Publication*, 609, Washington, DC, p. 191.

SNARSKIS, M.J. (1975)
« Excavaciones estratigráficas en la vertiente atlántica de Costa Rica », *Vínculos*, 1 (1), San José, Musée national du Costa Rica, pp. 1-15.

SNARSKIS, M.J. (1976a)
« Stratigraphic excavations in the eastern lowlands of Costa Rica », *American Antiquity*, 41 (3), pp. 342-352.

SNARSKIS, M.J. (1976b)
« La vertiente atlántica de Costa Rica », *Vínculos*, 2 (1), San José, Musée national du Costa Rica, pp. 102-112.

SNARSKIS, M.J. (1977)
« Turrialba (9-F6-T), un sitio paleoindio en el este de Costa Rica », *Vínculos*, 3 (1), San José, Musée national du Costa Rica, pp. 13-25.

SNARSKIS, M.J. (1978)
The Archaeology of the Central Atlantic Watershed of Costa Rica, Ph.D. Dissertation, New York, Ann Arbor, Columbia University; University Microfilms, University of Michigan.

SNARSKIS, M.J. (1979a)
« Turrialba : A Paleo-Indian Quarry and Workshop Site in Eastern Costa Rica », *American Antiquity*, 44 (1), pp. 125-138.

SNARSKIS, M.J. (1979b)
« El jade de Talamanca de Tibás », *Vínculos*, 5 (2), San José, Musée national du Costa Rica, pp. 89-107.

SNARSKIS, M.J. (1981a)
« The Archaeology of Costa Rica », in *Between Continents / Between Seas : Precolumbian Art of Costa Rica*, New York, The Detroit Institute of Arts, Harry N. Abrams, pp. 15-84.

SNARSKIS, M.J. (1981b)
« Catalogue », in *Between Continents / Between Seas : Precolumbian Art of Costa Rica*, New York, The Detroit Institute of Arts, Harry N. Abrams, pp. 177-227.

SNARSKIS, M.J. (1982a)
La cerámica precolombina en Costa Rica, San José, Museo de Jade, Instituto Nacional de Seguros.

SNARSKIS, M.J. (1982b)
« Precolumbian art in Costa Rica », *Archaeology*, 35 (1), pp. 54-58.

SNARSKIS, M.J. (1983a)
« Casas prehistóricas en Costa Rica : Una visión diacrónica », *Actas del IX Congreso Internacional para el Estudio de las Culturas Precolombinas de las Antillas Menores*, Université de Montréal, Centre de recherches caraïbes, pp. 219-238.

SNARSKIS, M.J. (1983b)
« Entre continentes / Entre mares : Prehistoria de Costa Rica », *Revista de Arqueología*, 2e époque, n° 27, Madrid, pp. 28-33.

SNARSKIS, M.J. (1984a)
« Central America : The Lower Caribbean », in *The Archaeology of Lower Central America*, F.W. Lange, D.Z. Stone (éds), Albuquerque, University of New Mexico Press, pp. 195-232.

SNARSKIS, M.J. (1984b)
« Prehistoric micro-settlement patterns in Eastern and Central Costa Rica », in *Recent Developments in Isthmian Archaeology*, F.W. Lange (éd.), Proceedings of the 44th International Congress of Americanists, Manchester, Oxford, BAR International Series, 212, pp. 153-177.

SNARSKIS, M.J. (1984c)
« Patterns of inter-regional contacts as seen from the Central Highlands-Atlantic Watershed of Costa Rica », in *Inter-Regional Ties in Costa Rican Prehistory*, E. Skirboll et W. Creamer (éds), pp. 29-44, Proceedings of the 44th International Congress of Americanists, Manchester, Oxford, BAR International Series, 226.

SNARSKIS, M.J. (1985)
« Symbolism of gold in Costa Rica and its archaeological perspective », in *The Art of Precolumbian Gold : The Jan Mitchell Collection*, J. Jones (éd.), Londres, Weidenfeld and Nicolson, pp. 22-33.

SNARSKIS, M.J. (1986)
« La iconografía comparativa de metales y otros medios en Costa Rica precolombina », in *Metalurgia de América Precolombina*, C. Plazas (éd.), Bogota, Banco de la República, pp. 87-136 (espagnol/anglais).

SNARSKIS, M.J. (1992a)
« Wealth and hierarchy in the archaeology of Eastern and Central Costa Rica », in *Wealth and Hierarchy in the Intermediate Area*, F.W. Lange (éd.), Washington, DC, Dumbarton Oaks, pp. 141-164.

SNARSKIS, M.J. (1992b)
« The Lands of Gold : Diquís », in *Circa 1492 : Art in the Age of Exploration*, J.A. Levenson (éd.), Washington, DC, New Haven et Londres, National Gallery of Art, Yale University Press, pp. 604-618.

SNARSKIS, M.J. (1998a)
« The imagery and symbolism of precolumbian jade in Costa Rica », in *Jade in Ancient Costa Rica*, J. Jones (éd.), New York, The Metropolitan Museum of Art, pp. 59-91.

SNARSKIS, M.J. (1998b)
« Stone sculpture and precolumbian cultural evolution in the Central Highlands – Atlantic Watershed of Costa Rica », *Precolombart*, 1, Barcelone, musée Barbier-Mueller d'Art précolombien, pp. 19-41.

SNARSKIS, M.J., CRUMP, M., MURILLO, C.E. (1975)
« Análisis de un petroglifo en el valle del Río Reventazón, Costa Rica », *Vínculos*, 1 (2), San José, Musée national du Costa Rica, pp. 83-91.

SNARSKIS, M.J. GAMBOA, H. FONSECA, Ó. (1977)
« El mastodonte de Tibás, Costa Rica », *Vínculos*, 3 (1), San José, Musée national du Costa Rica, pp. 13-25.

SNARSKIS, M.J., BLANCO, A. (1978)
« Datos sobre la excavación de cerámica policromada guanacasteca en la Meseta Central », *Vínculos*, 4 (2), San José, Musée national du Costa Rica, pp. 97-107.

SNARSKIS, M.J., GAMBOA, H. (1982)
« Cooperation in Salvage Archaeology : The National Museum of Costa Rica », in *Rescue Archaeology*, R. Wilson et G. Loyola (éds), National Trust for Historic Preservation, Organization of American States, Washington, DC, The Preservation Press, pp. 155-162.

SNARSKIS, M.J., IBARRA, E. (1985)
« El concepto del intercambio en la arqueología y la etnohistoria de Costa Rica », *Vínculos*, 11 (1-2), San José, Musée national du Costa Rica, pp. 92-99.

SNARSKIS, M.J., SALGADO GONZÁLES, S. (1986)
« The stratigraphic excavation of Plumbate pottery at the Nacascolo site, Costa Rica », *Mexicon : Aktuelle Information und Studien zu Mesoamerika*, VIII (6), Berlín, pp. 128-132.

SNARSKIS, M.J., GUEVARA, Ó. (1987)
« La Pesa Vieja : Excavación de rescate en un cementerio de la fase Curridabat », *Revista de Ciencias Sociales*, 35, San José, Musée national du Costa Rica, pp. 31-42.

SOLÍS, F., HERRERA, A. (1992)
« Lomas Entierros : Un centro prehispánico en la cuenca baja del Río Grande de Tárcoles », *Vínculos*, 16, San José, Musée national du Costa Rica, pp. 85-110.

SQUIER, E.G. (1856)
Nicaragua ; its People, Scenery, Monuments and the Proposed Interoceanic Canal, New York, D. Appleton & Co, Publishers, vol. 1 et 2.

STEVENS, R.L. (1964)
« The soils of Middle America an their relation to Indian peoples and cultures », in *Handbook of Middle American Indians*, 1, R.C. West (éd.), Austin, University of Texas Press.

STEWARD, J.H. (1948)
« The circum-Caribbean tribes : an introduction », in *Handbook of South American Indians*, 4, Bureau of American Ethnology Bulletin, 143, Washington, DC, Smithsonian Institution, pp. 1-42.

STIRLING, M.W. (1969)
« Archaeological investigations in Costa Rica », *National Geographic Research Reports, 1964 Projects*, pp. 239-246, Washington, DC.

STONE, D.Z. (1943)
« A preliminary investigation of the flood plain of the Río Grande de Térraba, Costa Rica », *American Antiquity*, 9, pp. 74-88.

STONE, D.Z. (1949)
« Los grupos mexicanos en la América Central y su importancia », *Antropología e Historia de Guatemala*, 1, pp. 43-47.

STONE, D.Z. (1977)
Pre-Columbian Man in Costa Rica, Cambridge, MA, Peabody Museum Press, Harvard University.

SWAUGER, J.L., MAYER-OAKES, W.J. (1952)
« A fluted point from Costa Rica », *American Antiquity*, 17, pp. 264-265.

TAMAYO, J. (1964)
« The hydrography of Middle America », in *Handbook of Middle American Indians*, 1, R.C. West (éd.), Austin, University of Texas Press.

VALERIO, W. (1989)
« Patrones de asentamiento en Agua Caliente de Cartago,
Costa Rica », *Vínculos*, 15 (1-2), San José, Musée national
du Costa Rica, pp. 25-44.

VÁZQUEZ, R. (1981)
27HM : un sitio en Cartago con tumbas de cajón, thèse de licence,
San José, Université du Costa Rica, département d'anthropologie.

VÁZQUEZ, R. (1989)
« Representaciones demográficas y estructurales de la organización
social en las prácticas funerarias del sitio Agua Caliente, Cartago,
Costa Rica », *Vínculos*, 15 (1-2), San José, Musée national du
Costa Rica, pp. 1-23.

VÁZQUEZ et PLEASANTS (1997)
*Balance arquitectonicó y efecto perceptual de los caminos del sitio
Cutris*, Costa Rica, Ponencia, 49 Congreso Internacional de
Americanistas, Quito, Équateur.

VERRILL, A.H. (1927)
« The Pompeii of Ancient America, a Past Settlement Destroyed Years
Before Christ », *The World's Work*, LIII (3), New York, pp. 279-288.

VIVO ESCOTO, J.A. (1964)
« Weather and climate of Mexico and Central America »,
in *Handbook of Middle American Indians*, 1, R.C. West (éd.),
Austin, University of Texas Press.

VOORHIES, B. (1978)
« Previous research on near-shore coastal adaptations in Middle
America », in *Prehistoric Coastal Adaptations : The Economy and
Ecology of Maritime Middle America*, B.L. Stark et B. Voorhies
(éds), New York, Academic Press, pp. 5-19.

WAGNER, Ph.L. (1964)
« Natural vegetation of Middle America », in *Handbook of Middle
American Indians*, 1, R.C. West (éd.), Austin, University of
Texas Press.

WALLACE, H., ACCOLA, R.M. (1980)
« Investigaciones arqueológicas preliminares de Nacascolo, Bahía
Culebra, Costa Rica », *Vínculos*, 6 (2), San José, Musée national
du Costa Rica, pp. 51-65.

WEST, R.C. (1964a)
« Surface configuration and associated geology of Middle
America », in *Handbook of Middle American Indians*, 1,
R.C. West (éd.), Austin, University of Texas Press.

WEST, R.C. (1964b)
« The natural resources of Middle America », in *Handbook of
Middle American Indians*, 1, R.C. West (éd.), Austin, University
of Texas Press.

WEST, R.C., AUGELLI, J.P. (1976)
Middle America : its Lands and Peoples, Englewood Cliffs, NJ,
Prentice-Hall.

WILLEY, G.R. (1954)
« Cultural Stratigraphic in Panama : A Preliminary Report on
the Giron Site », *American Antiquity*, 19 (4), pp. 332-343.

WILLEY, G.R. (1955)
« The prehistoric civilizations of Nuclear America », *American
Anthropologist*, 57 (3), pp. 571-593.

WILLEY, G.R. (1962)
« Mesoamerica », in *Courses Toward Urban Life*, R. Braidwood et
G.R. Willey (éds), Viking Fund Publications in Anthropology, 2,
New York, Wenner-Gren Foundation for Anthropological Research.

WILLEY, G.R. (1966)
An introduction to American Archaeology, vol. 1, *North and Middle
America*, Englewood Cliffs, NJ, Prentice-Hall.

WILLEY, G.R. (1970)
« The Mesoamericanization of the Honduras-Salvadoran
periphery », *Proceedings of the Thirty-eighth International
Congress of Americanists*, 1, pp. 537-542.

WILLEY, G.R., McGIMSEY, Ch.R. III (1954)
« The Monagrillo Culture of Panama », *Papers of the Peabody
Museum of Archaeology and Ethnology*, 49 (2), Cambridge,
Harvard University Press.

WINTER, M. (1976)
« The archaeological household cluster in the Valley of Oaxaca »,
in *The Early Mesoamerican Village*, K.V. Flannery (éd.), New York,
Academic Press, pp. 25-31.

ZELTNER, A. de (1865)
« Sepulturas indígenas del departamento de Chiriquí en el Estado
de Panamá », in *El Félix* (c. 15 de agosto), Panamá (réimprimé
dans le *Boletín del Museo Chiricano*), 4, David, Panamá, pp. 3-7.

Notices biographiques des auteurs

Michael Kan est conservateur responsable du département d'Afrique, d'Océanie et de Culture du Nouveau Monde du Detroit Institute of Arts.

Michael Snarskis a obtenu sa licence en 1967, à la Yale University de New Haven (Connecticut), et son doctorat, *cum laude*, en 1978, à la Columbia University de New York. Il a reçu neuf bourses et subventions de plusieurs organismes, parmi lesquels figurent la National Science Foundation (États-Unis), l'Organisation des États américains et la Kommision für Allgemeine und Vergleichende Archäologie de Bonn (Allemagne).
De 1974 à 1983, il fut directeur de recherches archéologiques au Musée national du Costa Rica; il y a établi le premier programme de recherche archéologique du musée et a fondé la publication scientifique *Vínculos*, première revue d'anthropologie du Musée national. Il fut membre du comité scientifique et l'auteur principal du catalogue de l'exposition plébiscitée *Between Continents / Between Seas : Precolumbian Art of Costa Rica.*
Entre 1975 et 1996, il a été consultant technique et rédacteur de textes didactiques pour le Musée national du Costa Rica, le musée de Jade de l'Institut de Seguros et le musée de l'Or de la Banque centrale du Costa Rica. Il a présenté cinquante-six contributions académiques ainsi que des conférences au Costa Rica, aux États-Unis, au Canada, au Mexique, en Colombie, au Honduras, en Angleterre, en Allemagne et en Espagne. Il a publié trente-huit articles et livres et trois sont à paraître prochainement.

Sílvia Salgado González a obtenu son diplôme universitaire en anthropologie à l'Université du Costa Rica, et sa maîtrise ainsi que son doctorat en anthropologie à l'Université d'État de New York à Albany. Durant plus de vingt ans elle a participé comme assistante ou comme directrice de recherche à des projets archéologiques au Costa Rica et au Nicaragua, ainsi qu'à des projets ethnographiques au Costa Rica. Elle a travaillé comme enseignante et chercheur dans les universités du Costa Rica, du Nicaragua et aux États-Unis d'Amérique.
Ses principaux domaines d'investigation portent sur la reconstruction de l'histoire culturelle des populations aborigènes d'Amérique centrale, sur la compréhension des structures sociales, politiques et économiques précolombiennes, sur la portée des réseaux commerciaux et culturels de longue distance, ainsi que sur l'interaction entre les populations méso-américaines et celles du sud de l'Amérique centrale.

Luis Alberto Sánchez Herrera a été licencié en anthropologie dans la spécialité Archéologie en 1995, à l'Université du Costa Rica. Étudiant, il a participé à différents projets du Musée national du Costa Rica dans la vallée centrale et sur le versant atlantique du Costa Rica. Depuis 1992, il travaille à Panamá pour le Smithsonian Tropical Research Institute comme archéologue coordinateur des fouilles au Cerro Juan Díaz. Il a réalisé sa thèse de licence sur ce site, travaillant sur la base de collections de céramiques; il est coauteur des différents rapports qui ont été publiés jusqu'à aujourd'hui. Il participe actuellement à un projet au niveau de la « région archéologique de Gran Coclé », à Panamá, où il étudie l'évolution de la céramique.

Répertoire des noms cités

Table des matières

EXPOSITION

Idée et production :
Musée Barbier-Mueller d'Art précolombien de Barcelone

Commissaire :
Jean Paul Barbier-Mueller

Coordination générale :
Anne Husson
Laurence Mattet

Assistance technique :
Elisabeth Casellas

Agencement de l'exposition :
Jana Ansermet

Transport des œuvres :
Exposition Natural Le Coultre SA. Genève
TTI Técnicas de Transportes Internacionales SA

Gestion des assurances :
Artscope International

Avec la collaboration de :
Associació d'Amics del Museu Barbier-Mueller d'Art Precolombí de Barcelona
Consulat général de Suisse à Barcelone
Institut municipal des parcs et jardins de Barcelone
Lunatus Comunicación Audiovisual
Parc zoologique de Barcelone

Remerciements :
L'exposition à Paris a été possible grâce au soutien
de l'Association des amis du musée Barbier-Mueller de Genève,
du ministère des Affaires étrangères,
du ministère de la Culture et de la Communication, département
des Affaires internationales.

MUSÉE BARBIER-MUELLER D'ART PRÉCOLOMBIEN DE BARCELONE

Conseil de direction :
Jean Paul Barbier-Mueller
Núria Fradera
Ferran Mascarell
Jordi Martí
Joaquín Martínez-Correcher

Direction :
Anna Casas

Programmes éducatifs :
Elisabeth Casellas

Documentation :
Frédéric Henri
Júlia Pérez

MAISON DE L'AMÉRIQUE LATINE

Président :
Guy Georgy

Directeur général :
François Vitrani

Directeur adjoint :
André Guinle

CATALOGUE (version espagnole)

Direction :
Michael J. Snarskis

Auteurs :
Sílvia Salgado González (Nicaragua)
Michael J. Snarskis (Costa Rica)
Luis Alberto Sánchez (Panama)

Coordination :
Anna Casas
Laurence Mattet

Documentation :
Elisabeth Casellas
Ifigenia Quintanilla

Collaborations :
Marianne Andrivet
Richard Cooke
Eugenia Ibarra
Michael Kan
Meritxell Tous
The Bowers Museum of Cultural Art
Presse de l'Université du Nouveau-Mexique

Photographies :
Richard Cooke
Ifigenia Quintanilla
Sílvia Salgado
San Marcos
Luís Alberto Sánchez
Michael J. Snarskis
Studio Ferrazzini Bouchet (œuvres de la collection Barbier-Mueller)
Meritxell Tous

Conception graphique :
Jean-Louis Sosna

Cartes et dessins :
Helder da Silva

Photogravure :
Burggraf Photolithos SA. Genève

CATALOGUE (version française)

Ouvrage réalisé sous la direction de Somogy éditions d'art

Maquette :
Julie Houis

Traduction :
Benoît Dauge, Julio Pavon

Contribution éditoriale :
Colette Malandain

Suivi éditorial :
Florence Jakubowicz

Fabrication :
François Combal

Cet ouvrage a été achevé d'imprimer sur les presses de Grafedit
(Azzano San Paolo, Italie) en juin 2001

Dépôt légal : juin 2001

ISBN : 2-85056-466-4